视 听 新 媒 体 系 列 丛 书

新媒体
视听节目实务

孙 杨 / 著

重庆大学出版社

图书在版编目(CIP)数据

新媒体视听节目实务 / 孙杨著 . -- 重庆 : 重庆大
学出版社, 2024. 12. --(视听新媒体系列). -- ISBN
978-7-5689-4589-9

Ⅰ. G222.3

中国国家版本馆 CIP 数据核字第 2024PM0068 号

新媒体视听节目实务
XINMEITI SHITING JIEMU SHIWU

孙 杨 著

策划编辑:唐启秀

责任编辑:李桂英　　版式设计:唐启秀
责任校对:谢 芳　　责任印制:张 策

*

重庆大学出版社出版发行
出版人:陈晓阳
社址:重庆市沙坪坝区大学城西路 21 号
邮编:401331
电话:(023)88617190　88617185(中小学)
传真:(023)88617186　88617166
网址:http://www.cqup.com.cn
邮箱:fxk@cqup.com.cn(营销中心)
全国新华书店经销
重庆升光电力印务有限公司印刷

*

开本:720mm×1020mm　1/16　印张:14.75　字数:258 千
2024 年 12 月第 1 版　2024 年 12 月第 1 次印刷
ISBN 978-7-5689-4589-9　定价:49.00 元

　　清晰地记得懵懵懂懂刚进入电视圈的我,那个时候,没有任何教科书可以学习,完全是"传媒无学"的师徒制。对于我这样的新人,前辈们总是严厉地说:"多看多学,跟着做就好了,不懂再问。"这个不成文的规定建立了严格的辈分制度,实际上有好处也有坏处。直到今天这个现象还是普遍存在,觉得理论知识无用论的大有人在。实际上我深切地感觉到一位好的传媒人才,不仅要学习实务上的技术操作,更要靠理论的支撑来发扬光大,才能与时俱进地在各方面符合当下制作水平的要求,也唯有不断地学习,才能让自己在产业中不被淘汰,一直是保持领先的佼佼者,为了传承我热爱的这个产业,除了不断地学习,我也尽我之力在教导并提携后辈。

　　然而理论的背后是严谨的。孙杨老师以自己的严谨,为这本书构建了完整的逻辑脉络,体现在书中翔实的案例与权威的数据,当然在书末也附上了参考文献。俗话说"时势造英雄",现今正是数字化、智慧化、碎片化的传播时代,飞速发展的传媒行业,让这本书除了作为教材也提供了大量鲜活生动的素材与案例。传媒类专业有其自身的特殊性,这是一个年轻的行业、又专业多变的行业,我相信优秀的教材,不能只讲那些放之四海而皆准的规律,还要为读者介绍一线最新趋势与前沿动态。更重要的是留足"提前量",为读者提供洞察行业发展的某种趋势方向。

　　按照这样的标准来衡量,孙杨老师这本书无疑是颇为用心的。首先,紧密结合行业趋势,力图突破传统广播电视行业的框架,深度关注新媒体和全球化语境下视听节目创作实践与观念的发展,并对当下社会错综复杂的视听传播现象予以阐释性和批判性的理论观照,足以提供给大众来研读,相信必有所获。

其次，翻看全书不难发现，孙杨老师是以一种平等交流的姿态在写书。一方面，对必要的概念、术语都做了简明扼要的解释；另一方面，在相关节目类型的实操部分，又有细致的阐述，以及来自行业一线的宝贵经验。这让我想起欧美流行的"Learning by doing"，也就是所谓的"做中学，学中做"。显然，这本书为广大传媒专业教师提供了一种思路、一种可能。既让学生掌握概念，又让学生对未来的职业生涯有所准备，这可能就是当下传媒人才培养的有效模式。毕竟，说一千道一万，培养学生的实践能力是传媒高等教育的核心任务。

作为孙杨老师的前辈，我相信这本《新媒体视听节目实务》能够成为广大传媒专业以及广大关心传媒行业发展的人的好朋友。

在此，请允许我真诚地向大家推荐这本小书，并向广大读者致以最真挚的祝福！

徐德立 著名导播导演

《典籍里的中国》《朗读者》《挑战不可能》
《跨界歌王》《央Young之夏》导播导演
中国·北京
2024年7月

我与孙杨老师认识已有20多年了。那个时候,她还是我眼中风风火火的师姐兼院学生会文艺部部长、团委副书记,更是我心中的标杆和榜样。我们每年最开心的事就是一起参加篮球队啦啦操的排练和演出,每一个细节和走位调度她都会带我们反复推敲,无数次排演,力争完美,就像她对待专业研究的态度一样。接到她的邀请,说实话,内心多少有些忐忑。因为电话那头,孙杨老师希望我为她的这本教材写一篇序。

坦率地说,这还是我第一次为书写序。但作为我的老同学和好闺蜜,让我写几句话,自然是义不容辞。当看到书稿的那一刻,我有些意外,更有些惊喜。因为这本书打破了长期以来教材带给我的"刻板印象"。在印象中,教材往往是严肃的,相比于一线的实操实战来说,经常会"滞后"和"缺位"。

作为一名高校教师,孙杨老师肯定对传统教材的"套路"与"程式"比我更熟悉。她也看到了这种"套路"与"程式"所带来的弊病。在这本《新媒体视听节目实务》里,扑面而来的是交流感、对象感。我想,它能够引发思考,激起师生交流的欲望。毕竟,有高质量的教材作为基础,才能助力教师开展形式多样的课堂教学,于润物细无声中提升学生的审美素养、专业素养。

身处行业一线的我,特别希望专业院校能培养更多理论与实践并重的毕业生。但正所谓"忠孝难两全",往往院校课堂所学多多少少和一线实践存在某种距离。理论与实践的平衡,相互地赋能,确实增加了教材写作的难度。所以"源于实践又高于实践"的专业教材就更难能可贵了。

这本书的一大特色是选取了大量优秀的节目作为样本,生动有趣但又不缺失作为教材的专业性、理论性和应用性。身处行业一线的传媒人也非常希望得到来自学院的理论引领。正如《浮士德》里所说的那样,"理论是灰色的,生命之树常青"。

必须指出的是,作为教材,这本书在整体框架上较为严谨,体现在一章内小节细分但不零碎,内容上则力求全面。尤为值得注意的是,书中还涉及当下最为热门的短视频创作。毕竟教材的目的是启发与引导,紧跟当下方能学以致用。

最后,衷心希望这本书能对更多的传媒人与传媒类专业的师生有所启示。

陈东婷 导演

上海广播电视台、国家二级导演、独立制片人
《笑傲江湖4》《主播有新人》《东方卫视春晚》《舞者》
总导演
中国·上海
2024年7月

前言
QIANYAN

　　智媒传播时代，传播生态与传播语境正在经历剧烈的变化。显然，传播实践的快速发展，一定程度上加速了理论的创新。笔者身处高校，远离行业一线的喧嚣，但教学一定不是闭门造车，而要结合当下。有鉴于此，本书特采用穿插式的写法，将理论阐发与实践案例有机结合，希望为视听新媒体相关课程的教学与理论研究提供一些思路。

　　本书不求面面俱到，而是点到为止，尽可能为教学提供更多知识延展与发散思维的空间。毕竟，新媒体传播语境本就充满变动，理论阐述要适应这种变动性。新媒体语境下，创作者与受众之间的界限十分模糊。可以说，内容生产者和语境创造者几乎是同时存在的。这种新情况，意味着有关新媒体视听创作的研究不能简单套用过去的方法。须知，新媒体视听创作与传统媒体的最大区别，就在于其传播生态、传播语境上的巨大差异。本书对视听新媒体孕育、存在、发展的内外环境进行深入分析，涉及新媒体环境的本体研究、新媒体时代的背景研究、视听新媒体产业发展策略及大数据、云空间、移动终端、影视产业、相关法规等诸多细节，力求研究之新、之全，期待对视听新媒体创作思路、理论构建和学科建设作出一些切实的贡献。

　　希望借这本书，求教诸位方家。视听新媒体行业发展迅猛，教学过程中难免会遇到一些很难给出确切答案的问题。例如，如何定义我们所说的"视听新媒体"？理想状态下的视听新媒体艺术，应与其自身介质充分适应，并在创作与接受过程中充分体现融合传播的特性，具有互动性、便携性、实用性与智能性。什么才是真正将新媒体作为母体的视听产品？视听产品与传统艺术的关系又会发生怎样的变化？

　　此外，视听新媒体创作高度依赖创意，而创意产业的发展也正是时代所需。在此过程中，人的作用如何在其中得到延伸？利用社交网络与各种所谓"义肢"，我们已经对视听新媒体内容的生产和传播产生巨大影响，人类将逐渐走向广泛的"义肢"阶段，在这一过程中享受体验式"行为艺术"带来的乐趣，并完成作品赋予的"载道"意义。通过群体、学科和理论构建，也将延伸其教育意义和学术价值。

　　究其根本，"艺术，究竟如何让人成为人"是古今中外众多大家思考的永恒命题，视听新媒体艺术亦如此，因而，无论商业化追求、市场化前景、产品化特征等会对视听新媒体内容产生怎样的影响，它依然会在技术和艺术的双重作用下，感动人、振奋人、改变人甚至创造人，这就是人成为人的可能。我们所要实现的不仅仅是高于生理层面的精神追求，更是一次复归的旅程：回到我们自己，彻底地剖析自我、认清自我。上面的问题，让笔者想起了学者马诺维奇曾有的愿景：我们祈盼着新媒体叙事问世，并且期望这些叙事与我们以前看到过或读到过的叙事迥然不同。

孙　杨

癸卯兔年于山西传媒学院

目录
MULU

第三篇　新媒体平台带来新形态与新策略

第一篇

新媒体视听产业的新特征与新模式

　　整体社会文化的转向，以及受众审美向视觉图像转向[①]，决定了视听传播从此成为信息交往、文化形塑、文明交流与互鉴的主要手段。新技术全面介入视听传播领域，也已成为未来传播的基本发展趋势。随着创作门槛无限降低趋近于无，数量庞杂的视听新媒体作品中很容易带来有意无意的镜头暴力，应着力提升创作者的人文素养。原有的电视文艺创作，其形态与边界渐渐被打破。今天我们所说的电视既包括基于传统广播电视平台的主流节目形态，也包括基于新媒体、新技术的节目形态，如短视频、网络直播等。新技术的应用让我们在现实时空之外构建了想象中的虚拟时空。那么，我们应该如何理解互联网传播语境下新媒体视听传播的新特征与新模式？通过本篇的讲解，你将能找到相应的答案。

---

① 穆佳滢.数字资本主义时代的审美异化及批判[J].理论学刊,2023(6):60-67.

第一章　新媒体视听传播特征与模式

第一节　媒体融合背景下的互联网传播语境

媒体融合背景下，传统媒体的整体转型已是大势所趋。作为主流媒体，应该顺应时代，运用互联网思维，主动承担起传承中华优秀传统文化、弘扬主流价值观的历史重任。与此同时，新媒体视听产业在经历了快速增长的狂欢期之后，也需要向传统媒体学习，规范自身。在"四个自信"指引下，从业人员更应守正创新，有信念、有担当地推动媒体融合。这样，媒体融合将能带来一种双赢的局面：新媒体对受众群体的理解、对互联网传播手段的运用值得学习；与此同时，传统媒体的严谨作风与专业精神，也同样适用于新媒体。可以说，媒体融合最终要从"你是你，我是我"变成"你中有我，我中有你"，进而变成"你就是我，我就是你"的新型主流媒体①。

一、媒体融合时代的降临

2014年8月，中央全面深化改革领导小组第四次会议审议通过了《关于推动传统媒体和新兴媒体融合发展的指导意见》，正式宣告媒体融合上升到国家战略的层面。自此，媒体融合时代正式拉开大幕。2020年9月，中共中央办公厅、国务院办公厅印发《关于加快推进媒体深度融合发展的意见》。对传统媒体及其从业者而言，媒体融合意味着思维模式、组织架构、运营逻辑、技术逻辑等诸多方面的变化，而囊括这一切变化的，是一种全新的思维模式——互联网思维。

（一）如何理解"互联网思维"

媒体融合战略推进以来，尽管取得了不少成绩，然而相当数量的传统媒体从业者，却并没有真正理解媒体融合背后的战略意义，以及其对传统媒体的重要影响。换句话说，还没有从对个人及所在单位利益的追求，转变到对国家新闻传播业整体

---

① 陈昌凤.媒体融合：策略与案例［M］.北京：中国社会科学出版社，2020.

发展的战略思考上。而在相关纲领性文件中明确指出的"强化互联网思维",似乎也没有受到足够的重视。不少业内人士对"互联网思维"这一概念的理解还流于表面。对新媒体视听传播来说,"互联网思维"不只是一种思维方式,而是贯穿于创作—传播—接受全流程的操作系统。

互联网的传播方式、传播路径是去中心化、发散式的。显然,以传统媒体的思维模式来理解媒体融合战略及其实践只会南辕北辙。总的来说,媒体融合不是简单地做加法,更不是传统媒体与新媒体"花开两头,各表一枝",而是通过整合媒介资源、生产要素,实现信息内容、技术应用、平台终端、人才的共享融通,形成一体化的组织结构和传播体系。在这一过程中,"互联网思维"起到了决定性的作用,即以互联网的传播特征来思考媒介融合,例如,即时传播、海量传播、平等和互动交流、充分运用大数据/云计算等新技术提升用户体验等。整体来看,传媒行业面临如此大的挑战,如果不能自我颠覆,就可能被颠覆。

(二)如何推进媒体融合

推进媒体融合战略,要用互联网思维来指引,才能实现"传统媒体和新兴媒体融合发展"的战略目标。从当下看,可从以下几个方面着手:

首先,媒介生产流程的一体化。在这一阶段,大的方向是明确的,即通过重塑媒介生产流程,形成团队合力,实现内容创作一次采集、多种生成、多元传播。从创建"两微一端"的媒体矩阵,到建设全媒体平台,其实都是通过推动媒介生产一体化,帮助传统媒体获得规模经济的效益。

其次,媒体组织架构的相对扁平化。在许多人的想象中,所谓媒体融合,就是传统媒体单设一个新媒体部门。其实,这样往往导致传统业务与新媒体业务各自为政。结合互联网行业的经验,扁平化组织结构,才能适应媒体融合的本质要求。因为媒体融合的时代,受众更多地被当成"用户"。对媒体来说,提供给用户的是特殊的文化产品。既然是产品,就必须有统一的开发、运营模式。这也是我们看待特定媒体推进媒体融合是否成功的重要参考。

需要指出的是,由媒体自主开发的一体化商业模式"看上去很美",但成本太高,且成功概率不大。因而,借助现有的平台与技术,扩大移动终端的覆盖面,是一种更为可行的做法。毕竟,以利益为纽带的商业网络与人们的日常生活更为密切,可以发挥单纯文化传播难以起到的作用。

二、媒体融合背景下媒体与用户的关系

媒体融合背景下，媒体与用户之间的关系不断发生着改变。其实，新媒体对传统媒体以及媒体环境带来的最深刻的冲击，就在于它带来的全新的媒体与用户之间的关系。对新媒体平台来说，用户不再是冷冰冰的个体，而是自身发展最为重要的资源。对那些采用UGC（User Generated Content，用户原创内容）模式的新媒体平台（例如BILIBILI）来说，其用户往往会直接参与到内容生产的过程当中。在这种模式下，平台通过算法分发用户生成的内容，通过为用户提供一系列服务产生的黏性获利。这种黏性，其实就是人们常说的"用户体验"。显然，尊重用户、看重用户体验，为用户量身定做相关内容产品从而实现价值共创与共享，是媒体融合背景下媒体与用户关系所发生的重大变化。这也正是深入推进媒体融合战略过程中传统媒体需要向新媒体学习的关键所在。

(一)推动"参与式融合"

与新媒体平台相比，传统媒体最为欠缺的，便是技术的积累与对用户群体的理解。与资金雄厚的互联网巨头相比，传统媒体在融资、上市方面受到了诸多限制。由此，推动媒体深度融合的下一步，必须以依赖新技术、新媒介为抓手，打通资本市场。这是摆在广大传媒工作者面前的实际问题。总的来说，媒体融合要理解为"内容生产+产品形态+渠道占有"的"一体"。

具体而言，要通过推动"参与式融合"，帮助传统媒体在互联网传播语境下实现后发优势。实际上，当下的很多流行文化现象也表现为一种参与式文化（如时下流行的"饭圈"以及粉丝文化）。一方面，传统媒体可学习新媒体的强互动性，发挥用户的主观能动性，鼓励用户参与到内容产品的再创作当中；另一方面，通过跨媒介、多平台的内容共享（也就是通常所说的新媒体内容矩阵），传统媒体又能够为新的媒介内容生成提供更多的可能性。

(二)实践"沉浸传播"

为了进一步说明"互联网思维"，这里再引申谈谈对这一概念的理解。我们现在身处"互联网+"的时代，这个"+"号代表着各个传统行业。"互联网+传媒业"将带来什么？这将颠覆人们关于媒体的定义。其实，我们讲到的用户体验，也就是要实现无时不在、无处不在、无所不能的沉浸传播。以普及度极高的微信App为例，经

过多年的发展,微信 App 尝试的"连接一切",就是一种"沉浸传播"的尝试。无论社交、支付、出行、购物、投资理财都可以在微信内完成,可以算是"沉浸传播"的雏形。显然,未来媒体可能发展成为任何我们想象不到的形态。

那么,在具体实践中又该如何去推进呢?让我们先来看看权威文件的表述:"从实践看,面对互联网技术和应用飞速发展,现行管理体制存在明显弊端,主要是多头管理、职能交叉、权责不一、效率不高。同时,随着互联网媒体属性越来越强,网上媒体管理和产业管理远远跟不上形势发展变化。特别是面对传播快、影响大、覆盖广、社会动员能力强的微客、微信等社交网络和即时通信工具用户的快速增长,如何加强网络法制建设和舆论引导,确保网络信息传播秩序和国家安全、社会稳定,已经成为摆在我们面前的现实突出问题。"[①]

由此可见,运用"互联网思维"有助于促进传统媒体行业的改革升级,传统媒体与新媒体寻求融合发展也是大势所趋。为适应时代发展,以互联网思维来有效组织媒体传播,成为当前媒体领域转型升级的必经之路,传统媒体与新媒体寻求融合发展乃是大势所趋。

三、媒体融合的必要性与紧迫性

那么,如何理解互联网思维下媒体融合的必要性呢?互联网的快速发展与普及,使虚拟空间无限延伸,媒体运行的底层逻辑也发生了变化。身处一个数据在无限流动中增量发展的传播环境,传统媒体与新媒体的充分融合就显得十分必要了。未来的媒体发展必然是以全媒体为主导,所谓"一万年太久,只争朝夕"。面对不断缩小的窗口期,媒体融合要敢于推进改革创新。

(一)媒体融合的必要性

互联网技术的快速发展和普及,处理信息的技术也实现了快速的发展和升级,大众获取信息的渠道和方式更加高效,对于精神方面的追求也越来越高。随着互联网技术的快速发展应用,全方位的信息网络环境已经全面构建起来,大众群体在当前时代背景下有非常明显的分流趋向。在选择媒体的内容方面,大众也表现出对快捷且富有社交互动性的媒体内容更感兴趣,更容易吸引大众的注意力。针对

---

① 南隽.把握传媒变革趋势 积极占领新兴舆论阵地:学习贯彻习近平总书记关于新兴媒体发展战略重要论述[J].中国记者,2016(6):39-41.

互联网思维下受众需求的变化发展趋向,传统媒体和新媒体都面临自身责任感与危机感的树立,积极开拓建设多元化的媒体终端,不断创新更具移动智能和社交功能的媒体产品,坚持迈向媒体融合发展的道路,以充分适应不断进步的大众需求。

技术的更新换代,同时带来了传播方式的创新。互联网时代的到来,促使人们在生活工作方式以及思维方式方面不断发生转变。互联网技术的更新迭代,就本质而言即实现了点对点以及点对面的新型传播方式,信息传播的交互性、共享性越来越突出,且具有鲜明的个性化特征。信息传播技术的迅猛发展,推动媒体信息传播的媒介载体与具体内容发生了深刻变革。

显然,传播方式、传播渠道的发展带来了全新的挑战和发展机遇。基于这样的形势和背景,主流媒体想要提升自身的竞争优势,就要及时结合互联网的发展优势,才可以掌握充分的主动权,在了解并运用新媒体技术的前提下,不断促进传统媒体和新媒体资源的高度共享和融合,才有机会在新时代创造一片新天地。

互联网思维引导下,新媒体发展迅猛,同时表现出显著的多元化平台发展的格局和趋势,构建出全新的现代化媒体传播体系,多元媒介的高度融合使得在当前时代潮流中必须不断创新更加便捷和高效的信息互通交流的方式与途径,而新媒体技术的发展恰好为传统媒体突破重围创造了有利条件。因此,传统媒体应当积极与新媒体传播方式融合,发挥其巨大优势,不断革新运营理念,创新优质内容,以全新的形式与方法在多元化的媒介平台中实现新闻信息的规划与传播,积极与时俱进,打造媒体融合的新局面。

(二)推进媒体融合的紧迫性

当前,媒体融合的实际情况仍存在一些不足,主要体现在以下几个方面:传统媒体与新媒体相互融合顶层设计缺乏。互联网思维下,传统媒体与新媒体融合的过程中存在诸多问题,通常需在融合的初始阶段就要进行必要的统筹和规划,因为媒体融合过程中没有做好充分的顶层设计,使得融合的效果不佳。

其实,不少传统媒体意识到自身推进媒体融合的紧迫性,也在积极探索融合的方法。然而,具体融合过程中,过分看重互联网作为平台的工具属性,没有站在整体性的高度系统规划媒体融合的策略,但又想快速获得实际的效益,这样的心态加上缺乏融合创新的规划思维,媒体融合发展的统筹规划缺乏战略眼光,最终导致传统媒体和新媒体的融合发展效果不理想,资金、技术和人力支持不足。

另外,传统媒体在促成媒体融合的过程中往往缺乏充分的人力、财力以及技术的鼎力支持,这也使得媒体融合举步维艰。新媒体实践的背后,需要大量的技术与资本驱动[①]。然而,因为人力、财力以及技术支持并不到位,媒体融合并没有足够深入,只是浮于表面。真正的融合是要实现思想理念、技术与内容的深度融合。然而实际情况却相差甚远,人力、财力和技术方面的融合并没有落实到位。

传统媒体和新媒体融合发展所面临的外在生态环境瞬息万变,传统媒体必须积极利用并发挥新媒体技术的优势,主动融合。新媒体的长远发展也有赖于以传统媒体为支撑,二者的深入融合,促进彼此的和谐发展,具体可以采取以下相关策略做好传统媒体与新媒体融合的顶层设计。

传统媒体与新媒体融合发展的首要条件,是完善媒体融合的顶层设计和规划。在新媒体快速发展背景下,传统媒体原本的内容优势也逐渐被削弱,新媒体有着非常高效的传播优势,互联网思维下不断推动传统媒体和新媒体的进一步融合,充分发挥彼此的优势,实现共赢局面,就必须做好战略高度的全局性规划,充分完善新旧媒体高度融合的顶层设计和规划。

在互联网思维下促进媒体融合发展的有效实现,必须积极完善媒体融合的体制建设,促进新媒体和传统媒体资源的高度整合,不断完善结构,树立互联网思维,加强内部组织结构的优化调整,树立新老媒体行业的机制创新,从而有效促进媒体融合的实现。

当然,媒体融合对传统媒体而言,还意味着根据新媒体传播的优势,实现传统媒体的“二次创业”,为受众提供有品质的媒体内容。当然,还要针对内部结构进行调整和重组,构建完善的管理制度,优化工作方式,提升工作效率,促进媒体资源的高效配置和利用,深入打造舆论引导的全新局面,破除信息交流互通的限制和阻碍,促进信息共享的全面实现,加速实现传统媒体与新媒体的融合发展。

与此同时,要进一步加强资金、技术和人力等方面支持。互联网思维下的传统媒体和新媒体的融合发展,必须有充分的资金、人力以及技术等保障,应当构建专项经费保障体系,为促进媒体融合设置专项管理资金,充分缓解经费压力。积极利用互联网技术,打造系统化管理的多媒体采编平台,深入落实媒体融合的思想和理念,实现高效快捷的基层宣传。积极培养优秀的媒体人才,针对新媒体以及媒体融

---

① 宋建武,黄淼,陈璐颖.中国媒体融合转型[M].北京:中国人民大学出版社,2022.

合方面的专业人才,着力打造强大的媒体人才队伍。

　　基于互联网思维下媒体行业的发展也迎来了全新的挑战和机遇,促进传统媒体与新媒体深度融合发展需要通过漫长的发展磨合过程。传统媒体应积极利用并发挥新媒体技术的优势,主动积极促进与新媒体的融合,坚持思维和理念的革新,新媒体的长远发展也有赖于以传统媒体为支撑,通过二者的深入融合,不断开拓创新和实践,促进传统媒体与新媒体和谐有效地融合发展。

第二节　智媒时代的视听产业发展模式

　　进入智媒时代,新媒体视听产业逐步完善自身的数字化发展环境,相关应用场景得到了进一步拓展。与此同时,新媒体视听产业呈现诸多崭新业态,在国际传播、"国潮"文化传承、文化消费等多个领域的发展可圈可点。其中,短视频这一类型的发展态势尤为突出,与多领域实现有效对接。总的来说,视听产业发展全面升级,大视听产业格局初步形成,众多新产品、新业态、新模式参与重塑大众的媒介接受、社会交往与消费方式,而用户群体也在发生结构性变化。

一、数字化发展环境日渐优化

　　近些年,通过全社会数字化发展水平的提升,借助数字化技术赋能以提升受众(用户)的整体体验已成为当前新媒体视听产业发展的重要特征。数字化发展环境的逐步完善,也成为新媒体视听产业拓展应用场景,提供沉浸式体验的重要手段,并在产业发展方面获得了有益的经验。

(一)整体数字化态势的形成

　　在线直播、视频、音频等诸多领域的新媒体视听服务继续深耕社交平台,日益突破基础的互联网移动端,形成数字化产业发展全新模式,成为当下我国信息文化产业中最具融合属性和竞争能力的新兴业态之一。数字技术推动下的新媒体视听产业正在深刻影响着人们的日常生活。在短视频平台记录日常,在社交平台分享见闻,通过电商直播线上购物,借助甚至依赖新媒体视听产品获取新闻、感知变化、在线教育、凝聚社会已然成为公众生活的常态。

（二）用户黏性进一步增强

新媒体视听产业以全时态、多层次、高渗透、沉浸式的独特优势成为用户黏性最高、人均使用时长最长的网络传播业态。伴随着互联网的普及程度不断提高，短视频、综合视频、网络直播、网络音频等细分业态的用户规模和黏性与日俱增。5G技术广泛运用的移动互联网时代，新媒体视听产品与高质量信息传播技术的嫁接越发成熟，5G+8K超高清、云制播/转播、多维沉浸视听等应用场景近年来由概念走向落地，驶入产业化、规模化的快车道。网络音视频服务聚合网络在线资源，运用新技术模块，加大力度对用户视听使用特征的多维分析，使用户画像更加准确，进而优化个性化推荐，结合更加成熟、便捷的AR/VR技术设备，将视听场景立体化，极大地提升了用户的互动体验。

（三）新技术带来新业态

相关政策引导下，我国新媒体视听产业发展方向更加明晰，新技术带来的新媒体视听服务也将为更大规模的用户和市场带来了更多的体验感与获得感。一方面，AI、5G等新技术的应用，提升了用户体验；另一方面，超高清视频、实时传输又为新媒体带来了更广阔的发展空间。短视频、直播等新媒体形式，既充实了碎片时间，也为整个新媒体视听行业带来了更多的发展机遇。

值得注意的是，对于数量庞大的未成年用户群体的新媒体视听保护与平台规约也正式提上日程。2021年3月，国家广播电视总局发布《中华人民共和国广播电视法（征求意见稿）》，提议设立未成年人频道，对可能影响儿童身心健康的内容进行显著提示和专门播送，与此同时，在全社会开展有关影视分级的立法讨论。

二、新媒体视听产业呈现新亮点

近年来，国内新媒体视听产业的发展呈现诸多亮点。首先，新媒体视听产业通过多元化的传播方式，讲好中国故事，助力国际传播；其次，针对广大年轻群体对"国潮"文化的热爱，新媒体视听产业在传承中华优秀传统文化方面作出了自己的贡献；另外，精品化的创作策略，进一步带动了广大受众群体进行文化消费。

（一）新媒体视听助力国际传播

新媒体视听产业运用音视频等多样化的类型，生动传播主流价值观。在推进乡村振兴、助力北京冬奥会等重大主题创作实践中,新媒体视听产业自觉树立融入国家大局、服务国家全局意识,形成叫好又叫座的视听品牌。尤其是一些精品佳作在国际传播中作出贡献。国际传播新格局下,新媒体视听的借船出海需要更加强劲的智能互联技术升级,以海外民众喜闻乐见的方式,实现有效传播。在新媒体、新技术赋能下,体量微小的短视频也能承担传播中华优秀传统文化的重要使命。

四达时代集团在非洲建立的传输覆盖网络和播出平台是中国节目对非传播的主渠道。其旗下的数字电视平台集成了CGTN、CCTV-4、CGTN-F、CGTN-D 、CNC等23个中国主流媒体频道,在非洲大陆实现常态化传播,还通过20个自办频道播出新闻、综合、影视、体育、娱乐、儿童、音乐等各类节目,以英、法、葡及斯瓦希里、豪萨语等11种语言播出。这些频道通过四达时代传输覆盖网络覆盖全非洲,数字电视用户总数为1624万。

图1-1　Star Times On App界面

移动互联网语境下,手机App也成为中国节目对非传播的新平台。四达时代旗下的新媒体平台Star Times On(图1-1)在近50个非洲国家落地生根,用户规模接近4000万,在非洲具有广泛影响力。爱奇艺国际版IQIYI以及腾讯视频海外站WeTV,通过中国智能手机终端,进入非洲市场,在当地视听新媒体市场中排名均进入前十位。

(二)"国潮"主题助力文化传承

以中华优秀传统文化为创意点,"国潮"类主题的新媒体视听作品运用互联网传播手段,为观众带来沉浸式观感和深度互动感受[1],既吸引了年轻群体关注传统人文,也为历史文化的接续传承点燃了热度,焕发了生机。例如,相关博物馆文创短视频创作融入国潮文化元素,实现与历史、与文化的对话。如故宫发布的系列短视频作品,以年轻化、通俗化的方式展示馆藏文物及其背后的故事。甘肃敦煌博物馆文创短视频选取了代表性文化符号,如飞天、九色鹿等系列文物,与此同时,作品

---

[1]　张陆园,欧阳馥绚.高质量发展语境下中国网络视听的变局与新局[J].艺术广角,2022(3):60-68.

中还有意加入了嘻哈元素,既体现了文明互鉴的视角,又展示了自身鲜明的个性化特征,均收获了较好的互联网传播效果(图1-2)。

图 1-2　甘肃敦煌博物馆"九色鹿"文创形象

(三)精品化创作刺激文化消费

近些年来,个性化的新媒体视听品牌应运而生,激发出更加成熟的文化消费模式,坚持精品化创作的传播策略也使中长视频得以与火爆的短视频分庭抗礼。例如,以抖音为例,有关人文历史、卫生健康、"唐诗之路"等泛知识类科普中长视频、短纪录片大量涌现,在移动化观看场景下的再中心化传播与科普,更有利于提升年轻群体的视听审美、接纳意愿及互动参与。随着视听精品内容的质量提升,新媒体视听平台的"求知风尚"正蔚然成风。

三、短视频与多领域有效对接

作为互联网时代的视听产品新形态,短视频凭借自身轻量化、强互动、开放性等特点,迎合受众需求,在新媒体平台的推动下获得了长足的发展。基于国家政策对于互联网新兴产业的支持,新平台实施短视频战略蔚然成风。短视频产业带来的高额流量,驱动更多社交、资讯媒体平台开发自身的独立短视频业务(例如微信推出的视频号业务),头部长视频平台纷纷开启短视频战略,百度、知乎等内容资讯媒体强势切入,微信、新浪微博也分得了属于自己的短视频流量。

由此,短视频朝中长化发展似已成为大势所趋。原本时长3分钟内的短视频,时长开始增加。当然,30分钟以内的中视频聚集了短视频碎片化和长视频高信息密度的双重特点①,为网络视频的融合发展带来增量。时长增加,意味着对于短视频创作而言,内容质量的重要性愈发凸显。一些惯于蹭热点或搬运抄袭的低质量内容风光不再,具有原创性、专业性的中长视频持续供给精品内容,受到用户和市场的关注。短视频嵌入不同领域助力社会发展。短视频庞大的用户规模为产业孵化出多元多样的细分赛道,创作者得以深耕细分化的独立领域,提供更高质量的垂直内容②。包括游戏、科普、文旅、非遗以及卫生健康、扶贫助农等领域的结合渗透让短视频形态更加丰富,嫁接新领域的短视频既能为用户开阔视野、提供信息,也能为乡村振兴战略提供普惠价值。

尤其与"三农"主题有关的短视频创作,助力塑造以新农人为主角的品牌IP,帮助他们摆脱"三无"困境。最终,在数字经济与信息技术的共同作用下,推进中西部地区农村产业的全面转型,发展数字化乡村③。风格鲜明的人设是"三农"短视频品牌培养的关键。人设要与短视频的选题相符,在第一时间吸引受众,形成独特的IP。近几年抖音平台上的爆款"三农"短视频一般具有鲜明的IP特征:素材生活化、主角草根化、道具趣味化、外形极端化等。独特的IP属性能够让人记忆深刻,形成良好的传播效果④。

(一)直播电商业务推动产业升级

历经技术的迭代更新,"直播+电商"的线上可视化营销模式愈加精细化、私域化、碎片化,现已成为当下最火爆的在线营销方式。一方面,居民尤其是年轻群体的消费习惯已经发生了根本性的改变,打破时空限制的直播购物受到欢迎,观看直播、参与互动、下单抢购成为更多人的网购方式。

另一方面,进入2021年,电商直播也正式进入品牌直播的新阶段,闭环竞争下传统"人货场"的格局发生变革,国际品牌与国货踊跃入驻直播平台并展开角逐,吸引头部主播选品带货,保证直播货源品牌质量、提升交易效率的同时,也为电商直播市场带来了营收额的井喷。

全面推进乡村振兴乘势而上的新阶段,数字视听技术与传统农业的结合,使互

① 马梦媛,陈功.主流媒体入局中视频的优势与发展路径[J].视听界,2023(2):39-43.
② 马涛,刘蕊绮.短视频内容产业发展省思:重构、风险与逻辑悖论[J].现代传播(中国传媒大学学报),2019,41(11):17-22.
③ 王怡飞,杨振华.乡村振兴视域下"三农"短视频的"困"与"进"[J].新闻前哨,2023(10):32-34.
④ 时苓.乡村振兴战略背景下"三农"短视频的发展与突破[J].新闻传播,2013(17):76-78.

联网助农成为现实。具体而言,电商直播以这样的方式,承担起自身的社会责任。在一众头部主播的带动下,更多的农副产品、特色商品通过网络直播间走向全国的消费者,也为乡村文化振兴提供助力[①]。此外,电商直播具有较强的粉丝经济效益,产业向助农方向的倾斜带来了农产品销售的发展机遇和经济增长点,线上线下的资源融合也将持续为乡村振兴战略助力。

(二)技术赋能网络音频产业升级

当下,网络音频产业以移动广播为主,还包括有声书、网络电台、音乐博客流媒体及音频直播等版块。近几年,5G、AR/VR等新技术激发音频媒体开拓更多类型应用场景,网络音频市场持续保持活跃。比如,根据用户多样而分散的使用需求,喜马拉雅App提升信息传播技术,推出交互性更强的AR/VR有声读物、实时音频直播栏目,购买经典音乐广播剧版权进行AI语音播送,并将"喜马拉雅App有声图书馆"落地实体场景。显然,图像、文字与声音等元素的有机结合提升了用户的互动体验。万物互联的移动终端上,对用户与平台而言,音频(语音)成为一种极其重要的交互方式[②]。

此外,打造原创垂直差异化产品、开拓视频化呈现成为网络音频产业发展中的一大亮点。当然,为弥补音频单一线性传播的不足,延展视频化(可视化)的音频内容,扩展更多元的交互应用场景,别具一格的新型网络音频形态得以涌现。

(三)新媒体视听助力在线教育

线上远程教育主要涵盖学前教育、K12教育、高等教育、职业教育及知识付费、在线阅读等内容。历经几年来的高速发展,"教育+视听"模式加速突破,市场规模稳步扩大,线上教育资源不断丰富。在此过程中,新媒体视听平台成为在线教育的重要载体和重要推手。一方面,新媒体视听手段的介入,增强了教学过程的互动性,帮助教师实时获取学生的反馈,从而改进教学。另一方面,"云学习"模式的出现,打破了传统教育在时间、空间上所受的束缚,为真正实现随时随地学习,贯彻自主学习、终身学习理念提供了技术保障。

---

① 张守信,高坤.县级融媒体中心助力乡村文化振兴的实践路径[J].中国编辑,2023(6):85-90.
② 王春美.移动互联网时代中国广播经营创新研究[M].北京:中国社会科学出版社,2022:132.

（四）社交、资讯媒体平台开发短视频业务

微信"视频号"自2020年1月内测以来，主打广大用户生活以短视频的形式，上传自己的日常生活。在微信自身强大的社交属性支持下，视频号体现出强社交关系的私域流量特质，其创作、分享、变现能力得到提升，被网友称为视频版朋友圈。目前，据统计，视频号的使用时长已经超越朋友圈。有人预测，视频号将有可能成为继抖音、快手之后又一个全新的短视频流量高地。

与此同时，作为传统主流媒体的代表，中央广播电视总台推出了自己的5G新媒体平台"央视频"。仅仅在东京奥运会期间，就收获了超过3亿的下载量以及百万规模的付费会员。此外，央视频旗下拥有十余个垂直类频道，可为用户提供沉浸式体验。

一方面，中央电视台拥有海量的影视作品版权；另一方面，在体育、军事等特定领域，央视频又拥有独一无二的竞争优势。作为主流媒体，央视频的定位以短视频为主，兼顾中长视频、移动直播。另外，央视频依托中央电视台极为丰富的主持人资源，通过垂直类频道的短视频运营，在某种程度上就是一个大型MCN机构。以央视频军事频道为例，其中有包括人民海军、人民火箭军、喀喇昆仑卫视（新疆军区央视频账号）等在内的权威官方账号。这些账号所发布的短视频作品，权威性、原创性不可替代。

四、当下新媒体视听产业的瓶颈与对策

经历了高速发展的蜜月期，新媒体视听产业在快速增长的同时，也遇到了诸多问题，面临发展瓶颈。首先，一部分创作者盲目迎合受众，泛娱乐化倾向严重；其次，直播电商的低门槛，为相关行业的监管带来了许多问题；另外，对未成年人群体的保护还有赖于相关法律法规的进一步完善，网络环境中的非理性表达也亟待有关部门与平台进一步加强监管。有鉴于此，今后新媒体视听产业发展过程中，应加强价值观引导与平台方的监管，有效保护各方的合法权益。

（一）盲目迎合受众，娱乐化倾向严重

自媒体的大量涌入导致片面追求爆款效应的风气盛行，流量来得急退得快，低俗化、娱乐化、同质化的发展顽疾难以治理。短视频的碎片化传播话语在专业性欠缺的自媒体创作过程中极易走向泛娱乐化，造成低俗色情、标题党等一系列劣质内

容的泛滥,甚至影响到部分受众的思维和行为,并对整个社会产生强大的侵蚀效应。短视频的使用门槛较低,用户素养参差不齐。显然,在注意力经济蓬勃发展的当下,部分创作者为吸引受众,用夸张、猎奇的方式追求爆款,导致传播内容失当,污染网络环境。

(二)电商门槛较低,呈现管理漏洞

由于电商门槛较低,从业的主播群体素质良莠难辨,部分主播存在对产品了解不清、介绍模糊,与经营者存在纠葛、自行交易等情况。另外,电商直播的过度宣传、虚假营销、售后无门的现象时有发生,导致主播与商家的信誉度不断降低。此外,电商行业发展较快,导致有关部门的监管相对滞后,责任关系繁杂、权责边界不清引发的纠纷频频出现。

(三)未成年人保护欠缺,分级规约迫在眉睫

缺乏自制力的未成年人群体极易受到不良内容的诱导和侵害,沉迷网络甚至影响身心健康。在短视频领域,节奏轻快、搞笑诙谐的内容让越来越多的未成年用户观看短视频“成瘾”,而一些打擦边球或具有极强煽动性的内容,在大数据算法的推送下还会引发未成年人的盲目模仿。此外,在直播领域,一些游戏、唱跳、追星类直播间内,未成年观众盲目打赏的事件可谓屡见不鲜;网络阅读领域,涉及儿童生理启蒙知识的内容一度引发讨论,而对于AR/VR数字交互阅读产品的过度使用,对未成年群体的视力及心理健康也造成负面影响。

(四)内容真伪难辨,刺激网络非理性表达

商业化大潮下,通过虚假作秀博取同情,骗取流量,依然是当下网络音视频传播中存在的顽疾。甚至被一些缺乏职业操守的自媒体创作者视为“流量密码”,导致新媒体视听造假现象频发,污染网络空间。同时,由于AI技术快速发展下类似“Deepfake”这样的深度伪造、造假“套路”的层层翻新[1],虚假内容屡屡困扰新媒体视听的发展和监管。在音视频平台中,裹挟热点话题的情绪化表达成为新媒体视听的“流量富矿”,导致一些自媒体、网络达人铤而走险,通过摆拍、策划进行虚假内容创作、传播和营销。

显然,这种乱象必须得到有效的遏制。一些自媒体在一些具有冲突性的舆情

---

① 参看澎湃新闻App上的相关报道。

事件中,有意和刻意放大部分事实和事件成分,从而使某些具体的和个别的案例引发人们的不满情绪,放大社会矛盾和问题,并利用网络围观形成的海量注意力资源达到某种不正常目的。为了促进全社会健康、和谐、稳定发展,对自媒体这种人为的带有恶意的行为,必须加以科学合理的环境治理和技术性监管①。诸多热点事件中虚假视听内容所营造出的伪真实语境中,"眼见未必为实"的匿名评论区成为网络舆论的发酵池,激化了网民的情绪化参与、非理性表达甚至煽动网络暴力,造成不良社会影响。

(五)新媒体视听产业发展的策略思考

作为新生事物,新媒体视听产业所面临的诸多困境,也应该用发展的眼光去对待,在发展的过程中得到解决。由此,可以采取以下几方面的策略。

1.主流价值观引导,注重社会效益

妄图以"打擦边球"方式制造噱头以获得流量,长远来看显然是不可持续的。有鉴于此,新媒体视听行业必须规避将关注度和传播量作为唯一指标的做法,更加注重网络媒体的社会效益,传播主流价值观。由此,相关短视频平台要加强内容审核把关,对短视频创作者进行实名登记,健全用户投诉机制,并结合智能技术在视频内容上科学合理甄别,做好监督。

对于内容平台方,针对受众注意力被泛娱乐化、低俗化内容分散的问题,可以邀请相关主流媒体入驻,同时利用大数据算法为优质内容引流,发挥主流媒体"镜鉴作用",为自媒体创作者提供规范传播行为的镜子,并在此基础上形成多元主体的涵化效果,共同构建正能量价值体系。有关部门也需要继续在新媒体视听传播环境、主体、内容等方面加强监管,促进行业健康发展。

2.加强平台技术与营销监管

想要彻底杜绝电商直播营销中的乱象,既需要有关部门及时跟进,也需要平台加紧技术攻关,落实自律自查。2021年,号称"史上最严"电商行业监管令的《网络直播营销管理办法(试行)》正式施行,针对直播营销平台、运营、营销人员等市场主体的行为和责任进行了更为详细的规范。对头部直播间、主播及账号、高流量或高成交额的直播带货活动应当给予重点管理,让头部主播做好行业示范。同时,也需要同有关部门合作探索科学分类分级的实时动态管理机制,优化相关奖惩办法与

---

① 尹大勇.自媒体生态环境治理与技术性监管[J].记者摇篮,2022(12):162-164.

退出机制,加大甄别和惩治虚假营销、偷税逃税行为的力度。对于行业而言,参与行业规范化标准制定、进行自我约束,也应是新媒体视听营销服务主体的应尽之责。

此外,新媒体视听产业快速发展之下,未成年人权益保护问题也日益受到重视,在呼吁各平台设置醒目的"防沉迷青少年模式"的基础上,相关部门也应加紧出台更加细化的制度规范,助力青少年模式发挥实效,并开展新媒体视听分级实践,完善未成年用户新媒体视听权益保障体系。行业内部也加紧部署,强化已有的青少年保护设置。移动互联网传播的"微化"特征致使音视频内容易于复制①,新媒体视听平台的粗放发展也导致版权侵权事件时常发生。为此,新媒体视听行业既要加强音视频知识产权的保护意识,塑造"先授权后使用"的良性视听生态,净化和维护新媒体视听版权环境,同时,也要联合有关部门加紧整治侵权乱象,加大对侵权行为的惩处力度,引进区块链、人工智能等新技术完成版权识别与确权,完善相关法律条例与行业准则,有效保障视听内容制作者的合法利益。

案例分析 ▶▶

网络短视频专项治理

2021年10月,国家广播电视总局开展网络短视频专项治理取得实效,共清理违规账号38.39万个,违规短视频102.4万条。2021年12月,中国新媒体视听节目服务协会发布《网络短视频内容审核标准细则(2021)》,进一步加强对于网络短视频的规范引导。

青少年新媒体视听权益保护

2021年9月,国务院、中央宣传部等部门先后下发《中国儿童发展纲要(2021—2030年)》《关于开展文娱领域综合治理工作的通知》,针对网络音视频、直播、社交等网络服务中涵盖价值导向问题的不良信息和行为进行严控,并对网络平台实名制和防沉迷措施落实不到位、诱导未成年人打赏消费等突出问题加大监管和整治力度。抖音2022年度报告显示,平台内14岁以下用户已全部完成实名注册,并设置为青少年模式,同时推出青少年单向"订阅"功能,开启后未成年用户将无法对所"订阅"创作者进行评论、打赏等社交行为;网络阅读领域中,诸如南方分级阅读、小

---

① 尤达.媒体微化与边界交融:基于短视频的网络视听节目新样态研究[J].视听界,2022(5):10-14,20.

伙伴网等分级阅读网站为探索分级标准以打造儿童视听产品体系提供了有益参考。

五、新媒体技术进军新基建

伴随着新基建进入加速期,新媒体技术的发展将面向前沿,聚焦智能化、系统化发展,一方面为广电实现全国一张网提供技术基础,另一方面借助高清、超高清频道的开通,为产业的进一步发展提供创新保障。

(一)信息基础:5G基站建设数量再创新高,前瞻布局6G网络技术

5G网络具有高速率、低延时、广连接等重要特性,是新一代信息基础设施建设的核心,也是视听新媒体向超高清、智能化等方向发展的基础性条件。5G网络的建设需要大量的小基站协同宏基站进行覆盖,5G基站的建设密度切实影响着5G网络的实际部署。2021年,我国5G基站建设数量相较于2019年(13万个)、2020年(71.8万个)、2021年(142.5万个),全年新建基站数已超65万个,2022年持续加大投入,完善基础设施,较2021年新增88.7万个(目前已达到231.2万个,总量占全球超过60%),数据的不断攀升代表着我国5G基础网络建设步伐的持续加快(图1-3)。此外,2021年3月,我国"十四五"规划纲要正式发布,明确指出要前瞻性布局6G网络技术的相关储备工作。

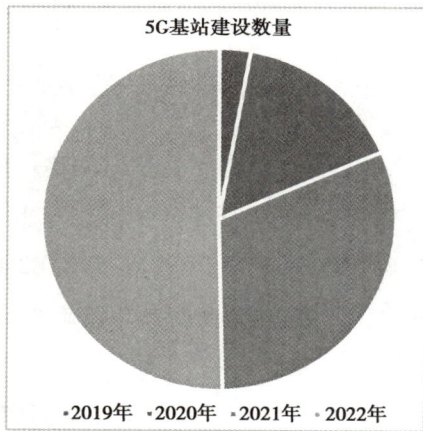

图1-3　2019—2022年我国5G基站建设数量

(二)融合基础:广电"全国一网"进入实质性整合阶段

"全国一网"整合方案的有效实施,是广电网络行业实现运营一体化、资源集约化发展的重要基础。加快形成以中国广电为牵引的广电"共同体",能够使广电行业在网络融合的基础上发挥自身的资源优势,推动广电5G的建设和发展。下一阶段中国广电将侧重于建立统一的管理体制,创新经营管理模式,构建更为细化的发展规划,重点推进广电5G与有线网络的相互赋能,促使行业走向高质量发展之路,"全国一网"的逐步完善为广电5G工作的有序开展提供了重要的基础和保障。

（三）创新基础：高清、超高清频道开播，技术能力建设进展明显

视听内容制作方面，我国高清、超高清建设发展势头良好，从宏观视角来看，我国电视频道正在保持着较快的速度向高清化方向发展。我国8K超高清频道的建设也在2021年取得了较大的进展。

1.高清频道建设数据

根据国家广播电视总局的统计数据显示，截至2022年9月，我国经批准开办的高清频道数量已经达到了917个，其中高清频道有909个，4K超高清频道有8个，多地省级电视台已基本完成了全频道的高清化播出，部分地级电视台也实现了75%以上的高清率。

2.8K超高清频道建设案例

2021年12月底，北京广播电视台的"8K超高清试验频道"正式开播，这是我国第一个面向广大受众进行8K超高清内容传播的电视频道。该频道力图集科技研发、技术验证、案例示范等于一身，发挥引导带动作用，促进8K超高清产业的发展。

（四）"广电5G"开辟广电企业转型新赛道

"广电5G"是以增强广电行业创新能力、构建更加智能高效的传播体系为目的而建设的有广电特色的5G精品网络，中国广电作为"广电5G"网络建设的主要力量，2021年动作频频，在基础网络建设、相关技术研发与资源应用等方面均有进展。网络建设方面，2021年1月26日，中国广电与中国移动正式签署了"5G战略"合作协议，双方将发挥各自技术优势、资源优势，加快提升5G网络的覆盖率，促使5G技术赋能有线电视网络的发展。技术研发方面，2021年11月8日—11月10日，中国广电启动了5G NR广播技术的能力验证工作，完成了"相约北京"冰球测试赛的直播工作，观众通过手机或VR设备便可实现对场内多机位拍摄内容的自由选择，且不会出现因观众并发数高而卡顿的情况（图1-4）。在广电5G资源的有效应用方面，中国广电的创新举动主要体现在入局电信领域，积极推进广电192号段的放号运营工作。

伴随着"广电5G"建设工作的有序推进，在交叉领域中寻找新业务、在现有环境中开发新产品成为有线网络筑高行业竞争壁垒、开辟全新赛道的重要思路。"广电5G"网络建设工作进程明显加快，与电信运营商共建共享5G网络的方式，不仅能够有效降低广电网络行业的运营成本，也能够帮助广电网络经营主体快速获取用户资源，为广电网络行业扩展业务经营范围提供了基础性动力。

图1-4　"相约北京"冰球测试赛

案例分析▶▶

歌华有线

2021年,歌华有线坚持创新发展理念,切实发挥科技与资本双轮驱动的作用,构建智能化、融合化的新型"智慧广电"业务生态体系,借此提升企业的竞争力。歌华有线表示会紧跟广电5G发展动态,推进相关技术的研发与应用,重点关注5G试验承载网、IPv6等技术的研究工作,建设数据中心,不断升级政企数据网,服务智慧城市、智慧社区建设。

东方明珠

2022年,东方明珠以"智慧城市"建设为核心,协同推进5G业务的发展,如东方明珠与华为集团共同完成了全球首个5G 700MHz执法仪的测验工作。另外,为保证公司后续业务的顺利转型,东方明珠积极开展了700MHz频段的清频工作,且设立了"智慧广电网络安全生态创新研究国家广播电视总局实验室"为广电网络生态健康发展提供技术支撑。

（五）"AI+XR"激活新媒体视听表达新场景

目前,主流新媒体视听平台拥有数量庞大的用户群体,是视听新媒体内容传播的重要渠道。随着5G网络的快速发展与用户消费能力、审美水平的提升,内容逐渐不再是新媒体视听平台唯一的竞争要素,视频呈现方式与观看形式的创新同样重要,利用AI、VR甚至XR等新技术提升用户观看过程中的感官体验,在虚拟与现实之间开发全新的视听表达场景,是新媒体视听媒体技术应用创新发展的重要表现。

2022年以来,爱奇艺着力发展视音频内容与用户感官的多维度连接能力,在原有AI+VR技术布局的基础上,创新应用了4K、XR等技术,强调以科技创新为基础,推动受众更加接近"真实"与"自由",相关技术的研发与实践应用为用户提供了更加真实的体验场景与更多维度的互动空间。此外,在强调与用户进行互动、建立连接,进而提高用户沉浸感、活跃度的整体基调下,优酷、腾讯及芒果TV平台也都较为重视相关技术的研发工作。

案例分析▶▶

爱奇艺的技术研发创新

爱奇艺自制4K超高清转播车完成交付。2021年6月21日,爱奇艺宣布首辆自制4K超高清转播车"A-1"正式交付。这辆车承载的是爱奇艺按照国际A级标准自主研发的一整套超高清直播系统。该车空间较大,可同时容纳50位工作人员,且支持全流程的4KHDR制作,超高清转播车的搭建是爱奇艺发展视频平台超高清视听内容的关键环节(图1-5、图1-6)。

图1-5　爱奇艺4K转播车外部环境

图1-6　爱奇艺4K转播车内部环境

旗舰级VR硬件设备奇遇3发布。奇遇VR设备经历两轮迭代升级后,拥有细腻屏幕质感、先进交互方式和丰富娱乐内容的奇遇3于2021年8月31日正式发布。

研发自由视角拍摄系统。2021年9月23日,爱奇艺推出了自主研发的自由视角拍摄系统。在拍摄制作的过程中,该系统能够实现对相机阵列的智能调节,有效缩减对焦时间,提升制作效率,而观众也能够在这一智能化的制作系统中,实现观看视角的空前自由,自由视角所带来的互动方式,丰富了观众的观看体验。

推出IQ Dubbing配音平台。爱奇艺自主研发的IQDubbing配音平台与传统的AI配音系统有所不同,不仅可以实现"一人分饰不同角色",还能够使所输出的声音素材带有感情色彩。

爱奇艺的实践应用场景创新

虚拟演唱会。2021年3月26日,由爱奇艺承办的女子偶像组合THE 9的"虚实之城"虚拟演唱会正式开播,"跨时空""虚拟空间""XR技术""黑科技"等词语成为这场云演出的热点标签,舞台表演部分全程使用XR技术支撑,多机位、实时化渲染的方式令粉丝能够无死角、沉浸式观看演出。

虚拟乒乓球对战。2021年4月24日,中美"乒乓外交"50周年纪念活动在北京举行。在活动举办过程中,中美双方分别派出前运动员梁戈亮与朱蒂,以爱奇艺奇遇VR设备为基础,开展了一场别开生面的VR乒乓友谊赛,爱奇艺自研的6DoF VR手柄变身成为乒乓球拍,通过奇遇VR强大的交互算法系统,精准捕捉两位运动员的动作,最大限度地还原了真实的比赛感受。

虚拟偶像。2021年10月28日,爱奇艺出品的网络剧《梦见狮子》播出(图1-7)。该剧的一大亮点,便是虚拟偶像小茉莉的参演,小茉莉在其中扮演了梦境版的刘戏蟾。这是国内首个虚拟偶像参与演出的真人剧情作品,是虚拟与现实交汇、融合的全新表达场域。

图1-7　爱奇艺出品网络剧《梦见狮子》虚拟偶像小茉莉相关角色海报

第三节　智媒时代促进视听产业转型升级

所谓智媒，是以技术为导向的一种新型媒体形式。随着新技术的发展，如算法、AI、物联网、VR/AR等技术推动内容生产智能化的同时，也推动了新一轮媒体生态的重构。我们将进入一个世界互联的智媒时代，以人为主导的媒介形态开始被打破。智媒时代的特征，不仅表现在内容生产的各阶段，更是反映在人们的存在方式与社会环境中。

一、智媒时代的总体特征

其一，是日渐智能化的信息传播。场景式传播与临场化呈现信息采集环节：新媒介、传感器技术拓宽信息源；编辑制作环节：人机协作新闻报道（即机器人新闻DREAM WRITER）；认知呈现环节：基于感性认识与理性逻辑的双重体验（沉浸式新闻）；内容推送环节：基于大数据的个性化算法推送。反思：新闻价值、技术偏见、算法黑箱、知沟、内容同质。

其二，是媒介化生存的状态。简单来说，就是媒介实践与日常生活的区隔正在逐渐消失，"永远在线、永远连接"成为生活的新常态。借助技术，人们可实现"不在场的在场"，体会"天涯共此时"之感。这种多维时空的存在使得单一主体复数化，同时使得"表演化生存"成为人们生存的形式。

其三，是泛媒化趋势的无限延伸。物体媒介化与人体终端化技术浪潮的来袭，使得"媒介"与"非媒介"之间的界限淡化，"物体媒介化"与"人体终端化"则正是其典型表现。人与媒介的界限渐渐消失，外化于人类的媒介正不断地嵌入人自身。智能手机似乎成为人类的电子器官。

显然，人与技术的共生，带来了人类社会的重大变革，也同样引发了对于工具理性与价值理性的平衡的关注。我们似乎身处福柯所言的"全景监狱"之下，弥散的权利逐渐消弭个体的主体性与隐私权[1]，再造新的知沟。如何在智媒时代达到人与技术的共生互动，值得深思。

2022年春节期间，无论是传统的电视大屏，还是在符合碎片化、移动化传播的小屏上来看，相关新媒体视听晚会类节目均出新出彩。2022央视"春晚"让科技与

---

① 赵双阁,魏媛媛.作为"人"的算法：智能时代人机关系的技术哲学省思[J].传媒观察,2023(5)：48-56.

文化结合紧密,同时第一次推出了"竖屏"春晚,反响较好。舞剧《只此青绿》的"出圈"表明高雅艺术在当今也大有市场,具有深厚底蕴的传统文化仍具有巨大的创作空间(图1-8)。大年初二,在国家广播电视总局新媒体视听司指导下,由中国电视艺术委员会主办,联合8家网络视频平台承办的"中国梦·我的梦——2022中国新媒体视听年度盛典",在新媒体视听空间唱响主旋律,获得了较好的社会效益。

图1-8　春晚舞剧《只此青绿》

一些上星卫视频道,则以最新的演播技术作为切入口,将晚会与地方文化结合,探寻"地方春晚"的高质量发展之路。与此同时,冬奥题材电视与新媒体视听文艺作品也全面开花,如电视剧《超越》《冰雪之名》、纪录片《盛会》《中国冰雪道路》、电视节目《冠军对冠军》、网络剧《爱在粉雪时光》、新媒体视听专题节目《来了!2022》等。但此类题材作品尚未有真正意义上的"出圈"之作,"文艺+体育"的破圈融合之路仍需要进一步探索。

二、新媒体助力大视听产业转型升级

未来大视听产业的发展趋势是数智化,即"数字化+智能化"。基于数智化的生产力革命正全方位重塑着传统视听产业格局。通过数字化、智能化二者的结合,将数字经济与实体经济深度融合,是驱动新媒体视听产业生产方式、服务方式变革,升级产业形态、扩容产业价值的重要动能。

(一)国家层面的政策支持

2022年的《政府工作报告》中共3次提到了"数字化",即"传统产业数字化智能化改造加快""促进产业数字化转型""推进公共文化数字化建设",2次提到"数字经济",即"促进数字经济发展""完善数字经济治理"。当前数字文化产业的发展已经具备了一定的产业基础和社会共识。如何利用新技术、新载体,不断为人民群众的精神文化生活贡献更多的精品,值得行业探讨与关注。媒体智能化的"智媒"时代正在到来,其一方面消融传统媒体行业的边界,另一方面正在重塑传媒业的原有生态。当下,视听文本的形态不断变革,既涵盖传统电视剧、纪录片、综艺节目等,也包括移动端甚至是人工智能生成的数据文本等。这些新形态的视听文本将对视听行业的技术应用、内容生产及价值体系产生多方位的影响。对此,传媒行业尤其是传统媒体既不能自说自话、闭门造车,也要避免陷入"技术至上"的新陷阱,要充分发挥作为专业媒体的"把关人"优势。

(二)大视听产业数字化发展

自2022年年初播出以来,网络剧《开端》频频进入全网各榜单榜首,观众讨论热情持续高涨。该剧借用网络文学中的"无限流"的时间循环构思剧情,叙述方式新颖、结构设计缜密。有业界人士表示,它的成功,首先在于题材和形式上的创新性。实际上,从2021年的《司藤》《风起洛阳》,到2022年的《开端》,网络剧行业一直在对题材类型和表现手法进行多样化的探索,这些有益经验,值得关注和总结。

与此同时,以爱奇艺、优酷、腾讯、芒果TV为代表的主流视频网站各出奇招,加速布局微短剧,一定程度上对抖音、快手等短视频平台造成了冲击。微短剧正在朝着题材多元化的方向发展,影响力也与日俱增。面对日渐成熟的微短剧市场,需要探讨的已经不是微短剧能否成为下一个风口,而是如何优化微短剧的类型、模式等具体创作环节。

紧密联系当下现实的相关新媒体综艺节目也涌现出一批较优秀的代表性作品。例如,《初入职场的我们》第三季火热开播,相关职场话题频上热搜。职场类综艺节目近年来相继涌现,律师、法医、消防员等具有较强专业性的职业也随节目走进大众视野。但目前来看,部分节目夸大戏剧冲突,将叙事重心放在职场的人际关系而非职业精神的弘扬上,有本末倒置之嫌。如何让被忽视的职业精神重回话语中心,是职场纪实类综艺节目应当思考的问题。

显然,产业融合是大视听产业实现数字化转型、推动高质量发展的必由之路。要进一步深化改革,释放市场主体活力,创新整合上中下游、软件硬件等各类产业资源资产,建构大视听全产业链生态。与此同时,以人为中心的智能化、中枢化、协同化、泛在化、交互化、个性化、高清化服务,将是"未来电视"的主要发展方向。视听产业要以内容为王夯实产业生态布局。要加快关键技术攻关与前瞻性战略路径规划,率先探索"未来电视"的终端显示介质与新型网络渠道,抓紧建立自有流量池。

三、"线上演出"与网络音频产业

智媒时代,"线上演出"迎来了更为广阔的发展前景。为了满足人民群众日益增长的精神文化需求,不少剧团推出了"线上演出"的新形式。各大网络平台也出现了大量"线上演出",涵盖了不少国外经典剧作。"线上演出"突破了地域限制,实时的弹幕评论又为其提供了极强的互动性,创造了一种新的"现场"。随着VR、XR等技术的不断发展,因网络空间而生的"线上演出",其发展前景值得期待。在万物互联与智能技术的浪潮下,"声音"的伴随性、情感性与交互性优势凸显,声音资源被不断挖掘、开发。

在此过程中,音频媒体迅速崛起,大量占领市场,初步完成了音频产业链条的打造;同时,以短音频、音频直播为代表的产品形态或许将成为音频产业的下一个风口。如何利用智能技术推动音频盈利模式的创新,拓宽上下游产业链机制,成为音频产业发展中的重要议题。

人工智能技术的发展,正在改变音频产业的整体格局,使其衍生出诸多盈利板块,如新增智能终端设备盈利渠道,重新赋予"粉丝经济"新的含义,扩展盈利途径等。根据艾媒咨询的统计数据,2022年中国在线音频市场用户规模已接近4.5亿人。显然,音频产业的用户市场尚未达到饱和点,用户对音频的需求量仍呈现上升趋势,但在音频产业迅猛发展的态势下,其要实现盈利仍有部分问题亟待重视与解决。

(一)当前音频产业盈利的困境

智能终端的普及,为"耳朵经济"的发展提供了更为广阔的发展空间。聚焦当下,音频产业还有待找到长足有效的盈利模式。一方面,广告、内容付费、直播变现等盈利模式难以作答,持续盈利难以保证。另一方面,音频产品的多元化发展还较为迟缓,垂直类、细分化的内容创作还亟待加强。

1.服务功能不全,增值板块待开发

在产业体系的完善过程中,服务功能成为音频产业增值盈利的重点,这也是产业后期运营、开发的关键环节。目前,音频产业的服务功能主要分为三类:一是优惠服务,包括提供付费优惠券、开设会员账号、分享付费商品的返利、免费领取付费精品内容等;二是交流服务,包括用户申请成为主播、用户与朋友互动等板块;三是商家合作服务,涉及产业对外招商引资等。就服务对象而言,平台应根据不同用户有针对性地挖掘服务内容,开发服务功能,但目前音频产业的服务功能依旧单薄且分散,对于线下用户体验、后期维护等功能很少涉及。

音频用户群体的日益增多与线下服务的匮乏,仅仅依靠平台服务已经不能满足用户的多元化需求,因此,音频产业也在尝试转战线下,在现实中开发增值服务以作为平台盈利体系的补充。2019年4月,喜马拉雅App在西安高新区嘉会坊开设了全国首家"万物声"线下门店。店内,顾客可免费收听喜马拉雅App平台中的付费课程,且同时参与音频内容与节目的自主录制;课程讲师也可通过会员店内设置的阶梯教室,来此授课并与用户积极互动。

在线下实体店里,用户不仅享受到了丰富的会员服务,还亲身体验了互动场景,真正参与了音频内容的创作过程。目前,实体会员店的开设是音频产业增值创新中的一个探索,通过打造"万物声"线下门店,改变了传统的音频播发渠道,使得用户体验音频制作有了可实现的机会。

2.音频生产领域窄,垂直内容市场少

当下,音频产业的盈利模式横向探索已经较为成熟,如广告、内容付费、智能设备盈利等;但在垂直领域,其对市场的探索仍较为欠缺。就内容付费板块而言,大多数音频媒体都聚焦教育、情感、娱乐、文学等领域,如喜马拉雅App的戏曲、科幻基地、人文读物、健康养生等分区;荔枝的情感调频、明星电台、广播剧、催眠、文学等;蜻蜓FM的小说、历史、广播、教育、财经等类别。从音频媒体大致的内容分类来看,其依然停留于内容性质的划分,对垂直内容领域的探索仍显不足(图1-9)。

图 1-9　喜马拉雅 App 的全部分区

值得注意的是,喜马拉雅作为音频产业的代表性平台,近年来不断加大对内容垂直领域的开发:一方面,其着眼于亲子市场,入局智能硬件,推出以儿童为目标群体的小雅音箱;另一方面,打造儿童专用App,即"喜猫儿故事",涵盖了童话故事、国学历史、儿童文学等多种优质内容资源。在用户细分化的趋势下,音频产业需要聚焦细分领域,深度挖掘用户的个性化需求,打造定制化内容。与此同时,产业还可深耕广告、内容付费、粉丝打赏等盈利渠道,在传统盈利模式中借助技术开发出更加符合用户消费心理的盈利模式,打造系统、成熟的上下游产业链。

3.侵权问题多,监管机制函待完善

"内容付费"因其更新换代速度快、发展空间大而成为音频产业增长最迅速的盈利板块。"以喜马拉雅App的会员制为例,其于2018年4月正式上线会员系统,截至2019年5月,喜马拉雅App付费会员数已经突破400万。而单品付费则是更为普遍的盈利方式,音频付费课程、有声书等在各大平台上已广泛存在。"但由于音频市场在内容付费板块和用户需求方面所占的优势,部分音频媒体和用户为追求短期盈利而对他人的音频内容造成侵权。

首先,由于平台监管资源分配不均,部分UGC用户可能规避监管,转载他人的自制内容并进行传播,由此造成系列侵权行为。其次,音频产业存在着优质"声音"资源稀缺和生产周期长的问题,部分平台和主播为节省成本而选择用音频呈现文学作品的形式来进行内容生产。

当然,这种音频转载的行为,也存在侵权的法律风险。2018年,作家曾鹏宇称喜马拉雅App在平台上提供了其所著的《世上有颗后悔药》的全文有声书,然而该平台并没有取得他本人和出版社的授权,这一侵权行为或直接影响正版有声书的出版。不容忽视的是,音频产业中的侵权问题已成为其内容生产的痛点,如何及时监管和清除侵权内容,明确具体侵权行为的边界,是目前迫切需要解决的问题。

(二)音频产业盈利模式的产业链、价值链延伸

有学者指出,在快速变动的传播环境下,数字化、智能化转型为媒体机构实现了教育、社交和娱乐等多种功能的融合[①],眼光长远的媒体机构利用智能化建模,开始关注高质量的内容领域,为用户匹配更好的内容,这将为他们带来更广阔的差异化发展空间。当前,音频产业积极将智能技术运用于内容生产与分发实践中,在现

---

① 李卫东.云传播的发展趋势和时代机遇[J].新闻与写作,2020(6):5-13.

有模式的基础上，探索新的盈利渠道，促进音频产业新一轮的变革。

1.付费方式：知识付费到内容付费

为完成盈余知识转变为产品或服务的目标，音频产业将付费内容限定于知识类别，以此满足用户的知识需求。但从2018年开始，在线音频平台开始扩展付费内容的范围，使之不再局限于知识本身。喜马拉雅App联合创始人、联席CEO余建军曾指出，在主播创作需求增大和平台有意识拓展付费内容类别的趋势下，喜马拉雅App在2018年将付费内容从知识类别拓展到了娱乐领域。从知识付费到内容付费，其转变背后不仅是付费类别的增加，更是对用户多样需求的满足；知识不再是付费内容的专属，广播剧、有声书等也被纳入其中。

2016年以来，"知识付费"的热度不断上涨。相关平台相继推出音频付费板块，如喜马拉雅App的"付费精品"专区、付费语音问答应用"分答"（后更名为"在行一点"）等等（图1-10）。但近两年内，知识付费的增长却呈现出疲软状态，艾媒咨询发布的《2018—2019中国知识付费行业研究与商业投资决策分析报告》显示，2015年到2018年，付费用户规模从0.48亿人暴增至2.92亿人。然而，用户数量增长的背后，是增长率的大幅度下降，从2017年的102.2%下降到2018年的55.3%。可见，在知识付费浪潮之后，音频行业如何尽快寻求下一出口已迫在眉睫。

图1-10　喜马拉雅App"在行一点"语音问答付费专区

2.粉丝经济：情感陪伴到游戏联运

当前，以"粉丝经济"为特点的盈利模式主要有三条实现途径：一是付费收听，音频平台通过优质的付费内容来吸引用户。但随着时间的推移及个人喜好的变迁，部分付费用户逐渐流失，留下了黏性较强的核心用户。这些用户与音频节目之间已建立了相对稳定的收听关系，养成了付费收听的消费习惯，最终成为付费音频内容的忠实"粉丝"。二是通过明星入驻的方式，实现明星效应的变现。

2019年6月，喜马拉雅App推出了一档特别的音频节目《易烊千玺：青春52

问》,瞄准其庞大的粉丝市场,利用明星效应刺激粉丝消费。三是粉丝打赏,这一盈利方式多存在于音频直播行业,其将主播的声音物化、商品化,汇聚不同声音供用户自由选择,满足用户的听觉想象。艾媒咨询数据显示,目前荔枝平台有超过500万月活跃主播和超千万量级月活跃用户,给粉丝打赏这一盈利渠道预留了丰富的声音资源与变现可能。从某种意义上讲,智媒时代的到来颠覆了传统的粉丝经济盈利模式[①],音频变现也迎来了全新的挑战。

在新媒体技术的支持下,音频媒体平台对粉丝经济的探索也出现了新的突破,其基于社交情感开发了以互动体验为核心的游戏联运模式,使用户能够参与到游戏当中实现自我表达。例如,网络游戏参与者只要申请一个账号,就能进入网络空间,参与到狂欢之中。面对数量众多且不明身份的"敌友",游戏参与者可在"江湖"中充分施展技能,自由争霸;而游戏联运的模式也正是通过调动用户的游戏心理,将用户注意力分流到游戏当中,促使用户对游戏进行二次消费。

2019年10月,荔枝与手机网络游戏"一恋永恒"宣布达成合作,双方整合了内容与产品资源的优势,共同打造了一款以"声音"为核心内容的恋爱养成游戏。荔枝在保有声音优势的基础上,将"一恋永恒"的游戏剧情进行串联,完成了对游戏角色的配音,进一步触发了用户对游戏剧情的兴趣及对角色的幻想,引导其下载游戏,最终实现游戏导流,并获得用户付费收益。此外,游戏还赋予了用户自主编辑剧情的权限,刺激用户参与到游戏文本制作的过程中。

不难看出,用户在游戏过程中,不仅仅是听众,更是游戏的参与者。如果说既有的粉丝经济模式强调的是情感陪伴,那么当下的游戏联运模式则是一种互动陪伴,实现了用户与文本间的深层次建构。

3.盈利模式:"线上+线下"互动营销

传统意义上,音频平台承担中介的角色,向用户提供音频内容与广告,用户进行付费收听或与主播在线交流;而当下,音频产业除平台运营外,还积极布局线下营销,形成线上线下联动盈利的新模式。2018年8月,荔枝首创出以"声音"为主题的快闪店线下活动——声音画像馆;2019年6月,喜马拉雅App与湖南卫视《声临其境》节目合作,使用户得以在线下配音间自主配音,亲身体验配音的全过程。这种线上与线下联动的盈利模式,打破了音频产业旧有的盈利思维惯性,在聚合粉丝

① 朱丽丽,蔡竺言."弹性"的毛细管作用:中国粉丝权力网络的博弈与变迁[J].新闻与传播研究,2022,29(8):20-37.

流量的同时,利用平台知名度拓展了线下盈利的途径,体现出音频产业为寻求新的盈利途径而做出的积极尝试。

(三)智媒时代音频产业盈利模式创新路径

智能技术给音频产业带来的变革是全面而深刻的。音频产业借助技术,在内容生产、节目播发、用户回馈等层面上深挖隐含价值,打造出了一批适合音频媒体发展的新盈利渠道。其中,优质内容、用户体验、流量变现成为音频产业在创新盈利模式过程中需要重点把握的三个维度。

1."耳朵经济"中的优质内容生产

当下,音频产业尝试组建新的内容传播矩阵,一般用户、网红主播、明星群体等主体的加入促进了音频内容领域的兴盛;然而在多主体的共同参与下,音频内容也不可避免地存在着质量上的问题。一方面,优质音频资源与生产主体数量不匹配,产业只能将有限的优质资源放在用户共同关注的领域,稳定用户关注量,而将其他领域的内容生产权"下放"给用户,利用UGC来完成细分领域的内容生产。目前各大在线音频媒体平台的内容基本可划分为历史、音乐、情感、文学、影视等类别。

不难发现,这些关键词的背后都是比较笼统的大类,细分类别较少。这也恰恰与音频内容细化资源少的现状相吻合,大部分用户都在热门类别下活跃,较少关注细分领域的音频内容。因此,音频产业中的"大众化内容"更倾向于追求精品制造,为多数用户提供高品质的趋同服务;而"小众化内容"则会以UGC作为补充,如喜马拉雅App打造的音频UGC主播,即通过主播们极具个性化的音质与表达方式来满足用户个性化的娱乐、情感、交流等多方面需求。

值得注意的是,用户自制的内容在质量上存在良莠不齐的问题。鉴于此,音频媒体平台需在内容生产领域发力,对用户自制内容严格把关,同时还要吸纳并支持优质用户自主生产音频,加快高质量内容的生产速度。

另一方面,传统的音频传播形式与用户当下的碎片化收听习惯不相符合,这让短音频的出现成为必然。具体而言,短音频的特征有三个:"一是体量短小,但逻辑完整,适合碎片化收听;二是主题鲜明,内容有爆点,符合个性化收听需求;三是场景化,可进行基于场景的垂直细分、归类搜索。"短音频既符合音频媒体碎片化传播的特征,又符合用户对短信息的认知需求。因此,音频内容的生产需重新审视用户收听习惯,将长段的音频内容整合提炼成一条简短音频,用户即使收听时间短而碎,也能够获得其核心信息。

例如蜻蜓FM便在首页分类下推出了"短音频"选项,在热门推荐中也会将音频内容的时长显示出来,告知用户收听本段音频所需花费的时间。这些1分钟以内的短音频有效地利用了用户的碎片化时间,提高了音频内容传播的效率,带来了全新的收听体验。

网络时代是关注"长尾"、发挥"长尾"效益的时代,音频产业亦是如此。首先,作为音频产业尾部的"小众产品"受关注的成本在网络时代大大降低,用户只需动手搜索即可获取所需内容;其次,受众分化趋势愈加明显,头部内容难以满足用户的多元需求,而处于尾部的细分市场才是产业未来发展的焦点。因此,音频产业应在用户细分需求的基础上加强信息处理与资源整合的能力,有针对性地制作出符合智媒时代用户接收习惯的短音频产品。

2."全场景"下的用户体验

智能技术的发展为音频内容"场景化"提供了可实现的路径,智能手机、智能音箱、车载智能硬件等终端的出现给用户提供了多样化的场景入口,用户可通过智能设备与音频内容的互联进行实时互动,实现情感交流。2019年10月,荔枝和百度旗下人工智能硬件品牌"小度"共同宣布达成合作,"小度"上线荔枝的海量音频内容,并尝试在某条音频内容里加入互动语音,即时实现人机交互。

同时,用户还可以通过智能终端设备,接收定制化信息,在特定场景下享受个性化服务。艾媒咨询数据显示,音频用户中有62.7%的人会每天收听音频内容。其中,中国音频用户收听场景分布排名前五的分别是:晚上睡前(60.3%)、上下班通勤路上(59.5%)、运动(50.5%)、开车(49.1%)、家务劳动(48.8%),而这五大场景也基本占据了音频用户的主要业余时间,可见音频收听的渗透力依然强劲。

未来,全场景在音频产业中的布局将更多出现在智能终端。智能家居、智能音箱、智能可穿戴设备、车载智能硬件等终端设备将极大地加快音频场景的融合速度,实现场景互联。一方面,多样的收听场景需要匹配不同的音频内容,使场景化的传播更具针对性,满足用户在特定场景下的需求;另一方面,收听场景的衔接需要实现跨设备续播,连接关联不同设备在不同场景下的收听历史,为用户智能化地推荐音频内容。但就目前而言,音频内容主要涉及睡前场景、车载场景和运动场景,其他生活和工作场景的音频内容资源仍显匮乏。考虑到用户活跃度高且收听场景不断延伸的发展趋势,场景音频内容的创新将成为音频产业布局下半场的重要关口。

3."声音社交"中的流量变现

与文字相比,声音所传达出来的信息更富有感染力,也更易与用户产生情感共鸣。音频直播即是在无法诉诸视觉的情况下,利用"声音"打破用户情感上的壁垒,增强用户黏性。在"声音社交"模式中,用户与主播可通过音频直播的方式亲密接触,用户既可倾听,也可与主播就一个共同话题展开互动交流。值得注意的是,目前已有音频媒体在"声音社交"领域布局,如荔枝在直播间里特别设置了与主播交流互动的聊天区域,且可实现即时打赏,为用户参与直播过程提供了更为便捷的途径。此外,荔枝还在音频直播板块上设置了包括助眠、情感、音乐、有声书等类型的直播区域,专注于推送优质直播,为用户获取个性精品内容节约了大量的时间成本。"声音社交"突破了时空限制,使用户与主播可以在线即时互动交流,这一巨大流量可能成为主播和平台未来盈利的主要渠道之一。

当下,主流音频平台正积极探索"声音社交"模式,并尝试开发流量变现的途径。其中,吸引用户收听直播,鼓励用户参与直播,完成"声音"资源在虚拟空间中的变现都将成为产业创新发展中的关键性问题。一方面,精品直播是稳定流量的基础,能在诉诸听觉的基础上吸引用户参与,实现与内容的互动。另一方面,主播的个人风格是直播创造流量的新增长点。虽然人人都能参与直播,但直播内容和风格难免千篇一律,相比之下,拥有个性特色的主播将以独特的人格魅力吸引用户关注;而用户在与自己喜欢的主播进行交流时,也更容易产生情感上的共鸣,并通过粉丝量、播放量以及打赏等形式达到流量变现的目的。同时,音频直播还能以用户注意力创造更多的变现渠道,如广告插入、付费精品直播、特色直播节目等都可为音频直播变现提供路径。

智媒时代的到来,为音频产业发展带来了新的机遇:首先,在生产阶段,音频产业不断改进自身内容,力图打造一条系统、专业的优质内容生产线;其次,在传播阶段,聚焦产品播放渠道,使其突破单一的媒体、平台或终端音频,打造多链接、立体化的传播矩阵;再次,在反馈阶段,为提高用户的服务质量,通过重构音频环境,营造场景式传播,为用户带来深层次社交。

（四）元宇宙技术运用下的盈利模式探索：以爱奇艺、咪咕视频为例

新媒体视听作为生长于新媒体平台的"原住民"，在保证优质的内容资源的基础上，以技术创新为手段，丰富内容表现形式，帮助平台提升用户忠诚度。认知度的重要方式，也是新媒体视听的"技术基因"所带来的先天优势。易观分析发布的《2022年中国在线视频用户观看行为洞察》调研数据显示，爱奇艺是用户观看新媒体视听内容的首选平台，其用户选择偏好度为70.9%，腾讯视频以66.1%的用户选择偏好度紧随其后，芒果TV与优酷视频的用户选择偏好度分别为58.7%和50.7%。而在用户满意度方面，咪咕视频则成为近几年满意度提升较快的视频平台，用户满意度为50.4%。

在影响平台满意度因素的调查中，数据显示平台内容资源的丰富程度是首要影响因素，然而值得注意的是，画面高清程度、视频呈现质量及社交互动的强弱程度等技术相关能力，也成为影响用户平台满意度判断的重要考虑因素，由技术因素所影响的内容呈现质量、视听体验越来越受到关注。

近一两年，在5G、AR、XR、MR等新技术应用愈发成熟的背景下，元宇宙概念在新媒体视听领域集中爆发。众所周知，新媒体视听的核心业务是进行视听内容传播，而元宇宙空间场景的建设能够深度融合5G、AR等一直以来呈单点突破状态的技术，为新媒体视听内容呈现提供从二维场景到三维空间的全新拓展。因此，新媒体视听领域的各大平台纷纷开展元宇宙相关技术布局，并尝试应用于业务实践。秉持"以科技创新和高品质内容赋能大众美好生活"理念的爱奇艺，2022年保持前沿科技与优质内容双轮驱动、融合发展的思路，尝试开辟元宇宙赛道，赋能视听体验新升级。

总的来说，爱奇艺的元宇宙布局可以被归纳为关键技术产品研发与文娱场景实践两个方向。在产品研发方面，爱奇艺成果丰富：①奇遇VR再推新品。2022年2月22日，北京梦想绽放科技有限公司（爱奇艺旗下子公司）宣布推出全新VR一体机设备——奇遇Dream尊享版，与2021年推出的奇遇Dream相比，尊享版存储容量、流畅度、免费权益等方面实现全新升级，进一步深化了爱奇艺VR生态布局。②与Nreal品牌合作发布AR应用。2022年8月23日，爱奇艺在Nreal AR眼镜中国场发布会上，与Nreal品牌联合发布了爱奇艺首款定制版AR应用，将自制内容融入AR终端，为用户带来更加沉浸的视听体验，"海量内容+无限屏幕与空间"是

爱奇艺在科技浪潮下对虚拟现实更大可能性的全新探索,也是爱奇艺布局下一代娱乐科技之路的重要一环。③"帧绮映画MAX"完成移动端部署。2022年8月,爱奇艺影院级别的视听认证标准"帧绮映画MAX"顺利完成移动端部署,目前包括TV端、PC端及移动端在内的多个端口,已有约600款不同品牌、不同机型的设备通过认证。自此,爱奇艺高品质观影体验成功在移动端实现规模化落地。

1. 在文娱场景实践方面

(1)自制元宇宙综艺《元音大冒险》。2022年11月底,爱奇艺上线了自制综艺《元音大冒险》,开创了全球首个虚拟现实闯关游戏类综艺节目类型,参与节目的嘉宾将身着动捕服、佩戴VR一体机进入"元音大陆",进行音乐闯关游戏。节目运用顶级设备,打通XR、全息制作、虚拟拍摄等不同链路,为观众提供呈现听、看、唱、玩深度结合的沉浸式、立体化娱乐内容。为使观众更好地与节目进行互动,爱奇艺还将"元音大陆"虚拟空间留存为数字资产,在爱奇艺App中上线,观众可以在"元音大陆"虚拟空间中体验"直接参与"节目的乐趣。

(2)创新打造元宇宙虚拟影视城。2022年1月,爱奇艺在其虚拟制作官网上推出了国内首个4K影视级虚拟制作测试作品《不良井之风云再起》和为虚拟偶像小茉莉制作的4K虚拟MV《心念》。这两部作品的独特之处在于,两部短片均以数字资产"不良井"为虚拟环境,串联了数字场景扫描、重建、拍摄、精修、业务复用的流程。数字资产在视听媒体领域的业务实践,不仅开拓了影视制作的新场景,还为行业降本增效提供了新思路。爱奇艺CEO刘文峰曾表示,元宇宙更像是一种创作理念,连接虚拟世界,每一个节目IP的制作,都要有自身独特的世界观,世界观越完整便越具有生命力。

元宇宙技术的发展将为新媒体综艺节目创作开辟全新赛道。作为新媒体平台国家队、沉浸式媒体先锋队,咪咕视频致力于通过"内容+科技+融合创新",打造文化全场景沉浸体验生态,提供包括体育、娱乐、文博等方向在内的优质视听产品。2022年,坐拥中国移动技术优势与头部体育版权资源的咪咕视频,围绕体育垂直领域与社会服务方向,创新发展元宇宙新场景,面向平台用户与社会推出了丰富的元宇宙视听产品。

2. 在体育元宇宙建设方面

(1)赛事直播。从2018年俄罗斯世界杯到2022年北京冬奥会,咪咕视频在经历多项头部体育赛事直播的积累与沉淀后,逐渐成为新媒体视听领域用户沉浸式观赛的优选平台。2022年7月,在咪咕公司举办的资源推介会上,咪咕公司首席内容官甘雨青表示,卡塔尔世界杯期间将推出首个元宇宙观赛互动空间,依托5G、XR、超高清等技术为用户搭建一个互动及时、视听沉浸的虚拟赛场,给人以身临其境之感(图1-11)。元宇宙虚拟赛场的相关技术,在2022年8月、9月举办的五大联赛、欧冠等体育赛事的咪咕直播中也实现了落地应用,咪咕体育赛事直播元宇宙在一次次场景实践中变得更加成熟。

图1-11　咪咕视频推出的国内首个世界杯XR演播室

(2)衍生综艺。卡塔尔世界杯期间,为了丰富球迷们的观看体验,咪咕视频推出了赛事衍生综艺《濛主来了之我的眼睛就是尺》,通过足球竞猜、足球冷知识等内容,丰富观众对世界杯赛事的观看体验与认知程度(图1-12)。在嘉宾设置方面别出心裁,除邀请苏醒、黄健翔等大家耳熟能详的嘉宾参与节目外,咪咕还推出了一位AI数智人嘉宾"王小濛","王小濛"是对运动员王濛真身、声音等多维度的等比复刻,王濛与王小濛的跨时空对话使节目更具科技感的同时,也为节目增添了许多笑点。

(3)互动体验。为了使体育元宇宙的概念与场景更加丰满,咪咕在完成体育赛事直播的同时,于2022年12月底创新推出元宇宙互动新场景——星际广场。所有球迷、玩家、感兴趣的网友,都可以通过咪咕系列App进入星际广场,开展一场跨越时空的惊喜派对。星际广场内,共设有五大互动空间,包括主舞台、商城、展厅、游戏及欢乐现场,进入星际广场,用户不仅可以按照自己的喜好打造专属虚拟形象,还可以与星际广场中上万名用户同屏观看赛事内容,星际广场的出现让元宇宙观赛的热烈气氛被再次拉升。

图 1-12　咪咕视频推出的数字人"王小濛"

3.在社会场景的多元应用方面

（1）人文关怀。2022年北京冬奥会期间，咪咕推出了名为"为了听不到的你"AI智能字幕功能；冬奥会后，咪咕又于8月27日联合北京市聋协开展了一场信息无障碍产品体验活动。此次活动邀请了一些听障群体，通过AR字幕眼镜和AI智能字幕等产品，现场体验冬奥会的精彩瞬间，不少听障人士表示自己拥有了如健听人士般的感受，他们也为咪咕进行产品改进提供了建议。咪咕用科技力量做有温度的冬奥传播，让更多人能够在赛事狂欢中"同频共振"。

（2）城市发展。2022年7月22日，咪咕公司与厦门市政府签订了元宇宙建设合作协议，并将咪咕元宇宙总部落户于厦门。未来中国移动咪咕公司将与厦门市政府通力合作，利用咪咕 T.621+5G+XR技术与厦门独特优势结合，完成建设素质与颜值均在线、现代化与国际化程度双高城市的发展目标，将厦门打造成为元宇宙生态样板城市，以高规格搭建厦门城市数字化发展体系。

2022年7月15日举行的全国广播电视和新媒体视听工作年终会议上，有关部门对广播电视和新媒体视听行业的未来发展作出规划和指导，强调要坚持创新驱动发展战略，增强前瞻性，加快推进"未来电视"战略部署，强化对技术路线、未来发展模式的研究，以科技力量赋能行业创新发展，着力打造大视听发展格局

此次会议还首次提出了"未来电视"的概念。"未来电视"是指更宽泛语境下的视听概念，它既是从视听内容呈现、形态发展、服务体验及场景应用等多个角度，对视听新媒体技术应用思路的革新，也是对视听产业发展趋势与未来图景的宏观展

望。有学者表示,"未来电视"是一种无处不在、多元呈现、介质丰富的综合性视音频媒体,精髓在于"前沿技术+电视",在技术赋能背景下对视听媒体发展理念、生态布局的系统性、革命性迭代升级,其服务范畴将会从视频服务拓展到网络服务、公共信息服务等领域。

简言之,"未来电视"应不止于"电视"。综合广电行业的规划方向与实践动向,笔者认为,未来我国视听新媒体技术应用创新将呈现出以下发展趋势。

(1)技术破壁,跨点共通纵观视听新媒体技术的进化历程能够发现,在追求视听内容生产质量和效率提升的过程中,媒介技术的演进逻辑,始终围绕着技术应用能力和技术协同能力的突破展开。提升媒体对5G、AI、XR等新一代技术的应用能力,能够实现丰富视听呈现效果的目的,而突破技术与技术之间"点与点"的壁垒,促进技术协同能力发展,决定了媒介内容生产效率与成本的高低,也是打通"未来电视"所引导的大视听格局技术链路的关键环节。

例如,2022年7月20日,中广电广播电影电视设计研究院开发的"国信云发布"平台成功在"第二届海南消费博览会上"实现首次落地应用,"国信云发布"系统能够为不同城市的会场连线提供安全稳定且质量较高的音视频信号传输,并能够向各大主流媒体实时传输媒体公共信号。该技术的成功落地不仅代表一次会议的顺利完成,它代表的是中广电设计院拥有了举办跨空间、跨地域、可管可控的"云"发布会的关键技术系统。

另一个来自行业一线的典型案例,是由爱奇艺推出的"影视工业化"发展模式,2022年9月22日,在2022年北京互联网大会上,爱奇艺副总裁兼智能制作部负责人朱梁表示,为顺应数字化发展潮流,爱奇艺正在积极利用科技力量,走影视行业的数字化发展之路,爱奇艺面向影视行业决策层、管理层、生产层分别推出了PBIS(制作商业智能系统)、IIPS(智能集成制作系统)及IPTS(智能制作工具集)三大影视制作系统,致力于以优质的技术平台为影视制作行业提供"智慧中台",简化影视制作复杂度、优化影视制作全流程。

就当下视听媒体实践来看,在媒体技术自身不断发展的同时,突破技术壁垒,为媒体内容生产搭建"技术中台",实现技术链条的跨点连通,是视听新媒体领域技术创新的重要方向。

(2)思维破界,跨屏共生平台是视听新媒体发展到互联网时代最常见的组织形态,除传统广播电视网络外,PC端的网站、移动端的App,都是随着移动互联网的到来而诞生的视听媒体新平台。各类新媒体视听平台所带来的新路径、新渠道,在很长一段时间内都被视作媒体内容传播的流量增长极,然而媒体内容与传播渠道长期分布于各平台所带来的"副作用"也渐渐浮现,平台与平台之间的网络、数据及业务均呈割裂状态,媒体触点分离,内容资源分散,以上种种是平台时代视听媒体行业亟待解决的传播壁垒。进入5G时代,为使媒体资源发挥更大的价值,行业开始通过技术创新与业务合作对平台的割裂状态进行不同程度的弥合,视听新媒体突破平台思维、实现跨屏共生的生态布局已初见端倪。

2022年9月30日,中国广电创新推出有线电视智能推荐频道服务,这一服务不仅能够根据用户的使用偏好,通过AI计算,从海量资源中自动选取内容进行编排并持续推送,还可以实现播出内容在电视大屏与手机移动端的异网协同、无缝切换。有线电视智能推荐服务与异构网络的协同传输,能够有效激发内容资源新的活力。新媒体视听领域的跨屏合作也在火热进行中,2022年3月20日,搜狐宣布与抖音合作,同年6月30日,乐视视频宣布与快手进行战略合作,爱奇艺与抖音紧随其后,于2022年7月19日宣布正式达成合作,长、短视频平台纷纷走向跨屏联合,是双方对新媒体视听生态优化的积极探索。另外,2022年12月,国家广电总局在微短剧的发展部署中也提及了建立微短剧跨屏播出生态体系的重要性,鼓励各级电视台、各大新媒体视听平台以日播、周播、季播等不同模式播出微短剧,建立微短剧多元的跨平台播出体系。

2022年底,胡正荣教授曾在中国电视大会上发表这样的观点,"视听平台将经历从单屏、多屏到跨屏,直至无屏的生态演变"。按照"未来电视"战略的规划,今后我国视听新媒体技术应用将以打破平台壁垒为阶段性目标,推动行业走向网络畅通、业务联通、数据共通的全新传播生态。

(3)产业破局,跨链共赢"视听行业的共生谱系具有多元性与动态性特征,在不同时期与外部行业的共生关系有所不同,发展环境与产业逻辑是影响这一关系呈现状态与发展趋势的重要因素"。

不断提升技术水平、调整内部结构以快速适应新发展环境的过程中,视听行业与外部行业连接所发挥的产业价值日益凸显。视听行业的价值不仅在于大众娱乐的范畴,更在于凭借独特的媒体技术优势融入百业、与更多行业建立良好的共生关系,这将会同时赋予双方新的产业增值空间,加快视听新媒体技术融入百业的进程。

例如,2022年11月,工信部联合教育部、文化和旅游部、国家广播电视总局、国家体育总局等五部门联合发布了《虚拟现实与行业应用融合发展行动计划(2022—2026年)》。该计划针对虚拟现实这一视听新媒体领域的关键技术,提出了要实现虚拟现实技术在经济社会各重要领域规模化应用的发展目标,力图打造技术能力、产品形态、服务水平和应用场景共同繁荣的新产业格局。此外,为加快提升关键技术研发能力与融合创新能力,全国已有半数以上省份发布了地区元宇宙技术路线图和相关产业政策,并纷纷建立了地区元宇宙示范区、元宇宙产业聚集地、元宇宙产业基地等项目园区,对元宇宙相关技术进行提前布局与重点攻关,寻找并培育元宇宙技术融入百业的商业价值。不局限于娱乐范畴的视听媒体,拥有着赋能多行业、多领域发展的独特技术优势

未来,我国新媒体视听产业将会不断打破旧的生产结构与行业划分,在新技术与新理念的碰撞中建立起新的产业格局,进而实现融入百业并与百业共赢的发展目标。

(五)人工智能技术背景下新的盈利模式

ChatGPT(聊天生成型预训练变换模型,即 Chat Generative Pre-Trained Transformer)以前所未有的速度席卷全球,为人类未来打开了巨大的想象空间,人工智能技术将快速成为基础设施,推动人类社会从工业文明迈向智能文明。ChatGPT将给视听传媒生产方式、生产关系带来何种变化?行业该如何应对?窃以为,作为一种自然语言大模型,以 ChatGPT 为代表的人工智能技术,将极大地提高新媒体视听内容生产效率,改善个性化推荐,提供更好的内容搜索,增强互动体验。概括来说,ChatGPT 将为视听传媒行业带来许多新的机会和创新,并将有助于提高内容质量和用户体验。

ChatGPT是人工智能实验室 Open AI 开发的智能聊天机器人,上线两个月用户即超过1亿,引发全球广泛关注。业界普遍认为,ChatGPT 开启了人工智能的"iPhone时刻"。ChatGPT界面简洁,用户通过聊天框提问,它以人类语言和思维方式回答。用户提供的信息越丰富,它的回答就越符合用户的需求。它甚至具有了人类独有的"感情",会承认错误、质疑假设、拒绝不恰当的请求、根据要求撒谎、开玩笑等等。

有研究表明,它的心智水平相当于9岁儿童。ChatGPT使用模拟人脑的独特算法,参数超过1750亿,拥有多模态、高质量、多元化的大数据,由7~8个投资规模为

30亿、计算能力为500P的数据中心支持,让它拥有了人类思维能力和表达能力。随着数以亿计的用户每天使用该系统,其算法将不断优化,智能化水平将加速度提升。

此外,ChatGPT的横空出世不仅改变了人们对人工智能的认知和想象,更推进人工智能(AI)向通用人工智能(AGI)加速演进。未来,AGI将成为基本的生产力,成为像电和互联网一样的基础设施,在各行各业广泛应用。

以ChatGPT为代表的生成式人工智能技术,是新媒体视听行业全面进入智媒时代的底层技术逻辑。显然,新技术的赋能,使得内容创意、生产制作、传播分发视听全产业链。人工智能生产内容(AIGC)将成为视听内容主流形态,视听传媒的运营模式、产业结构将发生深刻变革。国内外新闻机构已经广泛使用人工智能;在自动语音、音乐创作、图片创作领域,人工智能也已经有了成熟的应用;在影视制作领域,剧本优化、演员甄选、市场预判、拍摄剪辑等环节,正在加速应用人工智能技术。自动生成视频是人工智能技术在视听领域的难点,但正在突破。

未来,基于人工智能技术构建的视听媒体有望成为行业主流。为用户提供优质创作工具的智能平台,将汇聚内容生产者和消费者,成为新的产业巨头。智能平台既是内容生产平台,同时也是内容传播和消费平台,自动形成商业闭环,催生新的商业模式。

本章小结

综上所述,国家大力推进媒体融合战略背景下,新媒体视听产业的未来大有可为。首先,全行业要实现思维方式的转换,自觉贯彻互联网思维去创作、传播、接受。其次,新媒体技术的发展,既要符合商业逻辑,又要考虑作为媒体所承担的社会责任。另外,综合多元的产品形态,将成为今后新媒体视听产业寻找盈利模式的重要突破口。

思考题

1.简要概述新媒体视听传播的主要特征与模式。

2.进入智能媒体时代,视听产业发展呈现出哪些新动态、新趋势?

第二章　新媒体谈话类节目创作

第一节　新媒体谈话类节目发展现状与未来趋势

电视节目类型不是凭空产生的,而是服务于两个传播主体—节目制作者以及观众的文化实践。换言之,电视节目生产者的传播意图与受众群体的观看需求都会对节目类型的发展产生影响。显然,按照罗兰·巴特关于艺术作品两种文本的分类①,谈话类节目属于典型的作者式文本,或者菲斯克所说的生产者式文本。作为大众文化产品,谈话类节目播出后,受众群体通过对这一生产者文本"权且利用"来制造快感,生发意义。

从1993年首档谈话类节目《东方直播室》与观众见面至今,30年的时间里,谈话类节目在经济社会转型期的不同阶段,体现出了截然不同的发展特征。近年来,随着传播生态、传播格局的剧烈变化,谈话类节目市场格局也发生了巨大的变化。一方面,一大批曾经家喻户晓的老牌访谈节目纷纷停播,例如《杨澜访谈录》《康熙来了》《锵锵三人行》《艺术人生》《超级访问》等。这些知名访谈节目在历经10余年发展后纷纷退场,侧面证明了对于当下的受众群体来说,传统演播室人物访谈节目在市场上已呈现疲软之势。"谈话+"现象兴起,类型融合成为新媒体谈话类节目发展新趋势。另一方面,在谈话类节目头部市场又涌现了一批新节目,这些节目保留了谈话的基本形式,但又结合了其他类型节目的特点,呈现同中有异的新样态和新特征。谈话类节目正进入一场新旧交替的变革局面。比较典型的类型融合体现在以下几个方面。

一、新媒体谈话类节目发展现状

当前,新媒体谈话类节目的发展可谓是机遇与挑战并存。一定程度上,优秀的

---

① 董丽慧. 有无:当代艺术的跨媒介方式与本质[J].中国文艺评论,2023(5):30-49.

新媒体谈话类节目,其成功之处往往在于为受众提供一种思考,或者治愈焦虑的力量。有鉴于此,新媒体谈话类节目在节目形态、类型融合上进一步呈现多元发展的状态。

(一)"谈话+真人秀"

谈话类节目类型融合历程中,具有标杆意义的事件,当属2016年老牌访谈节目《鲁豫有约》的改版升级。新版节目的名称是《鲁豫有约大咖一日行》。通过与"大咖一日行",节目由传统谈话类型,升级为新型的"真人秀式访谈"。可以说,自这一刻起,"谈话+真人秀"这一节目模式正式进入电视节目市场。显然,改版后节目中主持人与嘉宾的对话交流依然是"不变"的主旋律,但是节目采用全外景拍摄,给嘉宾人物留有足够丰富的镜头,且字幕、音效、蒙太奇式剪辑手法都处处流露出真人秀节目后期包装特征,使节目风格有了巨大的转变。"谈话+真人秀"模式给当时深陷低谷困境的传统谈话类节目开辟了一条突围之路,也影响了后续越来越多的人物访谈节目,开始让主持人进入嘉宾的日常生活,从而更加全面、立体地展现嘉宾自然真实的一面,以满足观众对嘉宾的好奇心与窥视欲。

当然,真人秀元素的加入,也使本来相对可控的谈话类节目,出现了更多的悬念。以《鲁豫有约大咖一日行》采访某位知名企业家的节目为例。采访过程中,一开始是有些"冷场"的。显然,身为名人的嘉宾已经接受过太多次采访,很难轻易放下内心的戒备。于是,主持人改换了一种"唠家常"式的提问方式,冷不丁地提问嘉宾:"你儿子怕你吗?"这里,主持人的本意,是在看似平常的提问中,迅速在程序性话轮导入之下,将谈话进行推进。嘉宾对这个问题似乎很感兴趣,同时也给出了意想不到的回答,成为整个谈话过程中的一个亮点[①]。嘉宾回答:"不怕,他不怕我","我们两人相互影响,相互洗脑"。

谈话中,主持人抓住嘉宾作为父亲的社会角色,就子女的家庭教育与个人发展方面进行发问。一方面,这让谈话更加具有层次感,而不是在杂乱无章的问题中,让嘉宾不厌其烦地机械回答。另一方面,主持人在语境的把控方面也是十分强的,能够针对嘉宾的情感及心理情绪等要素,基于场面氛围的控制,实现访谈的有效设计,不仅不会让嘉宾尴尬,还提升了节目效果。

---

① 黄海.谈话节目主持人话语的构建研究:以《鲁豫有约大咖一日行》为例[J].传媒论坛,2021,4(5):63-64.

（二）"谈话＋文化"

前有《罗辑思维》等新媒体综艺节目开启了知识文化的脱口秀时代,后有《朗读者》《阅读·阅美》《见字如面》等朗诵节目走红荧屏,"谈话＋文化"正是近年来上升势头迅猛的融合类型。这类节目,通过读诗歌、读书信等文化交流方式,为谈话类节目增添了更多的人文情怀与厚重情感,引发观众文化共情与情感共鸣,既避免了一般文化类节目"曲高和寡"的尴尬,又使得节目保持了一种高质量与高格调。

《朗读者》这样的节目中,所谓"谈话"的过程与其说是对谈,更类似于"诵读"。只不过,节目邀请的诵读主体较为特殊。一般来说,这一类节目中诵读嘉宾的身份往往具备权威性,是某一领域的"专家"。当然,之所以邀请他们来参加节目,正因为他们的角色不局限于文学家、作家、文化学者,还包括社会各界的领军人物、佼佼者。他们是信仰的坚守者、敬业的践行者、情感的守望者,如航天员杨利伟、医学专家吴孟超、舞蹈家谭元元、开办公益学校的张桂梅等[1]。这些嘉宾身份的权威性及其励志故事令受众折服,因而具有强大的情感感召力和说服力。二是诵读嘉宾的身上折射出我们这个民族珍贵的精神力量与文化品格,其情感说服力在于能够唤起观众的情感共鸣。

以《朗读者》第三季第四期节目为例,世界冠军在亲子陪伴中的无奈缺席,主持人在亲情与事业之间的两难抉择,极限运动员所克服的身体残缺与病痛,生物学专家要忍耐的孤独、艰险与贫穷。节目在诵读主体身上所洞悉、挖掘并传达的是人类共通的情感,他们的执着坚守闪烁着人性的熠熠光辉,他们成为一个时代极富代表性的文化符号和文化载体。有些嘉宾的吟诵也许在技巧上比不上专业播音员、主持人,但其感染力与说服力却并未因此而折损。所以当有传播"声誉"的诵读者回归普通人的情感表达时,一种来自权威的距离感和理性说服被转化为传者与受者间亲切而有感染力的情感交互。

（三）"谈话＋美食"

"谈话＋美食"类节目属于一种垂直类、小切口的融合类型,这类节目往往具有极其浓郁的生活气息,因而深受广大观众的青睐。《拜托了冰箱》《厨房的秘密》

---

① 王楠.诵读类电视文化节目情感说服的创新嬗变[J].中国电视,2022(6):40-44.

《熟悉的味道》《谁是你的菜》等多个谈话类节目中,创作者都有意加入了美食制作环节,展现了充满烟火气息的饮食文化与明星嘉宾的生活状态。正因此,这种慢节奏的饭局聊天氛围不失轻松感、愉悦感,是观众心中所谓"下饭综艺"的首选类型。

这种"谈话+"的融合形态,也必然使得节目表达变得更为多元化。需要指出的是,这种"类型与技巧之间的冲突"并不必然意味着节目类型的"交班换岗",而因为吸纳了新的节目元素和表达技巧,导致了类型本身的发展演变。显然,"谈话"焦点的退隐并非意味着从节目离场,类型融合也并非简单的类型嫁接,"融合"表现在节目各环节自然过渡,而不是将各环节生硬地拼凑在一起①。其实,各种节目类型间"你中有我,我中有你"可谓是由来已久。即便在前互联网时代,传统意义上的谈话类节目也尝试过引入其他类型节目元素。

例如,中央电视台综艺频道早年间曾推出了一档高端人物类访谈节目《咏乐汇》。在这档节目中,最为关键的节目环节,就是主持人与嘉宾之间的饭局。整个节目的谈话部分,都是在"饭局"这一情境下展开的。根据每期邀请到嘉宾的背景、特点,饭局中提供的每一道菜,都有其特殊的含义,与嘉宾背后的人生经历有联系。很显然,美食在其中便起到了穿针引线的作用。可以说,这是谈话类节目发展历程中较早运用"谈话+美食"的做法,收获了不错的效果。

互联网传播语境下,互联网思维的运用在综艺节目中逐渐凸显,其中,脱口秀节目的创新也处于新的议题讨论中。腾讯视频自制的美食脱口秀节目《拜托了冰箱》,融合"开冰箱+品美食+聊生活"等多种元素,从用户思维出发进行节目创新,节目抓住了现代人喜欢边吃饭、边看剧的心理,为观众尤其是年轻群体打造了一档"最强下饭综艺",映射出了现代生活的真实面貌②。

(四)"谈话+观察"类节目

"谈话+观察"类节目则是近几年来新媒体综艺节目市场崛起的一种全新类型。一大批聚焦职场、独居、夫妻、婆媳话题的观察类节目,如《这是谁的家》《我要这样生活》《让生活好看》《妻子的浪漫旅行》等节目都纷纷设置了演播室谈话现场,节目邀请嘉宾的亲属好友来到演播室,观察、解读嘉宾的生活状态,这种双线叙事模式

① 蒋宁平,易莎."谈话"的退隐与形态的多元:类型学视域中电视谈话节目的嬗变[J].中国电视,2022(2):27-31.
② 郭小雪,黄梓淇.互联网时代脱口秀节目如何创新:以《拜托了冰箱》为例[J].新媒体研究,2021,7(12):98-100.

能够恰当地捕捉节目看点,为节目增加娱乐效果,并调动观众情感走向。此外,也有一些"谈话+观察"类节目没有设置"棚内讨论"环节,而是让主持人作为"观察者"直接进入嘉宾生活。

例如新媒体谈话类节目《送一百位女孩回家》聚焦在大城市奋斗的年轻女性群体,展现了大量女性真实生存状态的画面,主持人化身"观察者",用"陪伴式"访谈来倾听当代都市女性的人生困惑、成长烦恼。例如,在第五季的首期节目中,一位身为脱口秀演员的女嘉宾无意中的一段话,引发了不少网友的共鸣。节目里,这位女嘉宾说道:"在脱口秀这个舞台上,一个纯粹的女性失败者,是不可以存在的,一个女性,大家希望她至少有一些闪光点。"(图2-1)

图2-1　搜狐视频出品女性情感观察节目《送一百位女孩回家》第一季

不难发现,这位女嘉宾的观点无意中提到了当下不少职场女性所面临的困境。社会有时似乎对女性更严苛,女性必须拥有某种美好的品质才能走到台前。因此,节目实际上是借助嘉宾的观点输出,传递出以下信息:不要轻易否定自己,每个女孩都有存在的独特价值。节目的播出,也让更多人看到了女性群体在生活中所承受的压力,从而引发观众去思考女性群体所面临的困境[①]。

除此之外,一些较有代表性的新媒体谈话类节目,在谈话环节的基础上,融入了更多其他类型的元素。例如,腾讯视频播出的《饭局的诱惑》就是这样一档典型的新媒体谈话类节目。在节目中,除以美食为主要话题的"谈话"核心载体外,还加入了较为烧脑的"狼人杀"桌游环节。

显然,类似这样的游戏环节,丰富了节目样式,同时游戏本身的不确定性考验着嘉宾在台本之外的临场发挥,为访谈节目增加了趣味性。事实上,在谈话类节目发展变局中,越来越多的新兴节目不再拘泥于传统谈话类节目的形态,开始大胆地突破类型框架的界限,呈现出一种类型融合的新趋势。

---

① 　孙杨.我国女性网络综艺节目现状与创新路径[J].当代电视,2022(6):87-90.

二、新媒体谈话类节目的未来趋势

当前,发展历史悠久且制作经验丰富的新媒体谈话类节目,呈现出明显的回暖趋势,重新进入大众的视野。显然,优质的谈话类节目永远都不缺受众。对未来的新媒体谈话类节目来说,创新迭代无疑是不可回避的必经之路。对创作者而言,如何进行高效创新,既需要勇气,也需要智慧。一方面,需要在保证节目品质的前提下,不断尝试新的节目形式、类型元素与话题设计,让节目保有一种动态的发展平衡。另一方面,也需要发掘新的视角、新的观点,真正让观众收获更多有价值的信息输入。

“谈话”退后,节目形态互融

在国产谈话类节目近30年的发展历程中,传播媒介、传播生态已经发生了翻天覆地的变化。今天,在这个“人人都是麦克风”的时代,个人表达渠道畅通多了,谈话类节目自然跟随着媒介生态的转场发生了诸多变化。与此同时,谈话类节目队伍不断扩大,同质化问题尤为突出,而观众群体日益分化的观看需求也让谈话类节目遭遇了巨大的竞争挑战,这些外部与内部的变化因素影响着谈话类节目类型变化。

类型是事物的集合,它既体现了一类事物内部的共通性,又体现出该类事物与其他事物之间的排他性,存在着可辨别的界限。但是,“类型”又并非一成不变,而是渐变成型,处于相对稳定的动态发展中。正如学者简森·米特所指出的那样:“类型是文化的产物,由媒介实践组成,并且受制于不断的变化和再定义。”[1]谈话类节目同样不是永恒固定的,它也有着渐变发展的过程。这背后也不乏产业的推动。因为从接受心理的角度来讲,观众的审美期待决定了,一档电视节目应该让观众体会到“既新颖又熟悉”。过于超前,难以得到观众的认同;因循守旧,又很难真正脱颖而出。

新媒体谈话类节目的创作者正是“把惯例与符合那些模式的素材‘发明’联系起来”,在这种旧模式与新内容的不断组合、碰撞中,势必出现被称为所谓“类型模糊”的现象[2]。当然,类型的意义更多的是对于创作者、研究者来说,对受众而言,这并不是影响他们是否选择观看一档节目的关键。

---

[1] 黄顺铭,李宏江.“媒介”视角下的地图知识生产:以开放街道地图为例[J].国际新闻界,44(9):42-46.
[2] 蒋宁平,易莎.“谈话”的退隐与形态的多元:类型学视域中电视谈话节目的嬗变[J].中国电视,2022(2):27-31.

这种节目形态的互融由来已久。事实上,新世纪初,已有一些谈话类节目进行过类似的"混搭"尝试。例如早在2008年,中央电视台推出的人物访谈节目《咏乐汇》,就是借助饭局的形式来呈现谈话现场。节目中安排的每一道菜肴都有其特殊的用意,与嘉宾背后的人生经历相关联。不难看出,美食为谈话进程起到了穿针引线的作用。颇为巧合的是,同一年湖南卫视推出的公德礼仪文化脱口秀节目《天天向上》,除了主持团队与嘉宾的"谈话"环节之外,还安排了固定的歌舞表演和游戏环节。可以说,这样的混搭使它更像是一档传统意义上的电视综艺节目。

不同类型的元素互融,其实在节目类型的演变中是一种常态化现象。当下的一些谈话类节目中也依然看得见这种变化。例如《天天向上》在2018年又推出新版块"看不见的伪装者",融入悬疑与侦探元素,开启了推理脱口秀模式。少儿脱口秀《了不起的孩子》第三季节目中,将原有的VCR视频环节改为外景真人秀拍摄。总的来说,这种互融一方面让谈话类节目增加了新鲜感,另一方面,"谈话"环节仍然在节目中占据核心地位。

然而,在众多新媒体谈话类节目中,这种互融的趋势逐渐演变成了一种融合态势。类型交融的格局从微观发展到宏观,对节目的影响不再只是局部的,而是贯穿整体。甚至作为观众的我们,可以直观地感受到越来越多的谈话类节目开始从沙发上"站"起来了。

例如《鲁豫有约一日行》在节目形式上有了颠覆性的突破,将真人秀节目与访谈节目相结合。曾经被观众们熟悉的标志性黄色沙发消失了,主持人走出演播室,用一天的时间探访嘉宾日常工作和生活的真实状态。同一位主持人与优酷网合作推出的谈话类节目《豫见后来》则是打出"记录式访谈节目"的旗号,依旧采用了外景跟拍的形式,节目嘉宾则是一些社会话题人物,如当年辞职信上写着"世界那么大,我想去看看"的河南高中女教师、毕业卖猪肉的北大高才生等。这些普通人,曾经都因为自己做出的人生选择,被推上舆论的风口浪尖。事件热度褪去后,他们究竟又过着怎样的生活呢?《豫见后来》便是通过追溯"后来"的方式,重新唤起观众对于"过去"的关切。

近年来的一些新媒体谈话类节目,有意识地模糊类型边界,收获了较好的效果。例如,腾讯视频出品的两档谈话类节目《奇遇人生》《仅三天可见》也存在着较为"另类"的节目形态。《奇遇人生》由主持人陪同嘉宾进行一次未知的旅行体验,让嘉宾在探索世界的过程中完成对自我的重新剖析和认知,谈话话题随着嘉宾的活动而自然展开,在旅行的过程中搭建起开放式的谈话场景。《仅三天可见》主打社交观察,安排主持人与一些极具争议的嘉宾共同相处三天,并在节目尾声进行一次谈话。在这里,主持人已经不仅仅是访谈者的角色,更是一个社交参与者,以主持人的观察视角帮助观众去理解嘉宾性格和行为背后的真实心态。这两档节目均采用纪实性的拍摄手法,从整体上看,节目糅合了"谈话+纪实+旅行"类节目的特征。从观众口碑和人气来看,这种"1+1+1"的模式确实起到了大于3的传播效果。

此外,一些IP化发展的新媒体综艺节目也采取了"谈话+"的节目模式。例如,为年轻观众熟悉的《拜托了××》系列与《我家×××》系列。《拜托了冰箱》是"谈话+美食"的形式,《拜托了衣橱》则是"谈话+时尚"的形式。《我家那小子》《我家那闺女》《我家小两口》三档节目都融合了观察类真人秀与演播室谈话类节目的形态,除了户外真人秀的第一现场,还设置了室内演播室谈话的第二现场,演播室嘉宾的"谈话"功能是站在观众视角,引导话题讨论的走向。从以上这些"谈话+"节目可看出,类型融合的态势愈来愈明,非谈话元素在节目中大幅增加,"谈话"不再是节目唯一的焦点。尽管"谈话"作为不可或缺的基因和底色,会始终贯穿于节目中,但它已发生了位置上的偏移,从曾经的节目焦点退隐成为节目的基本表达语态,让观众将更多的注意力放到了非谈话内容上。当然,类型的本质意义离不开观众的认可。对新媒体谈话类节目来说,观众和市场事实上决定了未来类型进一步融合的可能性。

第二节　新媒体谈话类节目选题与策划

对当下的新媒体谈话类节目选题与策划来说,关键是要体现出一种强烈的人文关怀。所谓人文关怀,其核心要义即尊重人,尊重嘉宾和观众,肯定人的价值,维护人的尊严。只有具备这样的人文关怀理念,一档新媒体谈话类节目才能赢得持久的生命力,这当然也是当下新媒体谈话类节目重要的竞争策略。毕竟,观众需要娱乐,更需要人文关怀。而具有建设性的人文关怀正是谈话类节目生命力的源泉。经济社会快速转型发展时期,许多人的身心都处于亚健康状态,都需要被倾听、被理解。那么,以人为主体的谈话节目就是要纾解这种压力,凸显人的主体性。因此,贴近现实、贴近时代、贴近当下的选题,才能真正让受众尤其是年轻群体获得情感上的强烈共鸣。不难发现,当下较优秀的一些新媒体谈话类节目,都在不同程度上做到了以"人"为本,关注人的身心发展与生存状态。例如腾讯视频出品的谈话类节目《十三邀》,通过生活化场景下的对谈,面向年轻群体分享嘉宾的人生经验与感悟,传播精神正能量;爱奇艺推出的《奇葩说》,则别出心裁地让众多嘉宾齐聚一堂,以辩论的形式,就众多当下社会热点话题发表观点、展开讨论,以观照当下的社会生活。由此可见,新媒体谈话类节目的选题与策划,往往会借助不同价值观的碰撞融合体现对于主流价值观的引领,同时表现出一种对多元化社会生活态度、生活方式的包容。

一、新媒体谈话类节目的选题

一般来说,新媒体谈话类节目的受众群体相对较为年轻,有鉴于此,在相关选题策略上也与传统谈话类节目体现出明显的差异。一是更为关注社会热点话题,尤其是能够体现时代思潮的话题;二是针对细分人群,此前往往被忽略的思辨性较强的小众话题也会进入创作者的视线当中。

(一)关注社会热点,体现时代思潮——《姐妹们的茶话会》

爱奇艺推出的《姐妹们的茶话会》是一档比较有特色的新媒体谈话类节目。节目中,共有来自七个不同国家、不同职业、不同年龄段的嘉宾,在每一期节目中开展即兴的话题探讨。

几乎全女性嘉宾的设定,奠定了《姐妹们的茶话会》的女性视角,当然,值得一提的是,节目不是给出简单定义,而是试图呈现女性视角本身的多元性、复杂性。显然,节目嘉宾构成的国际化视野,也是节目自身多元化理念的一种体现。既然嘉宾来自不同国家、有不同文化背景,那么对同一个话题一定会有观点的交流与碰撞。例如,针对男明星代言化妆品这一现象,来自德国/美国的阿菊完全赞同,作为美妆测评达人,她认为化妆没有性别之分;基于文化背景的差异,来自马达加斯加的林夏则完全不能接受,因为在她看来,在马达加斯加的文化背景里,男明星代言化妆品,是很难被公众所接受的,可能会影响到明星的未来发展。

类似"员工上班时间摸鱼　公司强制限制"这样的热点话题,来自法国的爱黎不可思议地发问:"一周七天有五天都送给你的老板还不够吗?"并且表示,在法国每天的上班时间里有两个小时休息是很正常的；来自葡萄牙/日本的林绘梨华则提出，日本是加班文化非常盛行的国家，如果员工上班长时间摸鱼，会被叫"偷工资"的人；马来西亚嘉宾颜如晶对这个问题的理解更为辩证，她认为人不可能在做任何工作的时候都做到绝对专注，适当摸鱼后带来的是更高的工作效率。

通过这样的话题讨论，节目构建了一个开放交流的谈话场域，茶话会氛围下的女性视角是多元的，即便在容易陷入刻板印象的话题上，嘉宾也都进行了不同维度的延展。

可以说，《姐妹们的茶话会》在一定程度上找到了展示当代女性思潮的恰当方式，让具有思辨性的女性意识和多元的女性态度在节目中绽放。此外，节目还创造性地设计了"媒体姐妹团"。通过延续姐妹谈话的形式，十余位有态度的女性媒体人出镜发表观点，对节目中的话题做延展讨论。在"你相信男女之间有纯友谊吗"的问题上，有媒体嗑友团直言男女之间有远比"性"更有趣的事。

基于差异化的个人思维和价值认知，媒体嘉宾角度新奇、思维多样的回答，更大程度地丰富了女性视角所呈现的观点。从来自不同国度的嘉宾，到女性媒体人，《姐妹们的茶话会》持续向大众传达出一个信息：女性视角并不能被简单定义，它本身就是开放多元的。

尽管目标受众群体主要是女性，《姐妹们的茶话会》在话题设置上还是尽力跳脱出传统女性议题的局限。总的来看，话题涉及婚恋、家庭教育、职场、消费观、轻医美、个人空间、社交等现代社会生活的方方面面。并且，嘉宾们极具个性化特色的观点输出，以及话题本身的受众吸引力，还引起了多领域全品类的社会关注和讨论。

例如，当节目谈到越来越多的女性买房这一现象时，相关话题甚至吸引了《中国青年报》、中青评论、香港文汇网等媒体以及新世相、单向街书店等自媒体的关注，多方位引导年轻群体参与话题讨论。广大网友更是从中衍生出"有关男性买房"的话题进行对比。而当节目讨论到家庭与教育等问题时，"孩子多大适合接受性教育"和"应该给全职妈妈发工资吗"这两个稍具争议的话题，在嘉宾们的分享带动下，在微博等新媒体社交平台引发了广大网友的热议。

凭借嘉宾们犀利的观点，"少女感是好的审美标准吗"所引发的焦虑，和年轻人"干一行爱一行还是爱一行干一行"的职业选择，先后多次获得《时尚芭莎》《时尚COSMO》《世界时装之苑ELLE》等有影响的时尚媒体热议。值得一提的是，节目中也以街访的方式,邀请众多男性嘉宾,展现两性思维差异。增进双向了解的背后,是节目所倡导的多元包容的价值观,相关话题的多维度发酵也体现了节目并未局限在女性圈层。

快节奏的互联网时代,只有在社会层面值得深入探讨的问题,才会占据大众视线的中心,引发媒体跟进,扩散到更广泛的社会圈层,《姐妹们的茶话会》在话题输出上显然做到了这一点。在多领域媒体大号自发传播的带动下,大众对节目的关注度也持续提升。近些年,爱奇艺在女性题材领域持续发力,通过优质内容聚焦当下女性的生存状态和生活方式,以人文关怀和价值传递实现女性的自我表达和成长。因此,与传统的谈话类节目所构筑的封闭对话场不同,《姐妹们的茶话会》打通节目内外、线上线下,通过多圈层渗透,给用户提供一种沉浸式体验。

对此,《姐妹们的茶话会》借助爱奇艺平台内外的各种技术和产品手段打造"线上茶话会",跨圈联动扩大讨论阵营。节目不仅邀请了WWE首位中国女选手李霞作为"跨界嗑友团",与用户畅聊职业选择相关话题,挖掘行业生态的同时对女性就业问题提出思考;还围绕节目内容打造微课堂,由专业人士进行儿童性教育普及;不仅如此,《姐妹们的茶话会》还与同期热播的影视剧形成联动,挖掘女性话题契合点引发网友深度讨论。比如以"要因为友情放弃更好的工作吗"为讨论点,《了不起的女孩》主创向嘉宾提问互动;结合电视剧《流金岁月》中"蒋南孙遭遇职场性骚扰"剧情片段,提炼节目中"遇到性骚扰该如何反击",通过影视剧与节目的联动彰显多样化的女性观点。

为了营造更好的体验感,《姐妹们的茶话会》还在爱奇艺站内首创"树洞"互动运营,邀请网友在"姐妹们的秘密树洞"分享生活困境。嘉宾们则通过翻牌的形式,从自身的经历出发陪伴网友一起克服问题,构建起节目中嘉宾与网友互动聊天的关怀场景。与此同时,《姐妹们的茶话会》也将女性关怀落在实事上,在节目外深度联动公益组织,密切关注女性健康,联合爱小丫基金会共同呼吁网友关注偏远地区女童性教育普及,并携手公益组织"予她同行"支持女性医护工作者。

这些跨圈层联动打破了传统女性题材综艺预设的受众边界,共筑了一个开放、互动的谈话场,不断增进节目与社会性话题之间的映照,使得节目的正能量输出从女性圈层不断向社会圈层扩散。新的创作风口下,各大平台都在探索女性题材破圈之道,但想要找到自身特色与竞争优势并非易事,而《姐妹们的茶话会》以独特属性成功破圈。节目有着开放多元的女性视角,将视野投向更广阔的社会话题,并通过创新多样的互动设置,与多领域联动,引发全域圈层共鸣。《姐妹们的茶话会》取得亮眼成绩,验证了爱奇艺在综艺题材新尝试的成功,多元的价值观传递和开放谈话场形式,也为未来行业女性题材的创作和发展带来了更多可想象空间。

(二)聚焦小众话题,探讨形而上学——《十三邀》

腾讯视频出品的访谈节目《十三邀》,其名字来自麻将的一种和法——"十三不靠",大概意思是指13张牌哪哪都不挨着。显然,这是一种象征,如同节目里的访谈对象都是"十三不靠"的,来自各行各业,人类学家、社会学家、哲学家、导演、演员、商人。不同于以往的访谈类节目,《十三邀》有意突出主持人的视角,聚焦相对小众的文化类话题,让观众观察和理解这个世界。节目进程中,许知远从不掩饰自己的偏见,这与谈话类节目主持人需秉持客观、中立的立场的传统认知显然存在较大差异。

比如,在讨论二次元文化的一期节目中,主持人就"社会有低龄化现象"这一话题,与嘉宾展开对话。节目中,主持人向嘉宾发问:"文化有粗鄙化的倾向吗?你喜欢这个新时代,一点抵触的情绪都没有,为什么呢?"从这样的问法不难发现,精英情结浓郁的主持人,与多少受益于流行娱乐的当红主持人(同时也是知名节目《奇葩说》的制作人),站在了截然不同的文化立场。而在采访某位脱口秀演员时,这种文化立场上的差异(其实也可以理解为主持人作为节目组的化身表达的观点)则表现得更为淋漓尽致。主持人甚至明确告诉这位嘉宾:"自以为是的戏谑,这种谈话方式我并不喜欢。"这样的话语表达,在经典谈话类节目中是非常忌讳的。因为大家往往认为,谈话类节目一定要体现出倾听和包容,要尊重嘉宾的观点。不可否认的是,《十三邀》的这种选题策略与呈现方式是非常冒险的。

泛娱乐化时代,主持人表现出的这种"偏见"呈现出一种不合群的姿态。颇有意味的是,在《十三邀》大多数节目中,带有明显精英文化倾向的他,都毫不掩饰自己对大众娱乐与流行文化的不满与排斥。正如每期节目开场白所说的那样,"我对这个过分娱乐化、浅薄的时代心怀不满,希望打破大家思维中的惯性"。此外,与大多数新媒体谈话类节目往往谈论具体可感的话题不同,《十三邀》无论嘉宾是谁,最终都要探讨一个话题,那就是作为个人如何与大的时代建立联系。显然,这样哲学意味浓厚的话题,凸显了节目的与众不同,自然也成为选题的核心竞争力。

《十三邀》第六季采访学者刘擎的那一期节目中,他甚至问出了"普通人怎么把自己的私生活和一个更大的图景建立起联系"这样一个看上去格外"宏观"的问题。这样的选题策略,一方面显示了创作者有意不迎合观众,甚至参与打造了节目自身的品牌形象。因为几乎没有一档节目会这么问,会这么做。另一方面,在这样的"发问—回答—讨论"的过程当中,所迸发出的思想火花,又在很大程度上激发观众自身去感知、去思考。从传统谈话类节目主持话语体系来看,许知远可能不是典型意义上的主持人。其突出表现就是,在访谈过程中,由于双方某些时候"自说自话"的情况,节目时常陷入一种尴尬的境地。这种尴尬,显然与大多数观众以往观看同类型节目的接受心理相违背。也正是这种违背,无形中提供了一种"真实"。换句话说,每一期节目中尴尬、失语都不是人为的。观众可以感受到对话双方真实的情绪流淌。

当然,《十三邀》为了丰富节目的视角与观点,也做了一些相应的调整。节目第六季第一期,许知远采访了一位特别的嘉宾——来自深圳职业技术大学的女教师黄灯。她写了一本聚焦二本院校学生学习、生活状况的书:《我的二本学生》。这期节目的访谈过程很特别,主持人发言不多,更像是一个倾听者。这里,他暂时把自己尖锐的自我安放起来,倾听着来自教育行业的一位人民教师对学生和时代的关切。这场访谈牵引出了教育产业化的弊端,因此有着难以避免的沉重。在教育产业化的时代,人才仿佛成为社会打造的商品,而那些不被视作人才的二本学生,更像是在这种物化规则下蒙了一层灰色的存在。

节目中,有来自二本院校的学生以"工业废水"形容自己,以及黄灯看着学生们说出的那句"他们像空心人一样来到你身边,带着塑料的气味和电子产品的气味"。不过,关注这样一个相对弱势的群体,并不是为了制造焦虑,或者刻意猎奇。显然,这样的选题已经上升到了某种形而上学的意义,它的真正意义在于,通过个性化的视角,引导观众关注某些被遮蔽的群体的感受与生存状态。

就这一点而言,《十三邀》发出了对于时代的关切,也是其对于自身社会责任的一种坚守。《十三邀》里,关于被采访者的故事,其实像非常多的碎片,但他们汇聚在一起,就是一个时代。透过许知远的牵线,观众似乎置身于上帝视角,观照不同的人生轨迹,体会不同价值观的碰撞,在此过程中,感悟宏大时代背景下的个体选择。

二、新媒体谈话类节目的策划

随着互联网技术的飞速发展,基于传统谈话类节目衍生的新媒体谈话类节目创造了别具一格的节目形态。如何顺应时代潮流突破创新,打造用户价值和新闻价值高度匹配的深度访谈节目,对创作者而言是不小的挑战。总的来说,新媒体谈话类节目在节目形式、谈话场景等方面,都体现出与经典谈话类节目截然不同的策划意识。

(一)谈话方式的创新

例如,2021年短暂回归的《非常静距离》,不再拘泥于演播室,而是在边吃边聊边玩中进行,让嘉宾在自然舒适的状态下完成对话。《鲁豫有约》也走出了演播室,打破了原先访谈的空间限制,节目名称也变成了《鲁豫有约一日行》。在嘉宾的选取上,节目一改以往以大牌明星为主的思路,而是将主人公的范围扩大,将眼光对准普通人。腾讯新闻推出的明星社交实验节目《仅三天可见》,则创造性地采用了主持人的第一视角。主持人在与嘉宾相处的过程中,以所谓体验式、沉浸式的主观视角来推动节目进程。节目中,主持人会面对镜头,甚至直接表达出对嘉宾的个人态度。

伴随移动端观看方式的普及,谈话类节目的观看方式变得更加多样,早已不再局限于客厅的那块大屏,各种终端设备都在成为内容的播放平台。但是这还只是内容的空间平移,从电视机移动到手机,从手机到平板电脑,又从手机投放到智能电视,只不过是将同样的内容放到不同的介质上播出。竖屏是人与人的互动,横屏是人与内容的互动。

换句话说,横屏看的还是传统的视频内容,而竖屏更聚焦在人身上,那种私密感会更强烈,这也是主播型的直播内容会火爆的重要原因。基于此,带有脱口秀元素的《和陌生人说话》,便顺应了这样竖屏时代的观看逻辑。短短十几分钟的节目中,主持人与嘉宾的对话,通过竖屏的方式呈现。

显然,观众在观看这样的谈话类节目时,会有一种前所未有的私密感、偷窥感和视觉冲击。此外,由网易推出的新媒体谈话类节目《谈心社》也在探索谈话方式上的创新形式。从开始的明星访谈，到冬奥期间奥运冠军的访谈专题，这些花样出新的"聊天"方式，为节目增添了更多看点。访谈背后是一个个鲜活的人物，节目由此呈现对人性内里的深层次挖掘，社会话题也通过讨论引起发酵和反思，这正是访谈节目的价值所在。

即便在新媒体谈话类节目中，《十三邀》也算得上是一次创作理念上的大胆转型。这档节目大量运用纪录片的拍摄手法、精选录制环境、提供多种片源等，传达一种追求真实的节目理念，弱化了主持人访谈的流程，主持人更多的是以"自我"出现，打破主持人以中立客观的立场出现的传统模式，以满足自我的求知欲和渴望得到与多元思维的碰撞，模糊了节目的界限，塑造了探讨时代命题的真实场景。

具体到每一期的话题选择上，则将关注点放在时代命运之上，关注当今笑点、热点、矛盾点，节目的话题紧紧贴近时代脉搏。每一季选取13位具有模板作用的人物作为探求社会发展的"切片"，他们有的是迎合社会主流的人物，有的是与时代有距离的文艺界名人，并且采用慢节奏的采访方式，保留大量主持人与被访者的思考间隙，大胆展现主持人的真实表现，将采访过程中的插曲、停顿的画面不加剪辑地放入成片，满足受众对节目主持人和节目后台的窥视欲。

(二)情境设置的创新

《十三邀》节目场景的选择不同于以往模式化的演播室录制，而是在真实情境中展开每期节目的话题讨论，将地点选在了嘉宾所熟悉的地方，如工作地点，或是气氛放松的书店、餐馆，在拉近与嘉宾距离的同时，还从实质上改变了主客谈话场景。当嘉宾处在主场时，就会对谈话产生掌控感，从而有更多的表达欲望，更容易展现出真实状态，针对问题作出的反应也更加自然。采访者与受访者一边吃饭一边聊天，营造了一种把酒言欢的氛围，使节目脱离了访谈的形式。这在一定程度上模糊了主持人和嘉宾的界限，可以更容易地从嘉宾口中得到他与观众想得到的信息。

例如，在与新东方集团创始人对谈的那期节目中，主场景安排在这位企业家位于北京大学附近的办公室里。节目中，两人透过办公室的落地窗，看向校园，自然而然地开始了有关创业的话题。另外，主持人与嘉宾的寒暄、道别，与工作人员的交谈等等细节都被记录下来，使节目体现出极为强烈的纪实色彩。这种纪实色彩，赋予了节目极强的真实感，让大众有置身于节目制作现场的感觉，消解了节目权威感,也搭建了一种节目嘉宾与受众共同体验、共同交流的独特场景。

另一档融入较多真人秀元素的节目《毛雪汪》,由二人一狗出任MC(主持人),以友情为纽带,在"毛雪汪之家"进行拍摄,真实记录嘉宾之间的相处与生活细节(图2-2)。节目过程体现出一种相对真实、自然的生活流模式,没有千篇一律的游戏环节,而是选择了一种最接近年轻人的方式来展现日常生活。真实、自然的生活氛围,也为观众带来了较强的代入感。节目中,两人在点外卖、看电视的过程中交流、讨论,居家、养狗、做饭、逛超市、与朋友聊天,分享生活中的欣喜与得意,在吐槽人情的悲欢与疏离的过程中,充分体现了人类的悲喜并不相通,在嬉笑谈说间,30分钟的节目时长一晃而过。有意思的是,节目开头语"本节

图2-2　腾讯视频出品场景化真人秀综艺节目《毛雪汪》第二季

目根据真实故事改编",似乎有意无意中又在提醒观众,我们这档节目是"假作真时真亦假",有意混淆了真实与虚构之间的界限,让人回味无穷。

1.访谈语言的个性化呈现

在访谈过程中,作为主持人,许知远打破了惯性思维中客观的访谈方式,对嘉宾进行一种"偏见"式的发问,在表达时畅所欲言、无所顾忌、无限地展现自我、暴露自我,将内心所想真实、完整并且毫无顾虑地呈现给嘉宾以及观众。当和嘉宾产生分歧时,选择直面并坦率抛出带有强烈对抗性质的与对方相悖的观点,他在节目当中并不会掩饰自己的想法,似乎也不在意自己的观点是否会被大众所曲解,直言不讳地进行表达。

例如,在对制作人、主持人马东的采访中,当马东认为"莎士比亚戏剧所能提供的娱乐和《奇葩说》在这个时代没有什么不同"这一观点时,秉持精英文化立场的许知远作为主持人,明确地表达了自己对嘉宾观点的排斥,反而激发了嘉宾的表达欲望。与此同时,主持人的犀利直白也造成了节目的冲突性和"尴尬"氛围,节目制作中将对话双方的观点冲突直接呈现给受众,让受众在冲突中寻找答案,与时代碰撞出更多思维的火花。《十三邀》突破了传统访谈类节目的语用策略模式,满足了大众

在娱乐泛滥时代下的精神需求，截至目前已经出品7季，但仍有论者担心："一贯以边缘人的立场来思考、质疑、发问的许知远，当他自己身处聚光灯中心之时，独属于他自身的那份疏离感却正在日渐消弭。"①但我认为不然，社会整体的文化氛围从未离开过对"真善美"的探求，《十三邀》作为一档文化类访谈节目，注重加强与受众的知识沟通，不断地提升文化硬度，其结果不见得会不堪。

2.独特的节目运营策略

优质的谈话内容是新媒体谈话类节目成功的关键，但在新媒体端仅靠优质内容吸引用户来带动传播的运营逻辑已经不合时宜。新媒体用户对内容的认同感体现在观看量、转发量和评论量等数据中，再精致、有价值的内容如果失去传播渠道，也容易被埋没，所以渠道和内容对于一档节目而言相当重要。我们经常说"新媒体人要有运营思维"②。对目前的新媒体谈话类节目来说，一般会在节目初、中、后期不同阶段推出差异化的运营策略。

新媒体谈话类节目本质上还是一种访谈。以主持人与嘉宾的对话为主。因此，节目制作既要处理好高端、硬核的主题与通俗化、网感化的表达之间的关系，也要处理好精英化嘉宾与平民化视角的矛盾。如何才能既实现新闻价值又获得网民喜爱？一方面，可以在选题方向、主题等方面向商业平台"借力"。基于原有的框架寻找网络热点与节目内容的耦合性，根据网络热议的话题、有争议的新闻点、信息真空来调整主题方向。另一方面，可以结合新媒体特性和访谈内容，有针对性地选择有话题度、有流量的嘉宾，也可以在嘉宾构思方面跨界创新。

比如，在主嘉宾之外再增设一个话题嘉宾，主嘉宾谈"硬核"话题，话题嘉宾以网民视角跨界参与议题讨论。话题嘉宾与主嘉宾有某种内在的关联，同时以平民化视角切入，带入网络舆论场的观点、表达，使谈话接地气。此外，传统意义上的电视谈话类节目提纲和内容由节目组拟定，按照流程录制，现在的新媒体访谈节目为了更贴近用户所思所想，会提前发起网络征集活动。网络征集的过程其实就是受众（用户）直接或间接参与节目制作的过程。节目组可以在网络上探寻受众群体的兴趣点。

千万不要低估受众（用户）对内容的兴趣，一旦所谈的内容"get"（理解）到他们的点，他们会踊跃参与。腾讯新闻《巅锋问答》在访谈印度宝莱坞演员阿米尔·汗与

① 董璐.浅谈许知远《十三邀》的访谈艺术[J].西部广播电视，2022，43（5）：158-160.
② 路振华，邓倩.新媒体访谈类节目运营技巧探析[J].青年记者，2023（5）：80-81.

《人类简史》作者赫拉利前,征集网民感兴趣的问题,为用户生成内容,实现了很好的传播效果。当然,新媒体谈话类节目的一大特点,是预判热点,也就是后期传播前置。传统访谈节目运营过程中,正常思路是节目播出后,根据内容剪辑可能的发酵点、新闻热点再宣发推送。现在许多节目在设计之初就会预判热点,未出成片前第一时间释放节目亮点和精华部分。所谓后期传播前置,就是提前释放时效性强、新闻性强的一手信源。节目预判热点和可能发酵点后,提前预设好话题,设置好关联热点,做好延续,不但可以为后期访谈节目预热造势,还可以形成多个渠道的传播矩阵,使节目达到良好的传播效果。

比如2020年央视新闻的新媒体访谈栏目《相对论》中,节目组本打算让嘉宾董明珠谈谈有关税收政策帮扶企业的话题,但临近节目播出前正值小米十周年庆典,小米集团董事长雷军还在演讲中喊话董明珠。面对即时发生的热点,节目组及时调整访谈内容。由此,节目尚未播出,便已获得3个微博热搜。这就是后期传播前置的典型案例。

具体到一期访谈节目,除了正片本身,一般还会推出海报、预告、花絮、金句、高光时刻等产品,并发布多个剪辑版本,以适应不同平台的特点。这些相应的衍生产品,也是提高节目影响力的利器。可以将这些衍生产品理解为一种"产品集",根据平台的用户特点、算法机制等因素,有针对性地分发至不同渠道。比如,一档节目将微博作为重点投放平台。为了满足用户碎片化阅读需求,节目组一般会根据核心新闻点来剪切。一条微博只谈一个主题,一期节目会切出多个小主题,形成视频合集。比如,《新京报》出品的深度人物访谈栏目《出圈》采访张文宏时,从多个细节着手切出十余条精彩切条,并设置话题聚拢关注度。另外,预告、节目花絮、嘉宾金句、精彩片段等周边产品可以通过微博平台聚集网友关注度。微信公众号更适合用户圈层及深度服务。许多节目会在微信公众号与用户进行深度互动和交流,包括手记、人物细节延伸、深度交互等衍生产品。而能获得知识、情感、共情的内容更受短视频平台欢迎,像访谈中嘉宾金句、嘉宾提示警告类的内容,更适合抖音、快手等短视频平台。5分钟以上的中长视频可以分发到西瓜视频、腾讯视频,"图+文"深度解读可发今日头条,类似知识类、分析类等鲜明观点的视频内容可发哔哩哔哩等。通过这种关联性强的高频互动,互相引入流量。

当然,这种类型节目的中后期运营,还有一个很重要的环节,那就是节目与受众群体的互动。一般来说,节目在多渠道运营中,会通过多种互动打法,相互引流、相互传播,这是一种"借势"的运营手段。同一平台的账号与账号互动合作模式,可以聚集双方账号传播力,将两个不同圈层进行聚合,达到"1+1>2"的效果。比如嘉宾为高校学者,那么在节目推广阶段,可考虑与其所在高校的相关社交平台账号关联,使节目粉丝与学校粉丝还有学者影响力汇集而来的人群等形成一个大的话题场。此外,节目账号与嘉宾账号互动、主持人账号与嘉宾账号互动,是通过多方互相"@"或者联合推出的合作方式实现双向引流的。

央视新闻《相对论》栏目专访哔哩哔哩UP主郭杰瑞的内容投放时,"央视新闻"账号与"我是郭杰瑞"账号联合推出视频,相当于同一视频两个有影响力的账号同时发布,使两个账号的粉丝和流量汇集。新媒体谈话类节目有着巨大的潜力和广阔的发展空间。如何创新节目的运营方式?如何实现产品升级迭代?

首先,制作者要从单一的内容生产者向全流程的运营者转变,需要精通调研、内容、运营、反馈、变现等各环节,熟悉网络传播语境,成为复合型人才。其次,在节目内容和运营上,媒体要在新闻信息严谨性与网络内容娱乐性之间取得平衡,势必存在内容与流量之间的博弈,在内容取舍和创作形式上也会受限,这使得运营更加复杂,难度成倍增加。另外,随着用户红利逐渐消失,渠道的拓展也越来越艰难,如何在坚守内容的同时开拓新渠道,也是制作者需要面对的问题。

全媒体环境下,去专业化、去媒体化现象逐渐凸显。如何打造用户价值和新闻价值高度匹配的深度访谈节目,维系品牌形象、品牌调性,是媒体目前面临的重大挑战。在这种"危"与"机"并存的环境下,媒体需要不断探索适合自身的发展方向。

第三节　沉浸式体验与话题深度的平衡
——谈话类节目新趋势

"媒体的发展经历了三个阶段:精英媒体、大众媒体和个人媒体。这三个阶段分别代表着传播发展的农业时代、工业时代和信息时代。在互联网高速发展的今天,以个人为中心的新媒体已经从边缘走向主流。"[①]

新媒体时代,商业资本与技术创新相结合,不断攻城略地,人物类访谈节目也

---

① 鲁健.电视访谈节目主持艺术[M].北京:中国传媒大学出版社,2014:177.

经历着从传统电视栏目到多元创作结构的突破。其中腾讯视频出品的新媒体谈话类节目《十三邀》通过交互式访谈，为受众呈现更加激烈的观点碰撞，许知远自身作为一名高知学者，并未隐藏自己的观点和学识，而是通过独特的"偏见"视角激发出更多差异性观点的交织。

不同于传统的访谈节目旨在向观众传递已经达成的共识，《十三邀》将多元观点直接呈现在观众眼前，通过纪实性的制作手法，让观众更全面地了解人物、知晓事件，从而获得启示，最终由自身的感悟来回味主持人和嘉宾的不同观点。其强调了观众的自发性和主观能动性，诱导其通过自身的思考产生不同观点的碰撞。

与此同时，不同领域间的交流更是人们打开视野、获取新知的重要渠道。新媒体时代，信息茧房抑制多元文化传播，《十三邀》打破传统节目选题时"同质化"的特点，从多个文化领域选择"意见领袖"，在交流中拓宽节目格局、打开观众视野，丰富节目对于文化价值与人生意义的探索。

一、提供沉浸式体验，激发情感共鸣

刷卡坐地铁坐公交，合照来者不拒全程配合，与家人逛菜场，与每个菜场小贩都熟络如街坊朋友。2020年10月10日，《鲁豫有约一日行》第五季首期，主持人前往香港采访演员周润发，深入了解他作为演员在日常生活中更为真实的一面。

周润发的电影《无双》在中国人民大学首映后，很多刚刚步入校园的00后发出"终于明白'周润发'三个字意味着什么"的感叹。对多数观众来说，周润发是小马哥，是许文强。周润发在宣传期以外鲜少在媒体上露面，加上近几年开始回归生活的他更处于"神隐"的状态，使公众对于真正的周润发充满了好奇。《鲁豫有约一日行》，便以"逛吃逛吃"这样出人意料的方式，为观众打开了一扇"零距离"接触周润发的大门。没有传统演播室里访谈节目的一本正经，也没有聚光灯下的正襟危坐，节目中，周润发等嘉宾带着鲁豫吃着榴莲，喝着红豆奶，如同和朋友闲聊般揭开公众长久以来对于他的许多好奇——关于生活，关于演技，关于婚姻，关于财富。就像主持人在节目快要结束时所说的那样："这么些年，也见过不少朴实无华的人物，可是唯独这一位，是我见过最接地气的，给人的感觉就像邻居大叔。"这就是借助节目还原的周润发。当期节目播出后，收获了不错的舆论关注度：微博话题榜TOP2，微博热门话题推荐，微博手机客户端热门话题词推荐，数十家知名大V转发，近百家媒体报道，都从侧面反映了节目的热度。

作为老牌访谈节目,进入"网台联动"阶段后,《鲁豫有约一日行》在坚守中推陈出新,打破传统演播室的空间限制和表现形态,主动走出演播厅、拥抱互联网,将访谈环境转移到受访对象的生活与工作空间之中。这种"沉浸式体验"的访谈形式既展示给观众访谈对象真实的生活及工作状态,也让访谈对象在自己所熟悉的环境里更加自在地畅谈。节目选择受访对象的标准也很讲究,除了影视剧演员等公众人物以外,许多人本身并不是镜头容易亲近的对象。除周润发以外,不少嘉宾,也都曾在《鲁豫有约一日行》里被记录下真实与放松的状态。

二、发掘话题深度,提供思辨内容

泛娱乐化倾向严重的当下,优质内容的稀缺性日益凸显。由腾讯新闻旗下立春工作室与北京爱学慧思联合出品的一档圈层类人物访谈节目《酌见》,以"好酒+好友"的形式构建起聊天场域(图2-3)。节目组邀请国内知名企业家分享自己的为商、处世和为人之道。这是新媒体谈话类节目在话题深度领域的一次积极探索,不仅实现了话题热度与节目价值的双重破圈,而且更是收获了专家学者和节目观众的一致好评。8期企业家随访式对谈节目自上线以来,全网播放量累计超过15亿,微博热搜48次上榜,类似"王中军称华谊还没到摘牌边缘""李宁说做企业比拿冠军容易""王小川说

图2-3 腾讯新闻出品在线谈话节目《酌见》

和李彦宏不来电"等多个话题引发各界广泛讨论。正如著名文艺评论家仲呈祥认为:《酌见》是互联网上一档富有开拓性的、创新性的节目,具有很大的文献价值、社会学价值。"①

话题选择的独特性、创新性,是《酌见》立足市场的核心竞争力。也正因为话题上的深度与广度,使得《酌见》成为一档气质特别的新媒体谈话类节目。节目中,相关话题的讨论,润物细无声地融合在纪实品格与思辨特质之间,以一种艺术化的方

---

① 杨哲.锁定内容的稀缺性,《酌见》完成了访谈类节目的创新性探索[J].中国广播影视,2021(10):76-78.

式表现了企业家作为个体与时代发展之间的关系,展现了企业家们的创业精神。俞敏洪作为主持人,与企业家老友冯仑、王小川、李宁、王传福、王中军、刘永好、陈东升、张文中把酒言欢,在轻松、真诚的氛围中娓娓道来一段人生的悲喜、一家企业的沉浮乃至一个行业的风云,可谓是高手过招,处处见真章。

由此,《酌见》由话题的独特性,提升了节目内容自身的稀缺性,一方面以俞敏洪的眼见学识,形成富有深度、锐度和温度的交流视角,另一方面又通过本身就是成功企业家的俞敏洪,发掘一流企业家资源,在岁月沉淀的人物面孔和跌宕起伏的人生际遇里交织出一组组鲜活且亲切的人生故事,回望波澜壮阔的改革开放进程。

更为关键的是,俞敏洪作为采访者,成为推动谈话的重要驱动和关注焦点。一方面,他是贯穿每期节目的横线,深入到教育、房地产、时尚服饰、汽车、文化、保险、零售等领域的车间、办公室、餐厅、卖场等场景,在更开阔的空间里以沉浸式互动交流增强节目的信息密度。另一方面,他也是串联节目的核心,以企业家“局内人”的身份出发,以平视视角与其他企业家围绕经营管理、职场经历、家庭情感、二代培养等产生了诸多观点碰撞、理念交流,在更多的独家爆料里展现他们内心的情感和想法,增进了全社会对企业家群体的认识。

觥筹交错间,《酌见》以“好酒+好友”构建起多维触角,让更多人看到这些企业家的创业史、心灵史、成长史,也拼接起中国改革开放的奋进史,是一部兼具时代温度、思想深度和精神高度的高品质佳作。中央广播电视总台总编室统筹协调部主任陈真对《酌见》评价道:“真实、真诚、真知。”这也成为广大用户对这档节目评论的最大公约数。不少网友纷纷表示:“看着他们聊天,能使我的内心从焦躁中平静下来。”“真的很佩服这些人的勇气和能力。”“有阅历的大佬太有味道了,像陈年的老酒,越来越香,满是生活、人生。”“看名流访谈提高了我的智商。”

《酌见》的最大优势在于节目充满了思想的光芒和精神的力量,对企业家能够成功的原因及其精神价值的探寻尤为强烈,用户能够从中得到更多激励和营养。值得注意的是,《酌见》是腾讯新闻立春工作室继《知遇之城》《星空演讲》等产品后发力高端严肃有深度类型的首部作品,却能在首次尝试时把准基调,输出具有普世性的价值观,的确体现出不凡的功力。回归到《酌见》本身,腾讯新闻在做这档高、精、深访谈节目时,融合时代的戏剧性与娱乐性,以朴实和真诚放大深度内容的价值,使节目层次更加丰富,强话题属性也吸引了大量年轻观众,收获好评。

三、重构聊天场域，真实打动人心

谈话类节目的独特魅力，在于谈话过程的真诚与嘉宾之间观点的碰撞，或曰观点输出。然而，传统电视谈话类节目似乎走入了死胡同，程式化的聊天与四平八稳的观点构成了节目的全部，自然难以吸引年轻群体的兴趣。显然，唯有重构聊天场域，以真实打动人心，才是谈话类节目打破僵局的最佳路径。

（一）能聊、敢聊的圆桌式聊天

腾讯视频推出的新媒体谈话类节目《圆桌派》自开播以来，迄今为止每一季豆瓣评分都超过了8.5分，被网友称为"现象级谈话类节目"（图2-4）。其实，"圆桌"本身代表着一种平等的对话方式。它来自中世纪亚瑟王"圆桌骑士"的传说故事，寓意着平等交流、意见开放。而"能聊、敢聊"，也正是《圆桌派》这档节目的最大特色。

《圆桌派》由其前身《锵锵三人行》演变而来，圆桌也从三人桌变为四人桌。从最稳定的结构"三"到多样化的"四"，标志着节目谈话关系和定位的变化：《圆桌派》相较多了几分圆融，少了几分锐意。但在逐渐远离时事、聚焦文化社会议题的时候，《圆桌派》也找到了属于自己的定位。从访谈节目走来，正好遇上电视节目"文化热"的大潮，又赶上了新媒体综艺节目的繁荣期。此外，《圆桌

图2-4　腾讯视频出品
新媒体谈话类节目《圆桌派》

派》在节目形态上接近于"播客+综艺"。其实两者在创作思路上较为类似，去繁存简，同时又要紧追社会热点。某种意义上，观看节目的过程，好像是观众在旁听一众老友的茶话会。当然，除了"圆桌"对谈之外，节目的另一大特点便是"无剧本"。正如节目宣传语中所说的那样"和文化人侃文化，跟会聊天的聊天"，这种"无剧本"的自发式聊天，形成了节目的独特魅力。

（二）真诚、个性的观点输出

长期以来，观众们似乎厌倦了按台本出牌的节目套路，渴望看到更真诚、更个

性的呈现形式。显然,"无剧本"除了"由着性子说"的特点,还有"坐下来唠一唠"的意味。《圆桌派》整体节奏不疾不徐,常常兴致来了便跑题,聊天氛围也轻松活跃,有种随性的洒脱感。如第六季第八期窦文涛和邓亚萍等人聊到体育教育,自然地就围绕各自的孩子聊了起来,仿佛老友交流教育心得、拉家常一般。《圆桌派》作为典型的"综N代",不算前身《锵锵三人行》也有七年历史了。从一到六季标题的变与不变,就可以窥见节目话题的取胜法典:烟火气、新鲜感、信息量。节目聚焦于社会、情感、心理等颇受关注的议题,兼顾对演艺、文化等的探讨切磋,尽力做到有流量、有内蕴属实不易。同时,节目并不回避婚姻两性问题,如"出轨""女德""畸恋"等等话题都在议程之内;观点也个性鲜明,"有真料"。

同时,《圆桌派》积极拥抱热点,如"钝感力"等新鲜名词、996等社会热点话题等等;也不局限于文化,而是结合了包括社会学、心理学、生物学等跨度极大的人文、自然科学领域,可谓是来了一场市井深处的学科通识盛宴。几位经历、知识都较丰富的嘉宾围绕一个中心议题,结合自身阅历聊给观众听。正因为嘉宾们体现出一种"活得通透"的生命状态,很多地方才能于无意中"点醒"观众。

以《挑战:兴致勃勃地去失败》这期节目为例。主持人与邓亚萍等嘉宾先是围绕邓亚萍性格里的"轴"展开讨论,慢慢就体育精神聊到"胜负心教育",最后得出结论"人生就是要兴致勃勃地去失败",这就是生活议题学理化的例子。当然,节目也做到了"能言、敢言"。例如,某位嘉宾直接评价影片《卧虎藏龙》中的竹林片段"简直是一笑话",这种表达上的率性、洒脱,某种程度上算是此前《锵锵三人行》"不怕得罪人"犀利风格的一种继承与延续。

此外,"破圈",意味着先得有稳定的受众圈子。《圆桌派》是典型的长尾效应内容节目,有属于自己的垂直受众。当然,从节目在豆瓣网长期获得高分评价,不难看出《圆桌派》的主要受众群体恰与豆瓣网的核心用户群体高度重合。毫不夸张地说,利用碎片时间看《圆桌派》的观众,很可能就是地铁上戴着耳机的播客听众,又或是通常所说的"文艺青年"。这一群体基数虽小,但情怀和执念感强,因此黏性很高。

此外,泛文青群体的人际圈子与传播能力,通常能吸引一大批的高质量受众,形成良性的传播链,具备了基础的用户圈作为传播群体后,节目要出圈,还需要能够大量传播的优质内容。雅俗共赏的内容提供了传播可行性;《圆桌派》在谈话中有趣、有料,开得了玩笑也上得了深度,大大扩展了其对标观众。此外,节目也包含不少传播度高的元素：比如社交媒体偏好的金句、鲜明的节目记忆点和区分点。用网友的话来说，《圆桌派》随意一截图，便是一套能够发朋友圈"标榜自我一番"的深度文案、人生哲理；自然而然地，节目便进入到受众群体的私域流量当中。此外，《圆桌派》作为节目的记忆点也很鲜明——"播客2.0"的形式、不俗的内容；像访谈，也像脱口秀；像文化人侃大山，又像三五好友闲谈生活琐碎。显然，这些优势使得《圆桌派》在众多新媒体谈话类节目中迅速脱颖而出。

本章小结

总的来说，面对瞬息万变的市场环境，传统、单一的新媒体谈话类节目显然难以立足。对于广大创作者而言，只有不断超越自我、不断突破创新、不断颠覆前人，运用"谈话+"的创作策略，才是最好的破题思路。既有与受众切身相关的话题讨论，又能传递一种人文关怀的情绪价值，新媒体谈话类节目才能激起受众群体的共情与共鸣。

思考题

1.结合本章内容，分析一档较为典型的新媒体谈话类节目。

2.新媒体谈话类节目如何在沉浸式体验与话题深度中寻找平衡？

3.结合自身体会，谈谈未来新媒体谈话类节目的创新之道。

第三章　新媒体综艺类节目创作

第一节　新媒体综艺类节目的类型要素

今天,新媒体综艺类节目的发展可谓如火如荼,正当其时。类型融合的模式策略,赋予了节目更为丰富的内涵,也为受众群体提供了更为多样化的选择。其中,"美食+"、音乐类综艺两大类型表现尤为突出。借助跨屏传播、话题营销等策略,新媒体综艺类节目的类型边界进一步模糊,呈现出"你中有我、我中有你"的状态。与此同时,主流视频网站仍在不断拓宽题材范围,打破此前的视角局限,为新媒体综艺类节目开辟新的细分领域,以此培育受众(用户)群体对于平台综艺品牌的认可度、忠诚度。

一、"美食+"的类型创作策略

美食题材,堪称音乐类综艺之后第二大细分赛道,且主题多样、形态各异,呈现一种欣欣向荣、百花齐放的状态。当然,这与中国人历来重视美食与美食文化是分不开的。事实上,在以微纪录片为代表的新媒体纪录片创作中,也出现了类似的景象。

应该说,"美食+"的类型创作策略,一方面,准确命中受众需求,这当然是新媒体综艺永远的风向标。另一方面,对于新媒体综艺类节目来说,2023年可以说是重要的转折点。这种转折,主要体现在节目内容的创新方面。经过了几年的发展,创作者意识到,想要推陈出新,就必须找到属于自己的垂类赛道,做精细化与独特化的创作。引用时下流行的"内卷"这个词,美食类真人秀节目就是高度内卷的赛道。如何进行有效创新,就成为焦点。

(一)美食题材的整体创新

当下的"美食+"新媒体综艺类节目,呈现出一种共性:突出烟火气息,侧重关注现实主义题材和普通人生活百态的内容创作。除此之外,细细梳理当下播出的美食类综艺节目,整体呈现出三大不同的特点:第一,全新出发与另辟蹊径,尤其是系列化发展的综艺节目在创作上的高效迭代;第二,以美食为核心元素,走复合型长线创新之路;第三,加入社交属性,提升节目的附加值。好友相聚打卡各类美食,也为观众提供了一种团建的新可能。

虽然新媒体综艺类节目乃至整个综艺节目当下都比较依赖系列化的节目IP(也被称为"综N代",即已播出且收视率/播放量较好的知名节目),但具体到美食类节目,连续制作好几季节目的难度较大。一方面,很容易引起观众的审美疲劳。另一方面,发掘美食背后的文化与综艺节目对戏剧性的要求这二者的关系也不太好平衡。那么,对综N代来说,势必要尝试更多的元素搭配、场景组合,目的是给观众带来一定的新鲜感。例如,湖南卫视青春合伙人经营体验节目《中餐厅7》,重回此前的海外经营模式,在匈牙利布达佩斯开店,展开为期21天的中华美食出海之旅。海南卫视推出的美食真人秀《大使家宴2》,则以"国之礼,家之情"为本季主题,创新式地邀请众多驻华使节前往海南,进行美食、美景、商贸等不同文化的发现之旅。显然,这两档节目既满足了观众的审美期待,又进行了适度的创新。

(二)"美食"为引,呈现年轻化、时尚化元素

以美食为载体,努力融入更多年轻化、时尚化的内容元素。诸如"美食+旅行""美食+推理""美食+人文"等,让美食真人秀持续释放魅力和走复合型创新之路。代表节目有中央电视台推出的探寻美食文化真人秀《中国米食大会》(图3-1),"跨界米食寻味团"成员深入中国六大省,探寻中国最具特色的米源

图3-1 中央电视台《中国米食大会》

地和米食文明。江苏卫视人文纪实观察类节目《子夜外卖》(图3-2),以星夜奔忙的外卖小哥视角出发,为观众展现横跨北京、上海、广州、深圳、重庆、成都、杭州、武汉、南京、长沙、西安、昆山、色达等近20座中国城市的夜色画卷。

贵州卫视推出的文旅美食探访综艺节目《詹姆士的厨房·旅行季》,由三位美食家组成寻鲜家族,在寻常食材中寻找新鲜的味道,唤醒味蕾的狂欢。浙江卫视实景推理美食探秘真人秀《"食"万八千里2》,创新点在于"美食+推理"。美食慢综艺

《追着时间的厨房》，则以一年四季作为切入点，打造了目前综艺节目中第一座可移动的真实厨房，在场景转换中让观众感受大好河山。与此同时，节目还融入了助力乡村振兴的元素，堪称一场助力地方经济发展与文化传播的综艺实践。

此外，提升社交附加值或曰强调节目的社交属性，也让观众更多地与节目产生共鸣。嘉宾与一群好友相聚，打卡各地美食，也为观众提供了一种社交团建的新思路。毕竟，寻觅美食的过程中，同时实现与好友相聚，美食也就成为联结友情的桥梁。这方面着力创新的代表性案例，有爱奇艺的串串探寻趣味美食真人秀《一起撸串吧》。节目中，4位嘉宾组成"撸串家族"，奔赴多地，感受当地的烧烤文化，接受赶"烤"任务挑战。

图3-2 江苏卫视《子夜外卖》

腾讯视频推出的《朋友请吃饭》，嘉宾与自己的好友来到6座城市，品尝当地特色美食，两天一夜的旅程中，收获美妙的"此食快乐"。爱奇艺推出的户外美食真人秀《吃货达人打卡吧》则将美食作为引子，实质上是展示城市年轻群体的流行文化。可见，主流视频平台十分重视美食真人秀，看重的是其背后的国民认可度和传播力。

不仅如此，美食主题节目天然具有吸引某些特定商业客户的优势，正如有学者指出的那样，美食类节目是个独特的品类，且一直被视为离客户最近的节目类型，日常广告招商范围较大，客户圈层稳定。对于美食的热爱，或许早已刻在了国人的DNA里。从当年《舌尖上的中国》热播之后，对于美食主题的深挖和创作，已然成为内容创作者的规定动作。

几年前，新媒体综艺还处于野蛮生长阶段时，就曾涌现出不少经典真人秀模式，诸如竞技PK类《顶级厨师》《星厨驾到》《星厨大战》《加油小当家》等，强调烹饪竞技感，以比赛竞技方式推进和呈现内容。同时，加大对垂直类美食节目的创新探索，特别是美食经营主题，其中包括《奇妙的食光》《忘不了餐厅》《大叔小馆》《中餐厅》等，主打明星艺人经营餐厅，呈现美食制作与运营的全过程。不仅如此，在这个过程中，以核心明星为主的定制化美食节目，也成为重点研发模式，包括《锋味》《男子甜品俱乐部》《食在囧途》等，都是以某位明星为核心创意点，呈现与其相关的美食主题。

近两年，美食真人秀节目更新较快，不仅引入新概念，还尝试拓展新的人物关系。诸如创意美食真人秀《听说很好吃》、亲密关系美食真人秀《是很熟的味道呀》、餐车美食经营真人秀《美味夜行侠》、美食探寻类真人秀《鲜生厨房》等。

平台之所以如此青睐美食主题节目，主要有两个原因：一方面，当下综艺行业正处在降本增效的大环境之下，也就是要求大家以中小成本体量输出综艺，且实现价值最大化，那么成本可控、风险较低的美食类节目，无疑成为当下综艺试新的高发地。另一方面，美食主题节目的核心受众群体，也是当下主流消费的女性群体，而这必然会吸引更多的广告客户。

数据显示，近两年美食兴趣用户整体呈现出女性化、年轻化等趋势。女性占比超55%，且偏好度明显高于男性；超过四成兴趣用户年龄在30岁以下，并且对美食的偏好度远超其他年龄段；高线城市用户占比接近半数，偏好度亦较高。此外，不少美食类综艺节目在"美食+"这一框架下，朝着多元化、多维度方向迈进，旅游、竞技、八卦、情感、人文等多种元素被容纳进美食综艺，让观众收获了美食之外的多元体验。例如《超燃美食记》为营造出足够的氛围感，坚持"饭桌环形拍摄"，找回好友围桌吃饭的真实感，给观众带来强烈的沉浸式体验，产生与嘉宾一同就餐的感觉。除了充满参与感的就餐体验，节目在整体环境的氛围营造上也下足了功夫，在历史悠久的郑州，嘉宾身穿汉服、行焚香点茶等餐前礼仪，为观众呈现了一场氛围感十足的御宴。在山城重庆的江湖菜馆，嘉宾们则自觉融入街头户外用餐，就着街头的嬉笑怒骂，浓浓的市井气扑面而来，为节目增添了强烈的生活质感。

（三）小切口、新创意、多主题的创作探索

此外，美食类综艺节目还涌现出了更多小切口、新创意、多主题的探索尝试。例如北京卫视推出的药膳美食文化探索节目《食养中国》解密华夏中医史，品味人间烟火气；浙江卫视文化美食综艺《正是人间好时节》，则结合了二十四节气的自然节律变化和历史文化内涵；优酷探店推理真人秀《大集大利》，浓郁的逗趣氛围打开潮玩大集新模式，同时也是一档集好吃、好玩于一体的喜剧真人秀。

也有创作者将温馨的人物情感作为节目看点。例如，实景推理美食探秘真人秀《"食"万八千里2》，食万兄弟奔走新里程，实地探秘、美食打卡、实景推理，全方位展现不同城市的文化特色和风土人情。另外，《凤凰传奇定制综艺》，玲花、曾毅

带领大家一同体验大美中国的民族风情和美食美味。值得一提的是,被誉为"最会吃的美食纪录片导演"陈晓卿,首次推出以个人为IP的全新纪录片《我的美食向导》,加入旅游、文化等元素,带领用户一同探索精妙绝伦的美食世界。

二、音乐类综艺的实践探索与类型融合

近年来,国内音乐类综艺节目在曲目选择、节目模式、传播方式、IP价值等方面做出了积极探索。一些具有代表性的节目,创作者通过采用原创与怀旧的曲目选择策略,借助不同音乐风格的融合,开拓音乐类综艺节目题材的内涵;弱化对抗,突出合作共赢理念,借助音乐场景化的手法,提供沉浸式体验;在跨屏共振与话题营销中实现传播共融,提升传播价值;借助衍生版权开发与跨界互融,提升节目IP价值,从而为今后音乐类综艺的创新发展提供了一些有益的参考。

《声生不息·港乐季》《时光音乐会》《最美中轴线》等节目,运用现实美学表达、类型融合,丰富、拓展了节目题材的外延与内涵;弱化对抗,突出合作共赢理念,丰富了节目形态,通过音乐场景化,为观众提供更具沉浸感的视听体验;此外,通过跨屏共振、话题营销,提升节目的传播价值;通过衍生版权开发与跨界互融,拓展了节目的IP价值,起到了较好的示范作用。

(一)曲目选择与风格融合中开拓题材内涵

当下音乐类综艺节目的题材创新,主要从曲目选择与风格融合两方面展开。首先,立足现实生活,加入纪实元素,以此找到节目新的切入口;其次,借助不同音乐风格的融合,凸显节目的新特色。民族音乐的传承、中西方音乐艺术的交流,都使得此类节目超越了传统音乐类综艺的局限,增加了节目所蕴含的审美意蕴。作为大众文化产品,音乐类综艺节目让音乐作品真正与受众群体的情感产生联系,实现了节目题材的拓展创新。

《声生不息·港乐季》以富有代表性的港乐金曲,为观众呈现20世纪60年代以来的港乐发展历程(图3-3)。借助"老歌新唱"的方式,节目让不同

图3-3 湖南卫视、芒果 TV、TVB 联合出品《声生不息·港乐季》

代际的观众群体重温了那段难忘的文化记忆。正如节目主持词中所提到的,"把我们连在一起的,是永远不会在时光里消失的经典,更是岁月不能磨灭的血脉相连"。

节目中,部分曲目与相关影视剧片段同屏呈现,以浓郁的意境氛围,为观众再现了港乐的那段光辉岁月。聚焦热门影视剧歌曲(OST)的音乐类综艺节目《剧好听的歌》,围绕这样相对小众的选题,用音乐展示华语乐坛的发展脉络。从《追梦人》到《等你爱我》《好想好想》,从《一直很安静》到《人世间》,一首首OST作品呈现了国产影视剧音乐的发展历程。不同的曲风、不同的背景故事以及不同的情怀在这里交融。节目特意选取了那些具有鲜明时代特色的作品。2023年恰逢中国电视剧诞生65周年。这些带有时代印记的歌曲,其发展脉络与国产电视剧65年来的蓬勃发展遥相呼应。

显然,创作者充分发掘了OST这一特殊音乐类型背后的文化意蕴。对广大观众而言,这些歌曲往往体现了一个时代的集体记忆。由此,父辈往日的青春激情,与年轻群体的个性张扬,都能够通过OST被表达和理解。

不同音乐风格的融合,使音乐类综艺节目在现有题材基础上具备更丰富的内涵。以《国乐之城》为例,该节目第四季立足民族音乐,构建民族音乐与西方音乐激荡融合的音乐空间。节目中,这样的融合呈现比比皆是,例如"古筝+口技"版的《克罗地亚狂想曲》、尺八与多声筝演绎的器乐剧《雨夜·兰若寺》、融入爵士元素的陕北民歌《兰花花》等等。借助传统与现代的融合交流,展现了东西方音乐的"和而不同",丰富了节目的文化内涵,通过"1+1>2",使常规题材散发出新的魅力。

《青年π计划》聚焦当下年轻群体,展现当下年轻群体的精神风貌,为音乐类综艺节目发掘了新的赛道。一方面,节目中的音乐人,都有一个共同标签——"跨界青年",彰显了当代年轻群体的精神面貌与生活方式。另一方面,作品演绎上的交叉融合,例如以梅派唱腔演唱的《红马》,将京剧与流行乐元素结合,充分体现了年轻群体的创新精神与创造力。

对于音乐类综艺节目来说,更深层次的创新,不是节目中明星竞技、表演舞台、改编形式等流于表面的创新,而是回归音乐本身的创新。创作者通过将多元化的音乐类型融入节目内容,展现了音乐艺术的多元美感。借助具体作品的演绎,通过创新表达与类型融合,音乐类综艺节目的外延得到充分拓展,节目自身也具备了更加丰富的内涵,获得了更长久的生命力。

（二）弱化对抗，音乐场景化

传统音乐类综艺节目的最大看点便是其中的竞争机制。竞争机制背后体现了节目的对抗性，这样也能强化节目的悬念感，吸引观众的兴趣。近几年来，以《声生不息·港乐季》《最美中轴线》《一路唱响》等节目为代表，创新节目模式，具体表现为弱化对抗，淡化竞技色彩，突出合作共赢；与此同时，借助实景呈现的方式，将音乐放置在具体可见的场景中，使音乐场景化，提供沉浸式体验，充分展现音乐作品背后的地域特色、文化意蕴，以引发受众情感共鸣。

具体来看，传统音乐类综艺节目模式往往会强化竞演机制。通过增强节目的对抗性，赋予节目更多的戏剧张力。在《声生不息·港乐季》中，这种竞演机制得到了优化升级。首先，首期节目开始，所有嘉宾被分成男队与女队。接下来所有的竞争都是男女两队之间进行。此外，观众意愿受到重视，观众的参与度也随之加强。每期节目最后，统计观众的期待值。优胜队伍由此获得领唱资格，演唱观众选出的金曲，并有资格与观众合作完成"声生不息"港乐时代唱片。

节目中，男女两队始终以共鉴共赏为原则，重点还是放在"港乐与我的'愉快少年事'主题竞演"中。男队领唱观众选择金曲《千千阙歌》时，女队并不因落败而失意，而是与观众一同演唱，享受这一刻。此外，节目中还先后出现了投票交换队友、队友同队共演、男女跨队组合等多种"社交式"竞演模式。这样一来，保留竞演机制的同时，相对弱化了其中的"对抗性"，突出了合作共赢的理念。优酷网播出的《朝阳打歌中心》突出节目自身的纯粹，设定情境是一家普通的音像店，每期邀请6位嘉宾上台表演。节目中不存在竞争，也不需要评分，只是对音乐作品的欣赏。现场观众如果喜欢某首歌曲，可以与嘉宾互动交流。舞台虽算不上华丽，却真切地践行了"将音乐还给音乐"的宗旨。可以说，弱化对抗，强化社交属性，体现了对于节目模式的创新（图3-4）。

图3-4　优酷网《朝阳打歌中心》

(三)音乐可视化,提供沉浸式体验

音乐是比较抽象的一种艺术门类。近年来,一些音乐类综艺节目通过音乐场景化,提供沉浸式体验,从而更好地传递出特定音乐作品的内涵与意蕴。《最美中轴线》让嘉宾来到鼓楼、天坛、钟楼、故宫博物院等具有象征意义的景点,完成音乐创作。在音乐作品中融入历史文化元素,同时以这些具有符号意义的地点,巧妙地串联起北京城的"中轴线"(图3-5)。

图3-5　北京卫视《最美中轴线》

具体来说,一方面,嘉宾们以"拾音"为名义实地探访,观众跟随嘉宾,得以对京城中轴线建立感性认知;另一方面,经过艺术加工的音乐作品,让观众能够对中轴线及其相关的历史文化产生更多维度的理解。不管是《撒花》中用欢乐的开场点燃新年的氛围,带动大家一起动起来,还是《花圆》里加入歌手女儿的笑声,从天真烂漫的视角描绘中轴线的美好,或是《流转》中萦绕钟鼓楼,"你中有我,我中有你,正是人间大观园"唱出哲理,创作者没有陷入宏大叙事的窠臼,而是利用嘉宾走入历史场景的细节,通过细微之处的"拾音"与当下对话。

还有东方卫视推出的《幻乐之城》,创作者有意将节目分为两大版块。节目现场进行音乐短片的表演,然后转入演播室现场,以对谈方式分享创作体会、演出心得。首先,以纪实性极强的方式呈现后台彩排全过程,通过完整记录每部作品的诞生,巧妙还原了音乐作品创作过程中故事化的方式,激发观众强烈的情感共鸣。还有一些音乐类综艺节目,走进自然,走进生活,营造出一种更为真实的演唱环境。

同样由东方卫视出品的《一路唱响》,则安排嘉宾来到城市的街头巷尾,以"快闪音乐会"的新颖形式,让观众在生活化的场景中感受音乐作品的文化意蕴、地域特色创作。所谓"以景语写情语",与歌曲呼应的特定情境,带给观众更多的代入感,丰富了音乐表达的多样性。

三、跨屏共振引发热议，提升节目传播价值

随着受众审美水平的提升及内容消费需求的变化，"综艺+N"等新形态不断涌现。互联网传播语境下，音乐类综艺节目依托新媒介、新平台实现跨屏共振。传统电视的内容不仅能在网络媒介上得到全面呈现，而且还产生了诸多全新样态，得到了更好的传播。[①]拓展了传播渠道，使音乐作品获得更为广泛的受众群体；借助话题营销的方法，整体提升了音乐类综艺节目的传播价值。音乐类综艺节目想要获得更大的传播力、影响力，需要通过跨屏共振，实现传播共融。互联网语境下，音乐类综艺节目要在竞争中脱颖而出，一定要占据受众群体的心智。要实现这一点，需要充分发挥新媒体平台的传播优势，通过大小屏联动，实现跨屏共振。

以湖南卫视《我想和你唱》为例，节目引入了全新互动方式"百人合唱团"。歌手与100位观众合唱同一首歌，使歌曲突破了节目舞台的局限，打破了传统音乐传播的壁垒。与此同时，节目增加现场投票环节，跨屏共振，最终又回到节目现场，观众在参与的同时也获得了选择权。

(一)话题营销，提升传播力

"注意力经济"背景下，引发更多的话题，拥有更大的传播力，是综艺节目吸引受众群体的关键。互联网传播语境下，运用话题营销策略，能够让节目获得二次传播，从而收获更多的关注。《天赐的声音》就是利用话题营销提升节目传播价值的典型案例。该节目第三季开播后，共计53个相关话题登上微博热搜，引发了广泛热议。

与此同时，节目微博主话题"天赐的声音"累计阅读量超67亿次，讨论次数高达1901.6万。作为一档音乐类综艺，创作者有意聚焦当下年轻群体关注的热点话题，如话题"哪首歌唱出了你的爱情观"，累计阅读量近70万次，通过节目中竞演的多首歌曲，鼓励观众尤其是年轻群体参与讨论，说出自己对爱情的理解；再如，歌曲《威虎》相关话题阅读量超过57万次，这首作品融合了戏曲、摇滚乐、说唱等多种风格，呈现出一种多元化的舞台效果。话题"假如《天赐的声音》这么剪"，通过发动广大观众参与短视频创作，收获了67.9万的阅读量。由此，借助一系列的话题营销策略，节目具备了更大的影响力与传播力。

---

① 胡智锋，陈寅.融合背景下传媒艺术生态格局之变[J].社会科学战线，2021(4)：173-179.

《乘风2023》则着力展现当代女性群体的成长历程,展现女性自强不息的时代精神。这档节目的竞演环节中,往往会借助大小屏互动与相关热点话题的讨论,展现来自不同文化的女性之美,以及文化间的交流与融合。节目中,既借助舞台演绎展现女性之美,又通过嘉宾们的日常生活与排练细节展现女性之间的友爱与互助。微博话题"乘风2023节目立意"获得316.4万的阅读量,吸引超过2万网友参与讨论,而话题"乘风2023"的价值观也获得了近6万的阅读量。

(二)多种艺术门类融合,提升"沉浸感"

《2022中国诗词大会》中颇吸引人眼球的设计,便是所谓的"诗词小剧场"。在这一环节,编导运用情景剧的形式带领观众"穿越"回到重大历史现场,让观众沉浸式体验经典诗词的创作背景和诗人心境。演员身着古代服饰,吟诗作画,整个场景的氛围通过数字影像技术进行还原包装,再加上舞美、道具、灯光、特效、音乐等氛围的营造,俨然已经沉浸其中,不辨真伪,进入忘我之境。[①]或让何尊、利簋等文物"开口说话",让观众从"史诗互证"的视角理解诗词、了解历史;随着短视频崛起,依托于短视频形式进行传播的微综艺涌现出来,凭借轻快的节奏和适合碎片化消费的特点,成功吸引受众注意。

不难发现,"融合"已成为当前新媒体综艺创作的关键词,为创作打开了更广阔的想象空间。近年来,综艺、电视剧、电影、戏剧等艺术门类之间频繁互动,呈现出跨界联动、形态交融的全新发展态势。其中,综艺节目的融合探索最为活跃。从业者突破了门类间的固有界限,通过与电影、电视剧、戏剧等不同艺术门类的交流融合,拓宽自身的艺术维度、审美维度,满足新时代受众的审美需求。从职业角度切入,介绍影视、戏剧行业不同工种的工作内容,是常规的融合模式。如《导演请指教》《开拍吧》等将影视导演这一观众眼中颇具神秘感的职业从幕后推至台前,以综艺的形式呈现导演的工作方式以及影视产业的运作流程。

聚焦戏剧人工作状态的《戏剧新生活》则以来自导演、编剧、演员、舞美等不同工种的戏剧人共同创作演出、经营剧团,模拟行业真实生态,拓宽大众对戏剧行业的认知。这些节目将影视戏剧行业发展相关内容浓缩性地展示出来,表达影视人、戏剧人对艺术的热爱与执着,赋予了真人秀节目形态更多文化内涵和社会价值。

伴随着观众欣赏水平的不断提高,"沉浸感"成为他们观看节目的重要诉求。

---

① 曲国军.《2022中国诗词大会》沉浸式设计研究[J].现代电视技术,2022(9):98-102.

不少创作者认识到了市场的需求,纷纷在综艺节目中融入影视剧的创作手法,打开了剧综融合的新空间。比如,《国家宝藏》《故事里的中国》《典籍里的中国》在演播室内搭建剧场,再现历史或时代场景,以微短剧演绎的方式讲述历史故事,塑造英模人物,探索出一条运用故事化策略传递优秀传统文化、彰显时代精神的发展路径。

还有一类节目,将影视剧与综艺的优势相结合,强调剧情的连续性和视听体验,使"剧式综艺"的概念进入观众视野。河南卫视和哔哩哔哩联合出品的《舞千年》设计了跨越时空的故事背景,搭建完整叙事线,以综艺展现中国舞的经典作品,以电影拍摄的标准制作综艺,获得了观众的好评。

同样,《同一屋檐下》直接用电影摄影机进行拍摄。主创团队也具有丰富的纪录片拍摄经验,全景式记录6位素人嘉宾105天内在同一屋檐下的生活,通过实时预判和精准抓拍嘉宾反应的影视剧拍摄手法、在尊重真情实感基础上精心设计的场景架构、强调极致故事性的后期剪辑,使观众获得一种"实时追剧"般的快感。这些尝试进一步拓宽了综艺节目的形态与表达形式,带来多重的观赏体验。

第二节　跨屏传播与台网联动

新媒体语境下,跨屏互动为综艺节目的创作极大地延展了内容空间。信息碎片化的时代,跨屏互动的综艺节目满足了年轻人渴望参与、热爱互动的视频观看习惯。依托新媒体与新技术,跨屏互动技术的应用将会越来越广泛,观众参与到节目中的形式和内容也将不断拓展,跨屏互动将为电视综艺带来一次产业上的革命。

台网联动,则意味着电视综艺与新媒体综艺之间的界限越来越模糊。与此同时,电视媒体与新媒体平台不再是单纯的竞争对手而更多地称为合作伙伴。媒体融合进程中,这种台网联动的步伐也有利于电视媒体更多地面向网生代的年轻受众群体。

一、新媒体综艺类节目的跨屏传播策略——山东卫视《传家宝里的新中国》

早在节目的策划阶段,主创团队就达成了三个"1"的共识。其实,第一个"1",是1件与新中国发展历程有关的"传家宝"。但是用什么样的标准来定义和选择

"传家宝"？最终还是回到对概念的理解："传"，这件"宝物"已经被传承，或者将要传承，要带着故事跨越时空；"家"，物体是小家的，但奋斗的过程和精神是可以感动大家的，在"传家宝"的身上可以看到历史大框架下的小细节；传家宝的"宝"，最重要的一点是见证过历史，代表了一家人一代人的奋斗历程。

第二个"1"，则是要有一个能引起共鸣的奋斗故事。在故事的寻找上，首先关注的是能不能打动人，然后再将"故事"做创新传播。为了让表达的方式更为轻松，节目架构起了"用音乐交代故事背景+访谈推进故事情节+用传播完成故事结尾"的结构，让故事讲述的方式更有悬念，更有看点。第三个"1"，"传家宝"最容易形成对应联想的就是"博物馆"。

早在创意阶段，节目组就搭建了一座小屏幕端的掌上传家宝博物馆。以此实现两个功能：一是成为节目模式的重要符号。舞美的博物馆感，节目流程、节目包装的重要"博物馆"元素等，均以此为重要出发点。二是成为宣传的重要支撑点。节目的前期互动传播，演播室录制阶段变成节目流程中重要的一部分。

与此同时，节目播出阶段扩大影响增强互动，均以掌上传家宝"博物馆"作为重要的支撑点。在内容的选择上，节目以新闻的视角构建综艺内容，坚持嘉宾从新闻里来，从过去或者现在的"新闻"里寻找"熟悉的陌生人"；到新闻里去，嘉宾因为自己的故事或者表达成为新闻的创造者。

(一)跨屏传播，构建融媒生态

早在开播之前，节目就启动了"掌上传家宝博物馆"——"哇晒传家宝"融媒征集活动。节目开播后，联合《人民日报》、微博、快手举办了"万人接力歌唱祖国"融媒体征集活动，实现了大屏小屏端的互动传播。节目还开展传承焦裕禄精神主题党日活动，并举办传家宝展览展示互动活动，形成了手机小屏—PC端—电视端—线下展览的传播闭环，构建了一个融媒传播生态圈。

为在更大范围征集"传家宝"的故事，利用大数据拓宽节目的深度与广度，构建以节目为中心的新媒体传播生态，节目组以"网上寻宝""寻故事"为出发点，对节目的内容架构及融媒传播进行了特别设计。在节目率先启动的"掌上传家宝博物馆"——"哇晒传家宝"融媒征集活动中，网友们将自己家的传家宝上传至"哇晒传家宝"H5，或在快手App、微博"哇晒传家宝"话题发布自己的传家宝视频。全世界各地华人在"哇晒传家宝"征集中晒出了自己的"传家宝"，而节目中的传家宝也通过一个特别通道——"五星台"上传其中。通过"哇晒传家宝"活动，建起一座"掌上传家宝博物馆"，实现手机端和电视端的互联互通，网友们晒传家宝、品传家宝，讲述传承故事。

一位网友上传了自家的传家宝，年迈的爷爷用颤抖的双手打开上锁的大衣柜、拉开抽屉，在白手绢中展开一个个沉甸甸的奖章，他说"八一快到了，爷爷每到这时候就会拿出我们家的传家宝来"。这随手记录的动人一刻引发众多网友关注，"打开的那一刻我感动哭了，祝爷爷身体安康""这都是用生命换回来的荣誉，向您致敬""就知道是军功章，祝老爷爷长命百岁，没有你们血洒疆场，哪来我们的和平生活！"还有网友晒出了红军的斗笠、爷爷用的200多年历史的超长烟斗、74岁老奶奶的剪纸手艺、80年代的石碾子、孔子77代后裔的小花园等。"哇晒传家宝"话题在快手上线当天，视频播放量就超过400万次。"哇晒传家宝"征集活动快手单平台累计播放量超过3900万次，微博话题阅读量1.5亿次。

（二）融媒体语境的故事讲述

节目组还联合《人民日报》、微博、快手举办了"万人接力歌唱祖国"融媒体征集活动，进行全网"万人接力歌唱祖国"大征集，并在2020年10月2日的节目中集中展示。世界各地的华人通过不同的创意短视频唱响同一曲《歌唱祖国》，表达对祖国的爱。《人民日报》、微博、快手微博等同步发出视频征集活动，引发广泛热议。话题"万人接力歌唱祖国"阅读量高达2.6亿。

《传家宝里的新中国》不仅实现了大屏小屏端的互动传播，还开展了丰富的线下活动，力求打通线上线下的传播渠道（图3-6）。2019年9月24日，山东广播电视台开展了"传承焦裕禄精神主题党日暨传家宝展示活动"，邀请节目中的"持宝人"、第二代"焦桐守护人"魏善民和淄博焦裕禄纪念馆馆长焦玉星讲主题党课，讲述焦

图3-6　山东卫视《传家宝里的新中国》

裕禄同志种植焦桐的故事,并在山东广电院内栽下焦裕禄手植"焦桐"第三代幼苗。"传家宝"展示暨媒体看片会则将节目中介绍的12件"传家宝"进行线下的展览展示,节目嘉宾王斌、魏善民向媒体与现场观众讲述了自己的"传家宝"故事。

综合运用融媒手法讲故事,通过"网上寻宝"得来的这些传家宝故事,在网络平台引发强烈共鸣。这些"传家宝"见证下的小家故事与新中国走过的历史细节都得以在节目中逐一呈现,形成跨越时空的对话与感动,令传家宝里的新中国故事"传"到千家万户。

二、新媒体综艺节目的融媒策略——以近年来的音乐类综艺节目为例

新媒体音乐类综艺节目能够获得成功,最重要的原因并不在于传播和营销策略的成功,而是节目自身的精良品质。具体来说,这些节目的叙事技巧各有千秋,其中亦不乏共性,本书将其分为以下四类:仪式化叙事、圈层化叙事、网感化叙事、奇观化叙事。

(一)仪式化叙事

新媒体音乐类综艺在节目中采取仪式化叙事策略,营造仪式感、氛围感,让观众获得超越日常生活的神圣体验。例如乐队类音乐综艺节目《乐队的夏天》,通过双重仪式的情境构建,赋予了观众与众不同的欣赏体验(图3-7)。首先,节目致力于再现"音乐节现场"的仪式感,从场景设计上看,现场观众像音乐节观众一样站立,身体不再受到束缚,观众可以独自随着音乐舞蹈,也可组队"开火车"。甚至节目组还把"跳水"这一仪式引入到现场。其次,节目组致力于打造竞赛的仪式感。在节目现场设置"乐队观战区",赛程设置中突出竞赛性、淘汰机制,这种做法提升了节目的叙事性与紧张感,让观众获得了更好的观看体验。

图3-7 爱奇艺出品原创音乐综艺节目《乐队的夏天》第二季

（二）圈层化叙事

"圈层"本是地理学范畴的概念,主要用来解释地球的内部构成,后被政治、经济、社会和人类学者引入并加以改造,应用于相关领域的研究。圈层的构建依托于移动互联网,差异化、个性化的青年群体以兴趣与情感为核心纽带构建了各式圈层,其特点在于审美趣味的圈层化、交流符号的小众化、圈内圈外的隔离化。新媒体音乐类综艺节目是圈层文化的典型案例,圈层化叙事成为此类音乐综艺吸引高忠诚度粉丝的典型叙事手法。"爱奇艺泡泡"是爱奇艺推出的粉丝娱乐社区,其实质是基于爱奇艺视频内容而打造的网络圈层社区。"爱奇艺泡泡"可以为这些圈层成员提供内容指向更加明确的交流平台,提高圈层的向心力与黏合力,并吸纳更多因圈层综艺而来的新成员。

（三）网感化叙事

随着互联网在人们日常生活中的普及与渗透,综艺节目要想依托互联网获得更广泛的社会讨论度,"网感"这一新名词成为制胜法宝。有研究者从四个角度定义了"网感":从内容上看,网感要求节目制作者迎合年轻人的兴趣,制造年轻人感兴趣、能参与的话题;从形式上来说,拒绝起承转合逻辑清晰的线性叙事,突出变化、新意与刺激;从人物上来看,需要表现对象有娱乐精神;从宗旨上来看,突出正能量、娱乐性。

（四）奇观化叙事

其实,新时代以来国产电影的创作趋势中,奇观化叙事便是创作者屡试不爽的重要法则。新媒体综艺类节目作为后起之秀,通过迎合网生代受众群体的审美趋向、接受心理,运用互联网传播规律,通过话题化传播、偶像化传播与多平台推广的多重策略运用,在综艺节目中营造出令人耳目一新的媒体奇观。对"大片式效果"的偏好以及迎合受众移动模式,碎片化观看习惯的节目设计,客观上为新媒体综艺类节目的发展提供了更多的可能性。

1.话题化传播

"媒体奇观"的说法,来自学者道格拉斯·凯尔纳。他认为,那些被现代媒体渲染到极致的事件都可以称为"媒体奇观"。更具体一些看,媒体奇观主要指"能体现当代社会基本价值观、引导个人适应现代生活方式,并将当代社会中的冲突和解决方式戏剧化的媒体文化现象"①。显然，新媒体音乐类综艺节目因其特殊的媒介属性，比较适合采用奇观化的主题、人物、场景布置、故事布局来吸引观众的注意力，借助奇观化叙事提供超越日常生活的奇特体验。

互联网语境下，在观众审美需求大大提高的同时注意力也被分化，如何在此局面下打破时间、空间、媒介、屏幕的限制，实现良好的节目传播效果已经成为亟待研究的问题。新媒体音乐类综艺节目为我们提供了以下路径。话题是对节目的提炼、凝缩式表达，能够让节目信息从海量信息中凸显自己，从而吸引受众的注意力。尤其是在微博设置话题功能之后，热搜榜单成为网络用户获取信息的重要途径，因而它对增加节目的曝光度、讨论量和粉丝量有着至关重要的作用。

以《中国新说唱》第三季节目为例，作为"综N代"的代表，如何延续前两季的热度是节目组面临的最大考验。这里，话题式传播策略就起到了关键性作用。据统计，第三季节目播出当晚，就创造了多个微博热搜话题。在这些话题的助力下，通过口碑发酵等二次传播，迅速在相关社交媒体平台点燃节目的热度。随着节目的进程，节目组更是积极营造话题，可以说，很多网友是在微博话题的引导下成为观众的，甚至有年轻观众，在微博热搜里追踪了整季节目。这显然与传统电视综艺的传播逻辑发生了巨大变化。对新媒体综艺类节目来说，"话题优先"的原则甚至会影响到整个节目的策划、创作。

2.偶像化传播

人们对偶像的崇拜可谓古已有之。这种崇拜中带有大量的非理性的、宗教的因素。随着时代的发展与人类独立思考能力的提升，此类偶像崇拜成为特定人群中的现象。然而崇拜这一现象自身却并未消失，或许对偶像的需求是人类的特性之一也未可知。20世纪80年代以来，娱乐性的偶像崇拜成为大众文化领域的突出现象。娱乐偶像一方面可以起到提供精神鼓舞与休闲的功能，另一方面也有麻醉作用。但不管怎么说，放眼当下火热的大众文化场域，作为消费产品生产出来的娱乐偶像具有强大的感召力和市场价值。

不少垂直类综艺节目正是看准了这一点，通过建构偶像形象参与传播。"就受众权力而言，当观众演化成粉丝之后，其对于影视作品的认知方式也在发生转变。他们通过消费来侧面掌握影响文化产业发展方向的部分自主权。这种自主权既体

---

① 胡鑫.传统文化类电视节目的"奇观"构建[J].中国广播电视学刊,2022(10):109-112.

现在粉丝可以在票房、宣传等方面无条件地支持作品,同样也意味着粉丝的非理性行为有可能给作品带来负面影响,甚至反噬作品来之不易的好口碑。"

3.跨平台推广

新媒体音乐类节目在传播的过程中,不仅要关注到视频综艺娱乐网站,还要关注微博、微信、抖音等社交媒体,甚至是各类商业平台。以《乐队的夏天》为例,该节目在传播过程中采取了"三位一体"式的传播策略[①]。首先是发挥制作方爱奇艺平台的商业潜力,在爱奇艺的用户群中吸收第一波观众群体;其次利用话题式营销在微博、微信等平台吸引观众;最后在电商平台推出潮流商品,进一步吸引年轻群体。通过在视频网站、社交媒体和电商平台的跨媒介、多平台、矩阵式宣发,《乐队的夏天》实现了节目内容的多层次扩散,最终收获了最为广泛的观众群体。

三、台网联动的典型案例分析

新媒体综艺节目的融合创新还表现在传播领域。近年来,媒体融合是大势所趋,信息传播渠道越来越广,传播速度越来越快,影响范围越来越大,为综艺节目发展带来新的机遇。因此,传统媒体在转型过程中一边打造自有的新媒体客户端,一边加强与第三方新媒体平台的深度合作。

(一)电视融媒转型典型案例分析

中央广播电视总台旗下的视听新媒体平台"央视频"是传统电视融媒化转型的代表性案例。由央视频推出的"央young"IP系列节目《央young之夏》《冬日暖央young》《开工喜央young》,充分挖掘总台的资源优势,采用以总台主持人为核心主体的模式,以青春化的语态,网感化的内容呈现,多屏互动的传播方式不断输出热点话题,引发观众的热议与参与。

此外,一些地方电视台也开始推动流媒体战略。2020年起,上海广播电视台为旗下的流媒体平台百视TV量身定制了《金曲青春》《完美的夏天》《打卡吧!吃货团》等一批高质量的新媒体综艺节目,助推其用户的迅速增长。东方卫视的品牌综艺《我们的歌》开通了百视TV专属的选歌选人、加分加码、听歌分享等功能,音乐综艺《一路唱响》也由百视TV独家播出,形成了SMG内容台网联动的生态闭环。

---

① 伊丽媛.垂直类音乐综艺节目的融媒叙事与传播策略[J].现代传播(中国传媒大学学报),2021,43(9):104-108.

（二）台网联动深化，内容跨屏传播

随着台网联动的深化，综艺节目的融合传播之路也跨越了以多平台联合播出为主的初级阶段，在节目研发、制作、播出和宣发的全流程中不断深化与多媒体平台的合作。这有助于各平台在更大范围内整合资源，实现团队、经验、技术等方面的优势互补，也是应对多屏环境下受众分化，节目创制逻辑单一，传播范围受限等问题的有效举措。通过内容与平台的精准对接，在移动端与电视端进行双重导流，实现多屏交汇的传播联动，提升综艺节目的影响与价值。

浙江卫视与抖音联合出品的跨屏互动音乐综艺《为歌而赞》，运用"大屏首唱，小屏二创"的融媒体联动创新理念，歌手在电视大屏上演唱歌曲，用户在手机小屏为歌曲点赞、打榜评论及二次创作，实现音乐作品的跨平台、跨圈层传播（图3-8）。

图3-8　抖音、浙江卫视联合出品《为歌而赞》第二季

当下，创作者以融合思维不断拓展行业边界，使综艺节目的定位突破了单一的娱乐功能，成为促进文化、经济和社会发展的综合性载体。其中，围绕综艺IP构建产业协同创新模式，不断升级产业链，不失为一种运用产业融合方式实现综合效益显著提升的有益尝试。《2022全球旅游目的地分析报告》显示，综艺和影视剧对游客选择旅游目的地具有重要影响。24.5%的国内游客会在观看某部综艺节目后，对其中的取景地动心，从而想去亲身感受镜头中的风景，体验相同的游玩路线。这从一个侧面体现了文旅融合发展的大趋势。

（三）综艺创作与文旅融合

近年来，越来越多的城市和旅游目的地加入综艺节目制作，文旅主题的节目数量明显增加。《最美中轴线》《万里走单骑》《登场了！洛阳》《还有诗和远方·诗画浙江篇》《一路唱响》《宝藏般的乡村》《我的桃花源》，以及《极限挑战宝藏行·绿水青山公益季》《奔跑吧·黄河篇》等节目，充分挖掘我国丰富的文化旅游资源，运用纪实真人秀的形式,带领观众走近历史文化遗产,领略壮丽河山,感受现代都市风情,体验诗意田园生活。这些节目的热播也带动了当地的旅游产业,为文旅融合提供了新的发展方向。显然,用创意元素激活历史文化,并结合现代审美的国潮文创产品,已然成为年轻人追求的新潮流。

《国家宝藏》《上新了·故宫》《唐宫夜宴》等节目与文创设计联动,助力文化遗产向文化资源转化,让传统融入现代,让经典走进生活,释放出了强大的社会影响力。节目推出的文创产品不仅具有传统文化气质,体现中式美学,也兼具日常实用价值。历史文物因此突破了时空的限制,飞入寻常百姓家。此外,随着综艺市场掀起"推理热",在推理类综艺的助推下,新兴文创产业剧本杀一路蓬勃发展。比如芒果TV依托王牌节目《明星大侦探》开发了"线上内容+线下实体"的IP矩阵,开设主题实景探案店,组织"明侦城市行"等巡回式线下活动。爱奇艺则凭借"迷综季"的内容IP介入剧本杀行业,积极探索网络综艺与线下消费融合的更多可能性。

(四)跨屏互动与用户黏性——从《为歌而赞》说开去

智能传播时代,传统电视的最大困境,在于相对单一、线性的传播模式,无法与强互动、重反馈的新媒体平台相抗衡。然而电视大屏作为重要的用户入口,也有自身不可小觑的优势。显然,新媒体综艺类节目需要借助自身在用户黏性上的优势,通过跨屏互动,实现新媒体综艺对于传统电视的"反哺",《为歌而赞》便是这样的典型案例。

1.当下音乐类综艺创作的新趋势

无论关注电视大屏综艺内容生产的业内人士,抑或沉浸在互联网空间里的年轻网民,都很难不注意到这样一档跨屏传播、网台联动的新媒体音乐类综艺节目——《为歌而赞》。在大小屏稳步高涨又具有爆发力的声量,让音乐综艺的台网联动终于不再是生硬迎合行业趋势的伪命题。由浙江卫视和抖音联合出品的《为歌而赞》播至第三期,难得的不只是收视数据、全网热度等传统指标的亮眼,节目中推出的歌曲也频繁现身各大音乐榜单。抖音等短视频平台,随处可见节目歌曲的翻唱,常年隐藏幕后的制作人开始品尝到出圈的滋味,好音乐与优秀音乐人同时获得更足的长尾效应,这一连串效应都已经超出了制作出一档品质过硬的台网综艺本身。

长久以来,音乐类综艺创作的最大痛点,在于如何推动音乐作品由有限范围传播转向更大流量平台的真正转化,以及对于音乐产业的正向激励。音乐作品的呈现往往局限于节目播出的90分钟内,难以在播出后得到长线推广,而《为歌而赞》借助大小屏联动,将节目内外场域打通,将节目中音乐作品的传播延伸至节目之外的抖音平台大流量池,搭建了一条路径更短、效率更高、更为完善的宣发链路。这是综艺对音乐推广极具突破性和想象力的一次破局,也是抖音与电视大屏对综艺玩法和互动模式一次强有力的探索。

当下新媒体音乐类综艺节目的创作,呈现出明显的轻量化、互动化、沉浸式的趋势,更加注重对音乐行业痛点的回应,重心回归音乐本身,同时将话语权越来越多地交还给用户。推动优质音乐作品击穿各圈层壁垒,在大众化市场传播,成为不少音乐类节目的使命和目标。《为歌而赞》的创作逻辑和初衷,无疑是与音乐综艺创新潮流相顺应的,其出发点是在这个音乐艰难探索出圈的时代成为好音乐的孵化器,而同时节目又抓住了移动互联网时代被奉为圭臬的社交属性与用户至上思维,呈现了百位年轻人与音乐人面对面的互动舞台。碰撞、交流、分享俨然是新市场环境下音乐综艺所共同追求的,只是这一次《为歌而赞》的舞台上,来得更为凶猛、直接,歌手们所要直面的是覆盖各个圈层的一百种声音,多元、残酷,也足够真实。

2.《为歌而赞》的融媒创新策略

用户(受众)出现在音乐类综艺中并不是新鲜事,但真正发挥普通观众价值、全面撬动用户叙事功能的并不多见。资深音乐人、乐评人当道的音乐综艺市场,普通听众的声音却时常缺位,《为歌而赞》不再使用传统的"大众评审"包装与定义用户,而是赋予他们表达音乐口味、选择值得传播的音乐的主动权,更直接把麦克风交给这群来自不同领域但共同热爱音乐的用户,让他们与歌手在舞台上展开最为直接的对话和碰撞,这也给了歌手们难得的直面真实残酷市场的机会。颇为巧妙的是,节目中的百赞团既能在一定程度上代表当前主流音乐听众的审美偏好和态度,又因从事视频创作而更具表达欲望和能力,让歌手接收来自用户的真实声音。

事实上,节目播出后,这个火花四溅、金句频出的环节成为节目亮点之一,已充分印证了这一创新设计的可圈可点。理性探讨也好,观点冲撞也罢,"音乐出圈是否有方法论""平衡大众市场与自我追求""大众的音乐审美能否决定市场选择"等太多值得华语乐坛聚焦的议题被拿到舞台上,引发新一轮讨论和大众思考,便是其意义所在。当然,百赞团与音乐人其实未必是处于绝对的对立面,他们之间的交流,更多时候属于不同的音乐审美之间的互动。更何况,百赞团的发声,也只是提供了一种来自受众的视角。而这种碰撞本质上都是为了推动音乐生产和传播的良性发展。在这个舞台上，新时代用户审美的刻板印象被打破，小众音乐未必意味着难以走向大众，流行热歌也不见得能轻易俘获人心。

《为歌而赞》第三期节目里，以较为小众的音乐剧风格拿下最高音符数的某位音乐剧演员，其实对自己的音乐能否被大众喜欢有所怀疑，而很快百赞团就用音符数与暖心点评给出答案，用户并不会被音乐类型所束缚，好声音值得被听到。显然，这就实现了节目创作的初心，也就是在观点深入交锋、圈层壁垒被打破的过程中，真实的年轻人的音乐喜好和音乐市场风向逐渐浮出水面，音乐市场和音乐人的信心也被提振，从这个层面来说，这是节目社交属性加持带来的更大价值，在好音乐的传播和乐坛良性生态建构中的积极作用不言而喻。

毫不夸张地说，《为歌而赞》可以代表当下新媒体音乐类综艺节目创作中台网联动模式的根本性突破。其所表现出的非典型电视音乐综艺的更大特质、对过往音乐综艺的最大突破，却并非体现在传统意义上的节目内容层面。节目提出了"大屏首唱，小屏二创"的形式，即大屏与小屏通过歌手演绎的新歌、热歌联结起来，打破简单碎片化传播的传统台网互动形式，调动抖音的"赞评转"玩法与二度创作的能量，实现大屏主体内容与小屏创意加工的新型联动。

这既是节目社交属性的延续和放大，更是对电视综艺台网联动模式的全新探索和升级。融媒体时代，台网联动是每档电视综艺创作中都需考量的重要命题，但更多的联动都只停留于口号层面，所谓联动只是同一内容的机械复制，以及花絮、片段的多渠道分发，从节目生产之初便引入融媒体元素和玩法，将单纯的观看体验真正升级为沉浸式交互体验并非易事，但业界一直在积极探索。《为歌而赞》给出的方案令人眼前一亮，这种大小屏的联动，是配得上社交式、全民性传播诉求的，又是将节目中音乐作品的余韵拉长的手段。这一次的创新联动建立在洞悉新时代音乐传播和消费市场生态之上，同时又精准把握到音乐综艺所要极力解决的打歌痛点。歌手精心打磨的音乐作品的呈现，不再伴随着播出而终结，反而成为在大流量网络平台传播的真正开端。拥有5.5亿粉丝的百赞团、爆赞团，对节目中的音乐作品进行二度创作，在大屏播出后开启声势浩大的联合推广，令每个音乐人都兴奋不已。

3.跨屏传播——《为歌而赞》节目互动新模式

由此，百赞团的推广成为这档全新音乐节目传播的重要一环，歌手和歌曲的价值在抖音生态的赋能下被大幅撬动，一首新歌也有了迅速出圈的机会。第一期节目播出后不少网友都被歌曲《烂泥》的旋律洗脑就成为最佳例证。一时之间，众多知名歌手、人气博主纷纷翻唱，最强流量平台刷屏霸榜，节目实现了在短时间内迅速推红一首优质好歌，音乐制作和发行的周期被大幅缩短，这样宣发链路的跃升式进阶，在以往是难以想象的。

显然，《为歌而赞》作为音乐类综艺，在助力好音乐传播层面有了很大程度的突破。同时，它也是时下电视综艺推动台网联动的一次重要创新。其根本性的动力在于抖音平台作为出品方的加入。从节目模式模拟抖音互动玩法、与用户面对面的社交逻辑融入节目规则，到依托抖音强大的内容创作者体系和二次创作、音乐宣发能力，升级音乐传播路径，抖音流量生态和传播机制优势，让《为歌而赞》打造音乐综艺的台网联动新模式成为可能。某种程度上，台网联动的桎梏，因抖音难以比拟的社交基因、粉丝资源及二度创作生态的加持，正被《为歌而赞》努力挣脱。而从互动形式到内容要素为音乐综艺创作全面注入新鲜血液的抖音，也正在建立起与电视大屏跨屏互动的独特的"抖音模式"。

创作真正具有台网联动突破意义的音乐综艺难度不小，而《为歌而赞》能在台网综艺创新、音乐市场的正向推动上双重破题，实属难能可贵。从内容本身来看，《为歌而赞》在近年来涌现的音乐综艺中就已足够特别。而这种"特别"的达成，在于节目模式设计上的不盲从，更重要的是敏锐抓住了外部环境的发展脉搏与内在生态的独特优势。可以看出，《为歌而赞》内容与形式的创新并非为了突破而突破，为了联动而联动，它的立意初衷和创意路径看上去纯粹而简单。音乐和社交是抖音的显性基因，节目的内核就围绕这两大要素展开，而浙江卫视与抖音联合出品，又自然要探索台网联动的进阶模式，于是"赞评转"机制被引入，抖音二度创作传播的互动玩法，便开启了台网综艺中的全新跨屏互动机制。

与此同时，《为歌而赞》又渗透着开阔的创作思路和开放的创作格局。规则设置和叙事话语不被过往同类节目所局限，虽设置了新歌、热歌两大阵营的对垒，由百位创作者现场点赞、投出音符，却又不需要将竞技推向极致，新歌、热歌并非最为重要的对立元素，在这个以发掘和传播好音乐为要义的舞台上，更值得关注的是音乐人与用户、市场的对话和交锋。音乐类型的呈现和圈层壁垒的击破就更具探索性，流行、说唱、民谣、音乐剧，集结了多元音乐类型却并不刻意强化所属的音乐风格标签，只是让音乐作品和背后的歌手尽可能地碰撞出全新的化学反应。一方面，不少小众音乐人创作、改编的歌曲登上各大音乐平台热榜，成功实现逆袭出圈，而众多知名歌手的改编作曲则再次登上热搜榜单。与此同时，关于音乐相关话题的讨论也在逐步深入,热歌是否存在套路、如何看待音乐圈中的鄙视链等第三期歌手与百赞团提出的问题,都是行业内近来广泛关注且值得思考的议题。

可以说,《为歌而赞》是抖音抓住时代契机、结合自身基因和属性,对音乐综艺台网联动展开的一次自然而然的探索。抖音正在尝试创新音乐市场的运行规则和分发逻辑、改写歌曲的传播渠道和场景,对于近两年传唱度最高和出圈范围最广的歌曲,抖音的助推力量都不容忽视。其所打造的音乐+社交的新生态、巨大的流量池,是其参与出品台网综艺的先天优势,而在迈出打破大小屏之间壁垒的步伐之后,抖音与传统大屏、综艺内容的碰撞,还有着无限的可能性。此次,抖音平台深度参与《为歌而赞》的出品与研制,调用互动优势、站内创作者和粉丝资源,就已呈现出创新音乐综艺生产和传播面貌的态势。在互动、社交成为综艺内容颇为关注甚至置于首要位置的要素之时,抖音在内容制作和传播过程中的分量势必会越来越重,由大屏内容的分发、椿□□□□□新互动格局,抖音在自制综艺中未来将扮演的角色和功能演进值□□□□。

第三节 颠覆性创新——当下"慢综艺"的创新策略

所谓"慢综艺",其实并不是一种精准的定义,而是一种类型混合物的概念。"慢综艺"最大的特点,便是其对于人心的治愈。相比起来,"慢综艺"更倾向于关注受众群体的内心体验,通常以不太具备话题性的民生、社会话题,或不太注重时效性的文化类话题为主,从而展开一系列具有思想性、思辨性的情感类节目内容。

一、"慢综艺"的前世今生

从2017年至今,短短几年内,慢综艺这一特殊的子类型经历了创新变化之路,从诗与远方到平凡烟火生活,对于节目创新来说,唯一不变的或许就是变化。颇为明显的是,相较于最早经营体验类慢综艺,当下新型慢综艺呈现出更多新潮特征,体现在三个方面:其一,烟火气的社交氛围感更强,某种程度上治好了不少人独处时的孤独感;其二,不同主题、领域的跨界尝试,在新的事物探索与真实旅程中,实现了动态的自愈;其三,朋友组局、新鲜体验,实现双向奔赴与治愈。

（一）当下"慢综艺"的主要类型

如果说，大众认知中最早的慢综艺，是一场诗与远方镜头语言化的梦幻呈现，那么当下的慢综艺，显然更接地气，选择回归平凡人的烟火生活，而其治愈效果，也更具大众性和普适性。纵观当下的慢综艺节目，根据不同主题、形式、类型、创新点，整体将其分为四大类型：第一，综艺老友记，最懂你的人也最治愈；第二，"慢综艺+美食主题"的组合，正应了那句话，没有什么烦恼是美食治愈不了的；第三，以家庭关系为纽带，实现亲密关系的慢呈现与再塑造；第四，慢综艺试验田，选取不同的模式和创新点，将烟火治愈感扎实落地在节目创作全程。

典型的慢综艺，可以概括为"综艺老友记"，所谓最懂你的人也最治愈。此类节目更多的是，展示朋友之间的相互治愈，在慢生活中，体会情感温暖与人生意义。例如《一人客栈》，嘉宾在山清水秀的湖南浏阳，集体经营一家为都市年轻人打造的客栈。在两天一夜的旅程中，与朋友们一起，分享生活感悟，获得新鲜体验，反思当下，也探寻未来。浙江卫视《我们的客栈》，由《武林外传》的几位主要演员作为嘉宾，上演了一部"综艺版"《武林外传》。星空下自驾露营青春慢综艺《追星星的人》第三季，观星团好友们，将继续踏上寻找观星之旅的旅途。

此外，还有户外潮流露营真人秀《一起露营吧》第二季，由主嘉宾邀请5组不同社交关系的飞行好友团，在5个梦幻营地完成5次主题露营，构建5种理想生活画像。慢团综《聚吗？聚啊》以好友聚会的形式，全程采用上帝视角和真实记录，无法预知的剧情，让人期待。社交新综艺《是好朋友的周末啊》，一堆篝火，一本手账，四五好友，在这寂静的荒野中，从日出山头到繁星满天，让所有的奔波都有了意义。

"慢综艺+美食主题"，正如网友所评论的那样，"真的是没有什么烦恼，是美食治愈不了的"。无论老友新朋，美食在前，一定能够快速增进彼此的亲密度，当然也可以跟观众建立最强最直接的关联，所以说美食慢综艺，可谓是强强联合。这方面的代表性节目，有《大湾仔的夜》第二季，节目集结了六位来自大湾区的明星嘉宾，这一次他们开着港式移动餐车，奔赴五湖四海，以食会友，笑看烟火人生。

青春美食探索旅行真人秀《超燃美食记》第二季，以美食为线索，让几位年轻嘉宾前往杭州、郑州、福州、汕头、重庆等城市，品尝美食的背后，探寻不同城市的饮食文化和人文特色。

以家庭关系为纽带，实现亲密关系的慢呈现与再塑造。例如亲密关系实景观察节目《幸福三重奏》第四季,特意邀请了三组明星夫妇,在无干扰的环境中,真实记录二人世界自然的生活状态,展现最有"烟火气"的幸福生活。

另外,兄妹成长观察陪伴综艺《我的小尾巴》第三季,让"00后"的兄弟姐妹离开父母走出家门,前往陌生环境与嘉宾共同经历15天乡村生活。节目风格轻松治愈,甜宠暖心直击多胎家庭情感关系。此外,慢综艺试验田,选取不同的模式眼和创新点,将烟火治愈感扎实落地在节目创作全程。代表节目有社交观察真人秀《五十公里桃花坞》第三季,在山野开启新的奇妙旅程,这次坞民们向山而行,和自己的内心对话,寻找初心的力量。全新综艺《种地吧少年》,是一个关于汗水、泥土和成长的青春实验故事。10位青春阳光的少年踏实地用180天时间在100亩土地上播种、灌溉、施肥、收获,真实运营农场。青年成长观察真人秀《今天开始合租啦》,呈现最真实的国民陪伴式综艺新样态。

还有治愈系家装节目《翻新吧!出租屋》,每期访谈一位在大城市奋斗的租房青年,讲述他的故事,定制专属的出租屋改造方案,亲手为他打造"理想生活空间"。值得一提的是,极致的旅途风景,对于大众的治愈效果,也颇为明显,所以《哈哈哈哈哈》第三季、《伴我骑天涯》《追风吧少年》《再见爱人》第二季、《周游记》第二季、《青春环游记·推理季》《还有诗和远方》《登场了!北京中轴线》等节目,在实景呈现、情绪疗愈上的神奇效果,值得期待。

某种意义上来讲,"慢综艺"曾是前几年中国综艺市场里特别耀眼的存在。以2017年为开端,以《见字如面》和《朗读者》为先导,《向往的生活》第一季打出了慢综艺的概念,并开始真正预热。接着,湖南卫视的《中餐厅》又起到承上启下的关键性作用。之后,同年四季度则是一系列与"房子和远方"有关的慢综艺,湖南卫视《亲爱的·客栈》,东方卫视《青春旅社》,浙江卫视《漂亮的房子》,江苏卫视《三个院子》等等,至此"慢综艺"霸屏当年的局面已然成型。

(二)"慢综艺"与时俱进——拟态呈现到纪实叙事

一方面,文化类主题的慢综艺节目不断涌现更新,如《同一堂课》《小镇故事》《匠心传奇》等等。另一方面,慢综艺节目逐渐发生新的改变,从诗与远方逐渐走向烟火生活,诞生了一批烟火治愈系慢综艺,诸如《你好生活》《向往的生活》《朋友请听好》《五十公里桃花坞》《时光音乐会》《追星星的人》《欢迎来到蘑菇屋》《快乐再出发》《毛雪汪》《一起去露营》等,不仅主题丰富、类型多元、组合新鲜,还给观众和市场带来了更多期待感，某种程度上，这也预示着生活慢综艺发展进入了下一阶段。

从拟态呈现到纪实叙事，慢综艺开始真正融入观众的现实生活。不可否认，2017年的慢综艺之所以应运而生，背后有着深刻的社会原因，随着城市化进程的加快，都市上班族普遍感到压力较大。曾经有相关调查的数据显示：七成人坦言压力太大，近三成受访者压力大到不能承受。基于此，慢综艺诞生且飞速发展。

从《向往的生活》到《中餐厅》《亲爱的·客栈》，可以说是慢综艺1.0时代，它是一种综艺节目的制作手法，即通过剪辑等专业化方式，为观众营造出一种"生活在别处"的拟态现象，并辅助于各种"情感化的叙事方式"，让观众觉得那就是他们所向往的慢节奏的生活。但此时的"慢综艺"其实并不等同于日常生活，节目制作人为观众设定的"诗与远方"的情趣，只是一种符号意义上的"慢生活"，减缓当下的焦虑感而非解决实际问题，这是当时该品类节目的底色和初代使命。回到当下，再细观当下这些慢综艺，治愈效果更强，究其原因，重点是真实、代入、共情成为节目最突出的核心竞争力。

二、慢综艺的类型特征

严格来说，"慢综艺"谈不上是一种新的综艺节目类型，更像一种创作模式。与"快餐式"流行文化不断冲刷受众感官层面的体验不同，"慢综艺"更倾向于关注受众的内心感受，通常以不太具备吸引力的民生性话题或不太讲求时效性的文化类话题为主，从而展开一系列具有思想引导性的情感类节目内容。

(一)慢综艺的整体特点

与对抗性强且快节奏的综艺形态相反，慢综艺有意弱化了对抗色彩，而体现出一种特殊的节目"氛围"。这里所说的慢，不单单是指节目制作层面，更是指一种内在节奏与情绪。也正因此，不少慢综艺节目收获了自己的忠诚受众群体。对现代人来说，慢综艺堪称快节奏生活状态下的一剂良药；与此同时，这种"慢"并不必然意味着节目信息量的少，而更多的是为了营造出一种特殊的观赏性，所谓言有尽而意无穷。

慢综艺选择的场景通常贴近生活原貌，尽量保持原生态。例如，《向往的生活》第一季选择位于北京郊区的一套普通砖瓦房，第二季选择位于浙江桐庐的一套两层木质小楼,都和当地村民的住所类似,有乘凉的院子、家禽、田地和劳动工具等。无论是远离城市喧嚣的世外桃源般的质朴田园,还是被宅男宅女当作最安全之所的公寓,慢综艺呈现给观众的都是静谧、单纯又生活化的"慢生活"场所,回归于生活的本真面目。在这里,人们不再奔波,不再竞争,而是遵循自己的本心,体验生活,反思人生,节目充满了浓浓的人情味,让身处都市喧嚣中的观众倍感温暖。

(二)"生活流"式的节目进程

与拼竞技、拼速度的快综艺相比,慢综艺以清新的风格出现在观众面前,合作、休闲、温暖是节目的主调,还原生活、减少表演、增加情调是这类节目的初衷和特色。由于节目不设剧本,将生活本身作为节目内容来展示,因此,嘉宾所呈现的是比较放松的状态,最容易表现出生活中最本真的模样。透过节目,我们可以看到嘉宾们悠闲地在屋里吃吃、转转,逗逗小狗、拉拉家常;也可以看到居住在同一套公寓中的宅男宅女们因畏惧社交而不敢与人交往的尴尬模样,让观众忍俊不禁的同时又能够反思自我。

(三)真实的人物关系建构

由于慢综艺节目节奏相对较慢,在抓取观众注意力方面不占优势,因此,节目选用的嘉宾既要具有特色又要贴近观众。如《向往的生活》中有固定嘉宾和飞行嘉宾,固定嘉宾的选择通常包含能带来更多流量的明星艺人,本身具有较强的话题性或带有鲜明标签。这些嘉宾在节目中褪下明星的光环,去做农活,本身就有强烈的反差效果,为节目增添了亮点,满足了观众对明星祛魅化的要求和窥私欲。观众喜爱慢综艺的很大原因是可以在轻松的氛围中感受到更多的人文情怀,在原生态的生活场景中体验到传统文化、家庭文化、社交文化,节目所建构的社会镜像向观众展示了朴素又真实的生活方式。

《三时三餐》《向往的生活》都将重心放在节目嘉宾之间的互动上,家庭成员之间、主客之间、家庭与周围邻居之间的微妙人情关系都在向观众传递着参与者的为人处世之道,既让观众感受到了真实、简单、质朴的生活方式,也体会到了尊老爱幼、睦邻友好、礼貌待客等东亚文化中所遵循的儒家思想内核。节目蕴含的人文情怀和相处哲学是人与社会和谐相处的黏合剂。

韩国MBC电视台推出的慢综艺《被子外面好危险》以清新的节目风格和纯粹无心机的人物关系向观众传递着单纯的社会价值观,节目注重捕捉嘉宾的微表情,注重在琐碎的生活中挖掘笑点,缩短了光鲜亮丽的明星与普通观众之间的心理距离,激发起众多宅男宅女的同理心,使他们在嘉宾身上看到了自己的影子,也看到了自我改变的可能性。

随着生活节奏的加快,生活在都市中的普通人大多面临着巨大的工作和生活压力,各种竞争加剧等一系列问题滋生了现代人的都市焦虑,他们向往远离喧嚣,避开拥挤的人流,希望呼吸自然的空气,倾听内心的声音。反映到电视节目上,就是以对抗、竞技等为主题的快综艺逐渐让人感到麻木甚至反感,随着娱乐与集体狂欢的消退,回归生活和感受生活成为观众的需求。慢综艺中,嘉宾们在原生态的生活里,通过相互交流,讲述人生故事,阐释做人的道理,使观众在获得感官愉悦和情感共鸣的同时,潜移默化地接受了节目传递的价值观。

三、慢综艺作为类型的创作策略

当下慢综艺节目在创作策略上呈现出这样几个特点。首先,"慢综艺+美食主题"的类型组合,对现代人来说具有极强的心理抚慰功能。其次,节目的人物关系上凸显以家庭关系为纽带,实现亲密关系的慢呈现与再塑造。另外,慢综艺以其自身特殊性成为综艺节目创作的实验室。创作者通过选取不同的模式搭配组合,将治愈感扎实落地在节目全程。

(一)凸显嘉宾的个人风格

在所谓"秀"的成分相对弱化的前提下,"慢综艺"节目中的"人"成为节目的绝对核心。人物策略的选择,是"慢综艺"节目创作的重中之重。当下的"慢综艺"节目,除了要寻找到有知名度、影响力、具有表现力的人物之外,注重对人物深层关系的发掘也是必然之举,同时对人物数量的选择也需谨慎。《向往的生活》在人物策略上值得称道,其对人物的"关系性"与"成组性"使用的方式大幅提升了节目的可看性[①]。节目中,不少嘉宾本身都是多年的好友。他们以成组的方式出现在节目中,既避免了过于客套的寒暄与拘束的相处,又因共同成长的经历、有趣的故事和深厚的情感带来了丰富的谈资。显然只有人物鲜活,让观众对其产生认同与情感投射,才能谈得上对节目产生心理黏性和收视忠诚度。

---

① 安晓燕.对国内"慢综艺"节目的思考[J].中国电视,2018(8):43-46.

（二）重视节目规则

对慢综艺节目来说，在节目规则的设计上，需要让人物承受适当的压力，但又不因环境或条件过于逼仄导致机械、僵化的行动，而是动静结合，张弛有度，使人物在行动中，也能体味鸟之鸣、花之香、景之美、食之味，从而获得内心的舒缓与宁静，这是当下"慢综艺"节目在叙事上应该探索的方向。

《向往的生活》将人物安置于远离都市的乡野之中，生活经费需要通过个人劳作获得，这就强化了人与自然的冲突，迫使人物为一日三餐而行动。但同时，节目也有意避开了那些较为严酷的环境，大片的玉米地、丰盛的鱼塘、茂密的竹林，为嘉宾的生活提供了一定的保障，而热水器、较大的菜市场等现代文明象征也并未被完全摒弃。虽然这样的规则设定，也遭到与现实不符等非议，但确实也为戏剧性和"慢"生活留下了可能的空间。

本章小结

总的来说，新媒体综艺类节目仍然需要优质的内容作为核心竞争力，再好的形式创新也要为内容服务。今后，新媒体综艺类节目要将更多精力放在节目内容上，通过节目的创新表达，提升节目的整体品位，打破不同观众群体之间的圈层壁垒，实现真正的"雅俗共赏"。由此，新媒体综艺类节目才能承担起弘扬优秀传统文化、增强文化自信的社会责任，让中华优秀传统文化以大众喜闻乐见的形式实现了潜移默化的渗透，帮助受众建构起文化自信。通过符合时代语境的方式展现出来，在文化传播中增强民族的凝聚力与向心力。

思考题

1. 试分析一档较为典型的新媒体综艺类节目。

2. 媒体融合背景下，新媒体综艺节目如何进一步实现跨屏传播？对此请谈谈你的认识。

3. 谈谈你对慢综艺未来发展的理解。

第二篇

新媒体语境下的新类型与新趋势

新媒体传播语境下，视听产业有了长足的发展。伴随着传播方式、传播生态、受众审美等诸多方面的变化，涌现出了包括网络剧（含微短剧）、新媒体纪录片（含微纪录片）等新的类型；与此同时，跨过了早期的"野蛮生长"阶段，主流化、精品化的新趋势开始出现。本篇将从几种新类型的创作与传播切入，结合近年来的典型作品文本，梳理新媒体视听创作背后的规律。

第四章　网络剧和微短剧创作

第一节　网络剧:"精品化"与"新主流"

过去五年,网络剧行业经历了飞速发展的阶段,以充沛的活力和创新力走向了"思想精深、艺术精湛、制作精良"的精品化道路。网络剧作为新媒体视听产业中最重要的一个领域,是最能够吸引用户付费的新媒体视听内容,也因此成为各大视频平台投入最大的内容赛道。

近年来,网络剧集的品质有了很大的提升,在分账商业模式的开拓、微短剧形式的探索,以及创新形态的发展方面都取得了耀眼的成绩。五千年的悠久历史,积累、沉淀了极为丰富的历史文化资源。这些优秀的文化宝藏被历史尘封,需要文艺工作者们去挖掘创新,转化为大众喜闻乐见的形式呈现在观众面前。显而易见,建设文化强国战略背景下,对于传统文化的观照也成为网络剧集贴近主流话语的一种创作策略。类似《梦见狮子》《后浪》《传家》等有代表性的网络剧作品聚焦文物修复、梨园文化、传统中医药等,将传统文化与现实生活充分融合,引发了年轻群体的广泛关注和讨论。青年群体乐于追随新鲜事物,也同样愿意学习、了解中华优秀传统文化。将传统文化精粹转化为青年群体乐于接受的新样态,是广大网络剧、微短剧的创作者今后努力的方向。

值得注意的是,当下的网络文化呈现出主流文化、亚文化表达空间与民间俗文化三足鼎立的文化形态,创作者要将新媒体视听的内容形态、传播形态与受众感知进行实践性对接,只有脚踏实地,才能更好增强文化自信,建设文化强国。

一、网络剧的精品化策略

当下,现实题材网络剧的精品化创作已经成为业界和学界关注的焦点。然而,收视和口碑相背离的现象说明在彰显主流价值与把握主流市场间尚未形成合力。造成这一现象的原因在于此类作品在发展过程中面临关注现实的时代诉求与其充满想象的艺术特征之间的矛盾。《中国视听新媒体发展报告(2022)》指出:"网络剧已走向追求品质的良性轨道,对反映时代变迁、人民生活、内心需求的现实题材的追求已经深入创作者内心。"国家广播电视总局监管中心发布的《2020网络原创节目分析发展报告》显示:"2020年共上线网络剧230部,其中现实题材网络剧比例达到70%。"

现实题材看似形势喜人,然而以重在考察受众满意度的"豆瓣评分"和侧重评估网络剧作品影响力的"骨朵热度"为评判基准,不难发现一些作品评分较高,但热度相对较低。例如《你好,对方辩友》的豆瓣评分为7.6,历史最高热度仅为58.14;《风犬少年的天空》的豆瓣评分为7.9,最高热度为45.23。另外一些作品评分虽不出众,但热度却居高不下。例如《不说再见》评分只有3.7,最高热度76.61;《北辙南辕》评分4.9,最高热度72.73。

这种收视与口碑相背离的现象,集中反映出现实题材网络剧在主流价值与主流市场间尚未形成一种合力。其深层次原因,在于此类作品在精品化创作过程中面临一个核心矛盾:在关注现实的时代诉求与充满想象的内容特征之间,存在较大的距离。这甚至导致受众端代际冲突的加剧,且进一步引发文化分化问题。

具体而言,现实题材网络剧属于网络文艺的一种,"因其青年亚文化性质与主流文化之间存在一定程度上的龃龉,被主流文化不断规范和收编,这推动了精品化发展,但也使想象力和创造力优势缺乏进一步发展的空间"[①]。创作端的这些问题加剧了受众端因代际差异而形成的审美冲突,使得作品很难释放出跨越代际的魅力,甚至导致分属不同圈层的同一代人也因审美冲突而获得近乎对立的文化经验。

(一)题材与内涵:网络剧精品化的关键

由于受众群体不同,网络剧与传统电视剧在题材选择、制作方式,乃至主题呈现上都存在着较大差别。近年来,从有关部门到各大平台再到制作机构都在呼吁网络剧的发展要走精品化战略。精品化绝不意味着曲高和寡,而是要立足时代,立足当下,立足现实。显然,深刻理解网络剧中的现实主义创作倾向,是真正实现精品化策略的正确选择。坚守"为人民的文艺",顺势而为,才能创作并奉献出一批接地气、有情怀、高水准的网络剧精品力作。

---

① 郑焕钊.从媒介融合到文化融合:网络文艺的发展路径[J].中国文艺评论 2020(4):82-91.

1.如何理解网络剧中的现实主义

如果运用文学创作术语对网络剧的题材加以界定,现实题材网络剧指的是从现实生活和社会变革中选择人物和事件的作品。自2018年起,现实题材网络剧成为创作新风向。对于网络剧而言,现实题材较易判断,现实主义内涵却很难做出准确的判断。

有研究者曾以隶属现实题材的罪案剧为例,指出这类作品"与其说继承了现实主义传统,毋宁说是现实主义在当代的新拓展"①。现实主义"既指涉一种基于对细节精确描述(即逼真性)的创作方法,又指一种更具普遍性的对浪漫传奇的理想化、逃避主义,以及放纵特质的排斥态度,它主张冷静地面对生活中的实际问题"②。换言之,这既是一种创作方法,又是一种创作态度。从西方文论的发展脉络观之,从"二战"前贝尔托·布莱希特与格奥尔格·卢卡奇有关表现主义戏剧的辩论,到后来罗杰·加洛蒂为现实主义赋予新的内涵,对现实主义的理解始终处在一个动态发展的过程之中。换句话说,这是一个不断演进的命题。因此,对当前网络剧精品化创作过程中面临的核心矛盾,同样需要在现实主义边界重构下予以审视。目前,实践场域内暴露出的种种征候皆直接或间接地源自此。

其实,网络剧向来以天马行空的想象力"呈现出叙事层面的跨媒体化与文化层面的青年亚文化等特征"③。但需要指出的是,从网络剧的萌芽时期至今,现实主义题材作品始终没有缺席。例如优酷视频的《万万没想到》《报告老板》等剧集,尽管风格夸张,但其题材、内容几乎全部来自现实生活。进入成熟期之后,尤其是2017年以后,大多数网络剧作品都将网络文学作品作为其素材改编来源。为迎合年轻受众的审美心理,各大平台涌现出了一大批远离现实的架空、幻想题材作品。即便如此,依然出现了《钱多多嫁人记》《暗黑者》《蔚蓝50米》等一系列现实题材的作品。

近五年来,在网络剧与电视剧之间的界限日益模糊的行业背景下,现实题材的网络剧佳作层出不穷,重大题材创作开始涌现。例如,《在希望的田野上》以温情励志的笔触书写社会主义新乡村的真实面貌,展现乡村振兴的现实成就与时代价值;《启航:当风起时》以精良的制作展现年代质感,以宏大的视野将个人命运与时代发

①② 尤达.精神坚守与审美接近:论现实题材网络剧的精品化创作[J].中国电视2022(8):47-54.

③ 齐伟.网络自制剧:跨媒体叙事与青年亚文化的双重视阈[J].现代传播(中国传媒大学学报),2017,39(8):94-98.

展相交织;《约定》以集锦式叙事讲述6个小小的"约定",通过不同行业的变迁折射社会的蓬勃发展。

2.网络剧的现实主义内涵呈现

创作者致力于类型的杂糅,在剧集中注入主流价值,打造精品力作。重在刻画成长与梦想的青春校园剧创作者,开始通过作品反映年轻一代全新的精神面貌,如《我在未来等你》《我才不要和你做朋友呢》等;擅长表现浪漫爱情的都市情感剧创作者,开始在作品中注入家国情怀,如《你是我的荣耀》《致我们暖暖的小时光》等;注重描绘案件侦破过程的悬疑涉案剧创作者,在作品中不断反映社会问题,如《迷雾追踪》《沉默的真相》等。然而,纵观整个发展过程,特别是转型期,在精品佳作取得突破性进步的同时,关于写实与想象的矛盾在创作中始终存在,主要问题如下:

其一,悬浮失真的"理想化"(这样的"理想化",也可以更为直白地称为"盲目的浪漫化")创作倾向。正如有学者指出的那样,一部分现实题材网络剧的创作者尚未找到"弥合主流叙事与市场接受之间的柔性表达路径"①,出于迎合市场的考虑,人为地将写实与想象割裂开来。

例如,一些创作者为了凸显作品的主流价值,刻意强调写实而忽略想象的重要性,以主题先行的方式刻板地展现生活。如网络剧《脑海深处》讲述大医精诚、大爱无声的动人故事,但该剧将主要笔墨用以渲染医学的专业性,而忽视了不同人物因行业场域影响所产生的人生选择和情感状态,使得人物塑造不够立体,情节展开不够全面,难以引起观众的共鸣。《心灵法医》剧中的案件虽然都来自现实生活,如网约车司机杀害女性乘客案等,与当下现实联系紧密,但作品太过于注重对真实案件的还原,刻意放大法医在案件侦破过程中的作用,导致节奏拖沓松散,观众观剧欲望直线下降。这种过分强调写实的创作倾向,与作家余华提到的"新写实小说"风格颇为类似,"这是在写实在的作品,而不是现实的作品"。

这类现实题材网络剧往往存在这样的问题,"关注现实的功利性的增强,是否会对刚被解放不久的想象力重新造成压抑?"除此之外,还有一些创作者为了迎合市场,明显更注重想象而与现实保持距离。具体而言,一些作品勾画人物时充满想象,与现实生活脱节。例如,《不说再见》讲述缉毒故事,但为了吸引观众眼球,不顾男主角卧底警察的身份,让其在深入敌穴过程中非但不去小心隐藏身份,反而屡屡

① 尹鸿,司若,宋欣欣.新主流 新形态 新走向:中国电视剧、网络剧产业观察[J].传媒,2021(11):9-13.

上演以一敌十、徒手拆弹的戏码；而女主角既是大毒枭的独生女，又是男主角三年前被炸身亡的未婚妻。《猎罪图鉴》聚焦离奇疑案的侦破过程，却塑造出一位神乎其神的"画像师"形象，案件能否破获完全取决于其是否能够复原出凶手的样貌。

此外，一些作品设定情节时不免牵强，与生活常识不符。例如，《北辙南辕》为了吸引女性观众，通过群像塑造表现了当代社会女性面临的种种困境，但情感危机、职场挫败等所有问题居然都能通过合伙经营餐厅轻松解决，这显然很难经受住"成年人现实感的检验"。《当爱情遇上科学家》中女主角在科学家男友的鼓励下，只用20天便成功完成从电子学到材料学的研究生跨专业考试。

还有一些作品布置场景时过于刻意，与日常经验相左。例如，《全职高手》中的网吧浪漫、唯美得令人咋舌；《当爱情遇上科学家》中大学实验室的先进程度可以媲美好莱坞科幻电影。这种刻意迎合观众的"理想化"倾向，使作品人物失神、情节失调、场景失宜。

其二，浅尝辄止的"中庸化"创作倾向。政策引导下，一些现实题材网络剧的创作者也在努力探寻价值与市场并重之道，但"选择了一种相对中庸创作的态度，尝试将以往的既有类型简单地'挪移'到现实题材之上"。

由于这些作品的创作采用了"折中"的方式，存在因简单"挪移"而造成写实与想象间的错位。其中，一些作品对于现实的处理仅停留在环境设定上，使得人物脱离现实，故事逻辑牵强。例如，《原来是老师啊》立足校园透视各类社会现实问题，但男主角被设定为一个过气歌手，以参加真人秀的名义入校成为一名音乐老师，这种设定很难让观众产生共情。《爱上特种兵》聚焦特种兵与军医两种职业，试图在作品中体现年轻一代的使命与担当，但身为特种兵的男主角霸道有余、英勇不足，而作为医生的女主角缺乏沉稳，过于情绪化。更为重要的是，剧中涉及太多恋爱内容，而真正的军人根本不可能如此诗情画意地谈情说爱。

一些作品或者刻意追求画面的唯美，竭尽所能地展示生活的光鲜浮华，或者用话题替代深层次问题，蜻蜓点水式地反映生活的浮光掠影。例如，《我的时代，你的时代》为了凸显智能制造时代体育竞技的全新发展，将原著小说中的电竞改为机器人格斗。简单的类型"挪移"依然无法改变其甜宠剧的本质，观众不但没有得到情感上的满足，而且无法从剧集中充分感受到机器人格斗这项时代最前沿的竞技运动项目的魅力。

《我的莫格利男孩》聚焦垃圾分类、保护珍稀动物等环保问题，但是将环保主题简单移植入爱情故事中,其内容还是所谓霸道女总裁与男版灰姑娘(即所谓杰克苏的故事模式)的故事,俗套的情节设定引发广大观众的质疑。简言之,在"折中化"创作倾向下,"真实被挪用为启动叙事的畸像,只是从真实矛盾转向想象性的冲突"。因此,当创作者态度越"折中","挪移"越简单,写实与想象间的割裂程度就会越大,作品与生活的本貌便也渐行渐远。

(二)现实题材网络剧的范围界定

哲学家罗杰·加洛蒂曾提出:"开放和扩大现实主义的定义,根据当代特有的作品,赋予现实主义以新的尺度。"[①]这种"无边的现实主义"的论断在学界曾一度成为争议的焦点。因为任何理论都有它一定的适用范围。如果不能精确区分现实主义方法与现实主义精神(后者指一种创作美学),那么将会陷入一种尴尬的境地。不难推断,现实主义的概念如果盲目扩大,最终似乎任何作品都能归入现实主义的麾下。

有学者对网络文学创作方法进行了探索,在不限于真实性、客观性和典型性的前提下甄别出三种不同意味的现实主义:国家意识形态主导的主流现实主义,以个体化叙事、民间立场、平民色彩为特征的民间现实主义,借用幻想元素重述、体验、代入一段历史真实发展之中的玄幻现实主义[②]。以此为参照,对现实题材网络剧进行界定。

第一,是近年来崛起的主流现实主义,即涉及重大主题的作品。其创作方法围绕真实性、客观性和典型性展开,即真实表现社会生活,力求达到细节的真实与社会本质真实的统一,并通过塑造典型环境中的典型人物揭示出社会未来发展的方向。

主流现实主义在很大程度上与通常所说的主旋律重合,但又不完全相等。比较典型的作品,如爱奇艺于2021年春节前夕推出系列剧《约定》,以全面建成小康社会取得决定性成就为契机,讲述了《年夜饭》《青年有为》《青春永驻》《向往》《非常夏日》《来碗鸭血粉丝汤》等6个单元故事。在"全面建成小康社会是党和国家与人民的幸福约定"这一时代命题下,每个单元里的主人公以与自身相关的小约定为切

---

① 尤达.精神坚守与审美接近:论现实题材网络剧的精品化创作[J].中国电视,2022(8):47-54.
② 夏烈,段廷军.网络文学"无边的现实主义"论:场域视野下的网络文学现实题材创作20年[J].中国文学批评2020(3):130-137.

入点,体现了与自己、与他人、与国家"约定"的幸福感,折射出国家近些年的发展进步,立体化呈现了从乡村到城市,从少年到老年,以及社会各行各业庆祝小康建设的幸福成果。可以说,《约定》以小见大、以文书史,打破了主旋律创作的思维定式,探索出了一条主流现实主义网络剧创作的新路径。

第二,是创作者自发式的"民间现实主义",事实上,网络剧发展至今,现实主义倾向的作品比重在不断增加。"民间现实主义"未必有多么宏大的创作理想,它主要是运用了现实主义的创作方法,强调的是对"元叙事"的解构,在消解宏大叙事的同时,重在描绘人的内在精神世界,"用日常来展现世界,用现实来反观现实"。因此,民间现实主义秉承的并非传统意义上的现实主义创作方法,也许真实但不够客观,又或许客观但过于琐碎。

更有甚者,一些作品的创作方法带有荒诞主义的意味,如《我是余欢水》以"逆袭"的模式开启了一个看上去有些荒诞的都市故事,却极为客观、写实地描绘了底层小人物的生存现状。另一些则流露出浪漫主义的气息,如《你是我的荣耀》既有以往网络剧的甜宠言情套路,又融入了电竞游戏元素,反映出的却是中国航天事业的飞速发展。

第三,处于虚实之间的玄幻现实主义,其"借用幻想元素重述、体验、代入一段真实的社会发展细节之中,形成了极具爽感的叙事氛围、叙事环境,在虚实之间创造性架构现实精神的落脚点"。例如,存在平行时空的《我在未来等你》《穿越火线》,聚焦梦境的《我才不要和你做朋友呢》,讲述主人公在千年灵魂帮助下成为职业棋手的《棋魂》等。其所采用的创作方法与古装玄幻网络剧极为相似,呼应了网络文艺自诞生伊始便显露出的"游戏精神","从游戏经验中获取虚拟主体及其间性的呈现,描绘现代人的化身生活,凸显网络社会'人'的可塑性与'后人类'的兴起"。

(三)"故事"与"话语":网络剧的精品化创作策略

第一,"故事"的拼贴。在"故事"层面,"利用各种已有元素组合出新的作品,这是一种对局部场景、情节或词语等的原样挪用,且这些局部元素与新的作品能有机地融为一体"。学者弗雷德里克·詹姆逊将此视为后现代主义最显著的特点之一,因此对于同样具有后现代特征的网络剧而言,拼贴叙事策略的运用,无疑有利于进一步提升传播效果。一方面,从世界范围观察,当下众多蜚声国际的剧集均采用了这一策略,且拼贴的力度非常大,例如美剧《怪奇物语》、德剧《暗黑》等。另一方面,一些精品化创作的网络剧也开始采用拼贴方法。这一点在悬疑题材作品中尤为明显。例如,《开端》中在一辆即将爆炸的车辆上通过时间循环探查真相,这一设定明显受到2011年的美国电影《源代码》的影响。《在劫难逃》中充斥着迷乱、倒错且层层叠叠的时光陷阱,灵感源自2004年的美国电影《蝴蝶效应》;《非常目击》丰富立体的群像塑造、跨越20年的追凶情节以及带有强烈地域特征的场景隐喻,与2014年的美剧《真探》极为类似。

第二,"话语"上的互文。这里特指叙事结构层面的模仿,即采用相似的内容组织、安排、构造方式来进一步提升传播效果。从结构主义叙事学角度视之,这一策略并非直接作用于"故事"层面,而是在"话语"层面进行借鉴,因此不易为受众所察觉,却往往能取得更好的传播效果。例如,《沉默的真相》的叙事结构与2016年开播的美剧《我们这一天》相似,"话语"层面均采用故事与叙事时序的倒错,以此塑造人物、构建悬念和凸显主题。

具体而言,《我们这一天》有双重的时空设定,"现在时空故事线性发展并呈现正常的叙事时序,而过去时空的故事则比较分散,造成了叙事时序的错乱"。《沉默的真相》则有三层叙事时空,其中警察严良所处的现在时空故事采取线性讲述策略,检察官江阳所处的过去时空和教师侯贵平所处的更为久远的第三时空故事较为分散,且三重时空呈现出逻辑严密的因果关系。这种"叙事时序倒错"的结构,必然需要"通过叙事空间展现人物内心的想法、构建人物关系,从而使剧中人物形象愈加丰满。同时,模糊了原本的逻辑结构,留下极大的悬念,也为主题的升华起着重要作用"。

无论创作端的口碑与收视相背离的现象,还是接收端的代际冲突与文化分化的问题,现实题材网络剧精品化创作的种种征候皆为转型过程中面对核心矛盾必然会出现的情况。关键的应对之道,在于坚持精神坚守、方法多元的原则,即在响应国家政策号召、尊重自身创作规律的基础上拓宽思路,坚持本土化实践与全球化视野相结合,在叙事层面大胆汲取国内外先进经验。如今,立足中国,网络剧现实主义景观已然形成;放眼世界,影视传播全球化时代的新秩序正在构建。现实题材网络剧精品化创作的最终目标并非仅仅是解决眼下的困局,而是以一种更为长远的战略眼光走向世界。

二、当下网络剧的"新主流"价值追求

伴随着网络剧的快速发展,与其他类型的文艺作品一样,创作者不能仅仅满足于迎合市场和受众需求,而是应该自觉保持"新主流"的价值追求,承担起传播真善美的社会责任与文化使命。

(一)网络剧的现实主义本质探寻

对当下的网络剧创作而言,现实主义美学是应有的方向。当然,这种现实主义不是机械地照搬社会生活,而是要真正反映我们这个时代的心灵史。换句话说,一切优秀的网络剧作品,其本质上都应该是观照现实、指涉现实的。

1.网络剧创作的现实主义倾向

现实主义精神是指"作品中体现出的对人的一种高度关注,对人的生存状态、精神状态,以及命运的关注",借此真实反映社会生活的某种本质意义及其发展规律。在网络时代这样一个多变的文化环境下,创作者与接受者对新鲜事物的探索与向往符合时代语境,不论时代风尚如何变化,现实主义的精神内核应当始终如一,对真实性的终极追求理应坚持不变。

在尊重网络剧自身特色的前提下,唯有上升到精神层面的高度去理解现实主义,进而将现实主义精神视为现实题材网络剧精品化创作的最高准则。加强方法与精神相统一的重大主题创作。换言之,创作时既要彰显"为时代画像,为时代立传,为时代明德"的现实主义精神,又要以更为包容的姿态面对网络剧长久以来形成的特色,而非一味地对其实施现实主义的全面改造。事实上,当下重大主题网络剧创作正是基于这一认识,强化了作品的"话题性、辨识度和代入感"。例如《在希望的田野上》《启航:当风起时》等网络剧将个体的故事融入宏大的时代命题之中,创作者着力将一个有内涵却略显严肃的主题打造得更为青春化。

2022年下半年,爱奇艺播出的网络剧《风吹半夏》便是具有强烈现实主义倾向的典型作品。全剧主要讲述改革开放后中小企业在时代浪潮中生存并寻求发展的故事,让观众看到了早期的民营企业创业者群体顽强拼搏、敢为人先的奋斗精神。《风吹半夏》作为一部现实题材作品,成功塑造了一位在男性群体主导的钢铁行业中,"野蛮生长"的女企业家形象。在商场创业的呈现方面,从"五人组"第一次进废钢时许半夏的不停争取,到后期投标省二钢项目几个人的股权分配讨论;从相互钩心斗角到挖坑举报,商场得意时她被人尊称"许总",失意时她变回"小许",如剧中

那句经典的台词："谁都有风光的时候，也有跌下来的时候"。群像商战的叙事不仅映照着几位滨海老板的商业实力在不断发生着变化，而且诠释着真正的企业家不仅要有运筹帷幄、不断学习的能力，更要有与时俱进的眼光与格局的道理。

本剧虽围绕女主角的生活与创业困境展开，但叙事中的矛盾呈现，并非采用"重重拿起轻轻放下"的讨巧之举，而是冷静呈现了问题解决的过程。例如，最初"创业五人组"一起去国外采购废钢被骗，许半夏没有逃避，而是选择独自留下。通过联系警方、寻求当地留学生的帮助，通过与对手再次谈判，最终解决了争端，还探索出新的贸易之路；再比如剧中当钢价下跌后，许半夏经历着被追债、被起诉等困境，不堪压力病倒后，并没有如童话故事般被男主拯救，而是凭借长远的判断与坚持最终等来了转机。

《风吹半夏》以20世纪90年代中国社会经济的转型发展为故事背景，巧妙地将许半夏的个人经历融入其中。许半夏在钢厂建设面临官司时，选择让技术部门独立，凸显她工作中的坚决果敢。在好友陈宇宙去世后，重新思考金钱意义的她，主动回去探望父亲，流露出脆弱的一面。因此，这个真实勇敢，也渴望温暖的许半夏，向观众呈现的是她一步步与自己和解、与他人和解、感知真情最珍贵并成为更好的自己的过程。

其实，包容坚持现实主义精神但方法多元的一般题材创作，这便是最好的精品化策略。换言之，只要作品坚守现实主义精神内核，便都在向中华优秀传统文化、革命文化和社会主义先进文化的本土叙事做向心力运动。审视近年来的网络剧精品佳作，其中采用浪漫主义创作方法完成的爱情题材剧集，都选择了融入日常生活，以轻松、温暖的风格直面年轻人从校园到职场的种种现实困惑。例如《致我们暖暖的小时光》《你好，对方辩友》《风犬少年的天空》《机智的上半场》《最酷的世界》等都在爱情主线之外，摒弃了职场名利、精英对决、霸道总裁等设定，从日常生活中发掘浪漫，着力刻画职场底层普通人的真实生活。

同样，对于一些以超现实主义手法完成的作品，倘若能够彰显现实主义精神，那么不仅应该包容，更应该鼓励。因其将"'超现实类型'上被激发出的想象力成功嵌入广阔的现实题材创作之中"，更好地解决了现实题材网络剧面临的核心矛盾。《我在未来等你》在平行时空的设定下讲述了一个类似"穿越"的故事，以成人视角回望青春的意义；而《我才不要和你做朋友呢》则以梦境"穿越"，聚焦亲情与友情的可贵。

2.宏大历史的青春话语表达

《我和爷爷是战友》则巧妙运用"穿越"的情节设计,通过两个少年回到1938年那个民族危亡的峥嵘岁月,与自己的祖辈相遇(图4-1)。作品通过当代年轻人的视角回溯抗战岁月,以青春和历史热血碰撞,呈现两个时代的迥异,凸显先辈们宁死不屈的无畏精神,为抗战故事注入新鲜血液,从而拉近了红色题材与当代年轻群体的距离。

该剧讲述了少年李扬帆和林晓哲因意外"穿越"到1938年,在一次次战斗中与祖辈并肩作战,经历一段段不可思议的奇遇,并因此收获真正成长的故事。该剧由同名小说改编而来,并多次得到《人民日报》《光明日报》等权威主流媒体的好评,称赞作品植根真实历史、贴近史实。显然,优秀的原著为改编提供了扎实的剧本保障,为其最终影视化打下了漂亮的开局,也令人万分期待最终成品的模样。主角少年们步步成长,剧外的我们也仿佛经历了历史洪流,对那段峥嵘岁月也将有更深刻的认知与理解。这种沉浸式的追剧体验必将让该剧成为深受年轻观众好评的精品力作。

图4-1　爱奇艺出品《我和爷爷是战友》

图4-2　优酷出品《血战松毛岭》

生动的人物群像、真实的党史故事、革命历史的深远回响，革命历史题材网络剧《血战松毛岭》以青春化的表达方式，为年轻群体传递出松毛岭精神的当下价值（图4-2）。长征堪称世界战争史上的奇迹。但鲜为人知的是，长征前，发生在福建山区的第五次反"围剿"的最后一次战斗。1934年9月，敌人向松毛岭阵地再次发动猛烈进攻，红军与敌人反复冲杀肉搏，在弹尽粮绝的情况下坚持到了最后。那么，在这一"伟大的转折"之前，这七天七夜经历了什么？这些红军战士又有哪些平凡而伟大的人生历程？革命历史题材网络剧《血战松毛岭》将切入点放在这样一个特殊的时刻，多线叙事、层层递进，以小见大、平民化叙事，塑造出一批真实有个性的红军战士群像，填补了荧屏空白。

在视觉呈现上，《血战松毛岭》利用航拍镜头、全景镜头和慢镜头等方式来表达情感、渲染氛围，让作品呈现出史诗般的质感。在表现轰炸、爆破、射击、格斗、冲锋等动作场面时，都极尽细致之功，80余天紧张拍摄、568个大小场景、5000余个弹着点……这些匠心打造都是答案。《血战松毛岭》加入了三维动画、动漫等元素，大量使用电子音乐、特效拍摄等，加之电影宽幅的拍摄方式，带给观众耳目一新的感觉，让他们产生持续深入观剧，并通过这部作品了解革命历史的意愿。

与此同时，《血战松毛岭》对剧情节奏的把握也可圈可点，以简洁干练的叙述方式呈现故事的高节奏感，从视觉到内核都努力为观众营造一种现场感、历史感。全剧共表现大小战役20多场，既有烽火硝烟令人震撼的激烈场面，也有战斗中的革命情怀和浪漫主义色彩；而战役中富有个性、形象鲜活的底层工农犹如身边的人，曾经认知中的英雄人物似乎也能"看得见，摸得着"。

多年来，革命历史题材剧虽然一直活跃在大小荧屏，但对年轻人来说却有不少距离感，如何在当下讲出年轻观众愿意听的故事成为摆在创作者面前的难题。对此，《血战松毛岭》一改革命历史题材剧的创作惯性，换了一种全新的风格和方式讲故事，以"不一样的革命历史戏"收获了一众年轻人的关注和喜爱。《血战松毛岭》以长征前红军第五次反"围剿"在福建的最后一战为叙事核心，既有宏观的战略视野，又有具体的战场呈现。从聚焦革命历史中的无名英雄出发，这部剧展现了以余光明、马青山、朱音、项万金、李光祖、石红霞等红军战士审时度势，挫败敌人"围剿"阴谋，确保中央红军顺利转移的壮举。

党的二十大报告明确指出，"发展社会主义先进文化、弘扬革命文化，传承中华优秀传统文化，满足人民日益增长的精神文化需求，巩固全党全国各族人民团结奋斗的共同思想基础"。《血战松毛岭》挖掘并帮助当代大众重新认识松毛岭战役,不仅反映了革命岁月中广大红军战士为了共产主义理想作出的贡献与牺牲,更从既真实又充满艺术张力的角度弘扬红色革命文化,让"中国故事"的讲述"更上一层楼"。

从监管部门到行业,自上而下的无论是聚焦精品扶持,还是筹建重大题材影视库,均致力于集中资源共谋新主流剧更耀眼、更多元、更主流。新主流剧之所以区别于主旋律剧的概念,主要在于主旋律剧强调的只是传承的意愿,没有充分重视市场的接受,所以新主流特点在于主流价值+主流市场的合流。

近年来,新主流剧收获了丰富的市场经验。《觉醒年代》《跨过鸭绿江》《山海情》等一系列作品,均积累了较为突出的类型创作经验,找到了新主流的接受美学路径。未来在政策引导下,在电视台和网络平台的合力推动下,中国电视剧、网络剧将更加走向主流。通过研究政治,并在研究政治的同时尊重艺术、尊重生活,未来创作将会迎来巨大的挑战和考验。从目前较为成功的作品来看,所有的主创团队及企业运营团队对这三个问题的认知都达到了相当高度,既有政治的站位,又有对生活的深刻认识,以及对创作规律的斟酌。此三者融合将带动电视剧作品取得重大的成功,获得更多资源上的支持,呈现更加主流的趋势。

(二)网络剧的主流价值传达

着眼于未来,网络剧需要更主动地承担起自身的社会责任与文化担当。须知,优秀的文艺作品,其最终落脚点都是对人性的呈现,对人价值的肯定。网络剧作为当下影响力较大的叙事艺术类型,更应该自觉承担起相应的社会责任、文化使命,传播主流价值观。随着互联网的高速发展、影视行业制作机构和专业人才的大量涌入,为网络剧的创作带来了强大的经济支撑和人才保障,如何利用这些资源,制作播出适合网络传播、弘扬主流价值观的优质作品,将网络剧打造成兼具思想性、艺术性和娱乐性的艺术形式,也是今后网络剧创作者需要思考的重要课题。

腾讯视频《漫长的季节》为悬疑题材网络剧作品提供了新的实践方向。该剧以东北为背景,讲述了出租司机王响(范伟饰演)和妹夫龚彪(秦昊饰演)、刑警支队前队长马德胜(陈明昊饰演)携手寻找悬案真相的故事。该剧有着抽丝剥茧的高概念设计,带观众开启沉浸式破案模式,但并未停留于"悬疑",而是落点对老年群体的情感关注,和社会生活高度勾连。

应该说,"东北+罪案"是经常出现在悬疑题材中的固定搭配。在这些作品的镜头语言中,寒冷的东北自带一种"萧瑟感"和"肃杀感",这种环境氛围正呼应了悬疑案件"冷"的基调。《隐秘的角落》原班主创团队——导演辛爽、摄影指导晁明、声音指导张楠、造型指导田壮壮等再次合作,作家班宇以文学策划身份加盟,共同尝试这次的求变。以"季节"为名,同为悬疑题材的《漫长的季节》选择将东北秋季作为时间背景:秋季,有凋零之感,亦有和暖之意——很明显,剧集的关注点在于后者。

此外,《漫长的季节》以一种幽默诙谐的笔调,掀开案件层层侦破的过程,传递向阳而生的态度。片中视觉大部分为偏柔和的秋日色调,形成独特的悬疑剧观感。剧集开头,极富特色的长镜头将观众瞬间带入其中——一辆从远方驰骋而来的火车,一大片正待丰收的玉米地,让小城"桦林"的朴实气质和蓬勃活力扑面而来。该剧在温暖明媚的笔调中,铺陈烟火气十足的东北小城生活:贴着"拌桔梗"的街边小吃店,极具年代感的理发店和彩票站,大量生动的生活场景以及"你瞅啥""别嘚瑟""该吃吃该喝喝,啥事儿别往心里搁"等标志性语言都被"复刻"到荧屏之上,细致刻画了东北人自带的热情、积极、幽默,以及面对困境的乐观心态,交织成一幅立体生动的东北小人物群像。剧中,饱经沧桑的三位主角,始终对生活充满热情:不退缩的王响,敢打拼的龚彪,"整活儿"的马德胜,用逗趣的态度笑对人生为其设置的一个个关卡。剧中,"铁三角"的插科打诨贡献了一个个经典场面——王响生病住院,龚彪送花"献殷勤",而花是从护士花盆里偷来的;厂办开会,被喊到名字的龚彪以为厂长让自己发表言论,没想到只是被派去打杂;退休的马德胜满心欢喜地以为自己的组合会被推选参加舞蹈比赛,下一秒却被光速"打脸"。这样的情节设定,让人物属性和题材类型在视觉的反差中"碰撞",生成了一部具有喜剧风格的悬疑剧。《漫长的季节》将幽默元素和紧张氛围"缝合"得恰到好处,调和了悬念感和紧张感,给观众留出思考空间,也刷新了悬疑题材的常规观感。

如果说"季节"元素的设计,为整部剧在影像视觉上增加了更多的生活质感,家庭叙事的加入,则让悬疑题材的故事本身有了更为多元的表达空间。《漫长的季节》在迷雾追踪的过程中融合了情感丰富的家庭叙事。18年的时间跨度中,纵向展现了"家"在岁月中的变迁,用最具烟火气的生活质感和观众构建情感连接。通过多线并行的叙事,《漫长的季节》于当下和过去来回切换。从1998年的桦钢厂,正值中年的王响拥有一份体面的工作——火车司机;2016年的他成了一名出租车司机,儿子的意外离世让他陷入煎熬和痛楚,但他并没有放弃努力生活。18年前,大学毕业的龚彪是钢厂办的一员,有激情有斗志;18年后,身材发福的他和王响"倒班"开出租,家庭生活一地鸡毛。

《漫长的岁月》着重讲述"变老"这件事,并以老年人的视角展开叙事,而这也与"秋天"背景的设置巧妙衔接。在同类题材中,以老年人作为主角是个"新生事物"。剧中,王响、龚彪、马德胜等老人,各自有着飞扬的青春、打拼过的职场,但也都经历了人生或大或小的变故,白发斑斑之时,"有故事"的他们带着生活带来的痛苦与无奈,"笨拙"地寻找着真相。显然,《漫长的季节》想要传递的是:一旦有一天你的生活变成一片废墟,或者当你有一天发现自己被困于废墟中,也要爬起来继续勇敢向前。透过王响这个角色,《漫长的季节》照见现实中"失独老人"这一群体的情感困境。通过角色故事触达观众内心的情绪,引发观众对"失独老人"群体的关怀,与当下的社会生活形成某种对应,体现出极强的现实针对性。

第二节　网络剧的类型化创作与典型案例

当前的市场环境下,网络剧的类型化细分策略,已不单单是一种营销策略,而是体现了网络剧创作、传播与接受机制的变化。早在1956年,经济学家温德尔·史密斯便提出了市场细分(Market Segmentation)这一概念。在他看来,市场细分是对不同特征的消费者进行聚类,使每一类消费者都具有相似的市场需求和消费特征。视频平台对用户群体进行细化,总结网络剧类型与细分观众群体之间的内部联系,并精准判断一部网络剧的主要受众特征。比如在爱奇艺的首页中,除了推送当季热播的影视作品,还在首行设立了"猜你喜欢"的版块,这是一种微观的"窄播",它根据用户的观影习惯分析出用户属性,并基于用户特征和绑定的移动端个人信息进行后台精准定位后进行产品营销定向投放,其他包括优酷、腾讯、芒果等网络视频平台也都开设了相似功能的广告版块。目前网络剧产业的创制模式以上述两个市场细分的角度为主。网络长剧集作为一种催生于"为用户创造内容"呼声下的新兴的影视艺术媒介形式,在经过十几年市场化和工业化的发展后,尤其是在各大网络视频平台版权垄断的运作模式下,无疑已经从最初的生产取向转变为营销取向。

美剧《纸牌屋》是通过大数据精准预测受众画像和消费者行为倾向后诞生的网

络剧产品,从这种意义上来看,它开启了影视市场化和面向受众群体定制化的生产模式,并且成为国内外投资商、网络剧制作公司、网络视频平台的主要运营思路和创制方法,形成了"创制运"一体化的模式。

优酷网发布的2022年度用户研究报告,在阿里用户研究中心的数据支持与协作下,总结出城镇轻熟女性是当下内容市场化的蓝海用户,并以网络剧《亲爱的柠檬精先生》作为案例,从观影特征的角度将观众分为三类:深度观众、中度观众和轻度观众。不同阶段的观众在消费者特征和属性上也有所差异,比如优酷指出深度观众的教育水平一般、生活在三四线城市、处于婚育阶段、主要做体力工作或料理家庭的女性,而中度观众以女大学生或新手妈妈为主,并且往往是线下娱乐的爱好者。一般来说,这类人群通常的观影兴趣在于甜宠剧和仙侠剧。

从这一案例的用户画像报告来看,网络剧平台通常综合了环境细分、心理细分、行为细分的细分信息,组成了一种混合细分模型投入常规应用。在明确某一群体的共同需求和欲望机制后,网络剧制作公司就能够根据群体的购物特征和人口数量预测收益,找到目标观众群体,针对性地对影视作品进行定制化创作。

网络剧的类型化倾向

这里,以2022年的数据为例,国内视频有效付费用户规模,已从几年前的7500万左右,上升到1.12亿。网络剧的整体投资规模,达到了35亿。当下,国产网络剧明显呈现出类型多样化、付费群体细分、头部内容精品化等特点,与此同时,一剧两星背景下的网台联动也正作为解决项目成本回收的新渠道被实践探索。

伴随着行业的不断发展,网络剧的类型和题材也在不断细化,罪案、职业、行业等类型,律政等题材集中涌现。此外,各平台形成了不同的风格取向,从题材播放量来看,侦探推理类为10亿,成为其最高流量的类型,占据优酷整体播放量的57%;其次是多平台的古代言情类题材播放量达51亿,占据多平台整体的70%;爱奇艺的古代传奇类题材播放量达46亿,占爱奇艺整体的46%,位居第三。若按类型进行归类,共涉及21个类型,包括青春校园、悬疑推理、警匪、罪案、喜剧、爱情、历史、武侠、玄幻、软科幻、娱乐圈剧等等,可谓精彩纷呈、全面开花。

根据优酷、爱奇艺、腾讯三大视频平台各类型独播网络剧数量的统计,其中最多的是喜剧类,为67部,其次是爱情、悬疑推理类,分别为30部、28部。另外,2023年以来,也出现了一些新的网络剧类型,比如商战、行业、职业等,有的是传统电视剧早已有之的类型,有的则是网络剧独创的类型。

从电视剧到网络剧,随着播出渠道的变迁和转移,剧集的类型也在不断更迭和进化;一方面,网络剧对传统电视剧的类型有所继承;另一方面,由于网络渠道的特征,也由于网络剧观众求新求快的内容需求,因此,网络剧在类型化上更加敢于试错和冒险,进化速度更快,出现的新类型也更多。优酷、爱奇艺、腾讯三大视频平台,因为爱奇艺独播网络剧的数量占绝对优势,所以,爱奇艺的网络剧类型也最为丰富。若按数量多寡来看,喜剧、悬疑推理、爱情类分别以56部、24部、22部成为爱奇艺最重要的三大类型,总占比约为76%;该平台上出现的新类型也较多,比如行业、职业等,拓展了网络剧的类型,丰富了网络剧的表现力。

(一)鲜明的分众化特征

近两年视频网站推出的网络剧作品除了题材多元之外,其垂直细分化程度也相当高。以其中占比最高的言情剧来看,虽均以爱情为主题,但也细分出不同的"爱情+"模式,如"爱情+魔幻""爱情+穿越""爱情+悬疑""爱情+青春"等各种套路的爱情。"圈层化"也是上新网络剧的鲜明特征,有"男性向"的盗墓、刑侦的硬核剧,有"女性向"的甜宠剧,有"低龄向"的校园剧等,以满足不同圈层受众的观剧需求。

《一往无前》是首部丧尸题材的网络剧作品,采用了一种写实正剧的风格来展示灾难中的人性光辉;《动物管理局》则通过形形色色的动物转化者世界中发生的荒诞故事讽刺人类社会(图4-3);《有房有车》是国内首部房车题材的剧目,将情感励志与旅游风光进行融合;《花漾天海》则是国内首部邮轮实景剧,混搭了爱情、喜剧等多种戏剧元素;《超级玩家》开创了国内主题公园沉浸式体验题材的先河;《拜见宫主大人第二季》延续第一季风格,也是国内首部影视、动漫、游戏三大次元破壁融合之作。人类在时间面前的无力感,以及后悔、遗憾等心理因素的影响下,往往会萌生"自己的人生能够重来"或者"能有别样的人生体验"的幻想和期盼,这也是

图4-3　爱奇艺出品《动物管理局》

穿越、重生等戏剧元素在网络剧中风行的重要原因之一。

《我的奇妙男友2》《甜心软糖》则注入了重生元素。剧中主人公身具异能也是网络剧的常见元素,《大宋北斗司》《大唐魔盗团》异能少年升级打怪,《看见味道的你》《读心》《黄金瞳》等剧中人物具有异能感官。此外,"爽"元素的注入,令观众产生极强的代入感,现实生活中无法实现的愿望和梦想,借助剧中人来完成,获得一种心理补偿。

甜食对于不少人来说是治愈系的食物,心情欠佳时来点甜品,对坏情绪有着积极的安抚作用。以"甜"为基调的剧目,则相当于心灵甜品,也有着极佳的治愈功效。甜宠剧时代,以"高甜撒糖"为主,甜蜜梦幻的爱情虽多不切实际,但也确实甜到人的心里。随着甜宠剧大量涌入和播出,过多的"糖分"也让观众甜得发腻,因此"多元甜味"的后甜宠剧模式开启。如《奈何boss要娶我》的"沙雕甜",甜味中融入搞笑的沙雕风;《大周小冰人》里男、女主角"边爱边怼"的虐心模式;《外星女生柴小七》中始于嫌弃,陷于甜蜜的爱情;《世界欠我一个初恋》中男主角的"柠檬精"式吃醋。

此外,甜宠剧不再拘泥于小情小爱,而是切中现实、关注社会热点。网络剧《身为一个胖子》除了美好的爱情,也探讨了女性以瘦为美的社会审美偏差、女性的自我成长、爱情中的平等关系等社会现象。《世界欠我一个初恋》则对"社畜"这一职场年轻人的自嘲进行了形象化的诠释。此外,青春、竞技都是充满热血激情的元素,两者结合在一起让青春更激昂,让竞技更燃爆。青春竞技题材也是网络剧的崭新亮点。《我的单板女孩》将青春与滑雪结合,上演速度与激情;《拜托啦师兄》展现了击剑运动员的青春风貌;《青春抛物线》聚焦排球题材;《强风吹拂》将登山与暖心治愈融入;《我的盖世英雄》《陪你到世界之巅》分别从网球和电竞着眼;《女校男生》则是通过"格斗"来表达青春的成长与蜕变。

另外,悬疑涉案类型往往聚焦悬疑、推理、冲突、反转、烧脑、格斗、猎奇等多种戏剧元素,给予观众强烈的视觉冲击和精神刺激,也历来是视频网站吸引男性受众的重头剧目。当前,悬疑涉案类型网络剧的视角较为多元,有密室、悬疑、冒险、缉毒、律政、法医、惊悚、警匪等,最普遍的是悬疑涉案剧。如《时空来电》《无主之城》《失控》等悬疑涉案剧上线后均获得了较好的播出效果和网络口碑。

暗黑色彩相对浓厚的涉案剧,往往给观众以阴冷的感觉,但创作者开始尝试将这种"冷"题材进行"暖"表达。《心灵法医》这部聚焦法医的涉案剧,就将温暖作为底色来冲淡生活的残酷,剧中用大量篇幅描绘了亡者的生前与人物个性特点,向逝者表达温暖的敬意;以暖心情节来安抚生者的悲伤和安置他们对逝者的思念;剧中还使用了心灵剧场和心理分析两种形式带领观众一起代入式体会剧中人物的心路历程和情感,向观众传递剧目创作人员的贴心和温暖。

(二)移动化、碎片化的观看方式

短视频与传统电视剧、网络剧嫁接而生的微短剧(每集时长为几分钟,最长不超过10分钟,俗称"泡面剧")自2018年问世以来,经过几年的积累,成为网络剧中的一股新势力。从2019年上新的网络微短剧来看,有着明显的"小篇幅大内容"的特点,随着微短剧《生活对我下手了》热播,该剧团队又推出了《导演对我下手了》,每集5分钟左右的篇幅,以单元形式呈现,涵盖了古装、武侠、都市、爱情、青春、喜剧等多重内容元素,《不思异:电台》每集不足10分钟,但同时达到了短小精悍和细思极恐的双重效果叠加。

微短剧篇幅虽小,但主题的表达并不浅薄,《住手吧!关同学》展现了少年们欢乐的校园生活;《被生活扼住了喉咙》用离奇荒诞的方式演绎小人物与生活的对抗;《老爸老妈的婚事儿》《爸爸猴腮雷》《隔壁的兄弟很和睦》则分别从父母爱情、父子亲情、同辈友情切入,搞笑且暖心。互动剧在2019年的网络平台也开始崭露头角,《他的微笑》《因迈思乐园》等互动剧相继上线,让观众在看剧时自主选择剧情的走向,体会到参与感和一定的创作感。

需要指出的是,网上追剧已成为时下常见的观剧方式,网播剧和电视剧在受众心目中的地位越来越接近。由于网络视频的观众相较电视观众更年轻化,故网播剧与电视剧相比,"青、新、奇"的特点更鲜明,用青春化的创作表达方式,勇于开创和尝试新内容,形成网播剧的独特性,为用户群体带来新奇的观剧体验。

(三)类型化网络剧的典型案例

历经多年的发展,国产网络剧的类型化创作有了较为长足的发展。以受众为中心的生产逻辑成为网络剧创作的内在逻辑。这种理念的形成,既有来自受众心理、偏好的影响,也有市场、行业发展等外部环境的因素,也使得网络剧与电影、电视剧这两种叙事艺术形式相比,体现出更丰富的类型特征。

1.《大军师司马懿之军师联盟》:大历史下的真实人性

作为历史题材作品,《大军师司马懿之军师联盟》(下文简称《军师联盟》),大大颠覆了以往三国题材作品的叙事逻辑,摒弃了以曹操、刘备、诸葛亮等三国时代主要人物为核心的故事角度,首次以魏国大军师司马懿为主线,从家庭到朝堂,展现出一个更加饱满的司马懿历史形象,并以此为切入点,用全新视角"演义"了后三国时代的纷争与权谋。无论是话题热度还是观看人群,《军师联盟》都突破了以往观众对历史题材的固有认知。《军师联盟》首播当日播放量达4330万,随着口碑持续发酵,播放量也一路走高,最高日播放量为3.89亿。

题材的稀缺性是本剧的最大亮点。《军师联盟》是脱离过往作品第一部大面积正面讲述曹魏集团的影视剧,而不是像传统三国戏那样大都是站在蜀汉集团的立场上。在中国民间流传的版本中,司马懿这个人物被集体塑造成了一个厚黑大家、阴谋家,在他身上有着很多的负面标签,但单纯用忠或奸来概括一个跨时代的历史人物,也有缺乏公允之心的,况且人性如此之复杂。而在修改剧本之前,编剧已经做了长达三年的案头工作,以熟悉三国时代的历史,准确把握那些大的历史线和时间节点,尽可能在历史的真实和人性的真实之间找准司马懿这一角色的性格支点。不去丑化、简单化、妖魔化任何一个人物,给每个历史人物都找到合适的经纬度。

按照传统历史正剧的标准来看,《军师联盟》显得较为另类,以至于该剧播出后不少观众会为它究竟算不算历史剧而争论不休。需要明确的一点是,时间线的混乱并非代表它不是历史剧。《军师联盟》的前几集里,华佗之死、衣带诏事件、官渡之战等事件并不符合真实历史,而是被打乱了时间线。确实,这样不符合历史,但不符合历史不代表它不是历史剧,因为历史剧的创作理念应该是"大事不虚,小事不拘"。

换言之,历史剧首先是剧,而不等同于历史教科书。也就是说,剧就自然会有一定的演义改编:《雍正王朝》里八王爷死在雍正驾崩前一天,而历史上他在雍正三年就去世了;《走向共和》里翁同龢处处给北洋水师掣肘,而历史上他几乎是每一笔款项都会应允;《大明王朝1566》中贯穿故事主线的改稻为桑更是在历史上没有出现过。然而这些都不妨碍它们是历史剧中的翘楚,因为历史剧要表现的,从来都不是历史上的人们做过什么,而是要表现那些人可能会做什么。

《军师联盟》全剧中还有一些地方,与传统历史正剧不同。首先就是大量的现代生活戏。一般来说,历史剧里出现生活戏并不少见。毕竟,生活是反映古人生存状态的表现,观众通过服饰、道具、行为、言语来感受古人的生活习性和社会心理,这是很值得提倡的,古装剧《红楼梦》(尽管不是历史剧)就是生活戏的典范,而《北平无战事》《少年天子》《大明宫词》和《苍穹之昂》里也有大量的生活戏作为辅料。但是,在《军师联盟》里,生活戏不再是古人生活戏,而成了现代生活戏。司马懿的夫人张春华,在《晋书》中只有不足300字的介绍。显然,相关文字越少,越能给有能力的编剧以发挥空间。

剧中,张春华被塑造成了一个具有强烈现代意识的古代女子,从全剧开始就以"悍妇"的形象示人,时不时揪住司马懿的耳朵把他给教训一顿。虽然未必与历史真实相符,但这样一种"借古喻今"新瓶装旧酒的表达方式,还是让本剧的人物塑造多了几分亮色。其次则是剧中无处不在的喜剧元素。历史剧向来是塑造历史气氛的,无论基调是昂扬的还是悲怆的,都让观众感受到厚重感。奋发图强如《汉武大帝》,走投无路如《大明王朝1566》均是如此。但很少会有历史剧里掺杂着喜剧元素,然而在《军师联盟》中我们却能看到层出不穷的喜剧元素。喜剧元素不完全表现为剧中人物的搞笑事情,而可以用一些黑色幽默的办法进行调侃,通过台词间的种种模糊所指,观众们都会会心一笑,并纷纷留下弹幕。

2.《追光的日子》:青春题材新视角

《追光的日子》作为一部青春校园题材网络剧作品,自开播以来,收视率、网播热度、观众口碑一直表现优异,其中,中国视听大数据(CVB)峰值高达1.341%;酷云实时收视率峰值1.549%,5次夺得TOP1;优酷站内热度突破10000,优酷热播榜、V榜热度榜单、电视剧独播榜多榜第一持续霸榜,连续3周位居猫眼校园电视剧热度榜周冠;豆瓣开分8.4,被网友赞为"中国版《放牛班的春天》"。《追光的日子》不仅延续了写实青春的质感底色,而且拓展了教育话题的新空间,塑造了校园剧的新风格,实现了青春剧在创作视野和立意格局上的一次质变。

所谓"追光",是指高三冲刺高考的这一年。对剧中的学生们而言,重要的不仅仅是通过高考推开了未来人生的大门,更重要的是在郝楠老师的关心、教育、引导、感染下,从自己的"阴影"中走出来,明确了努力的方向,追上了热爱与梦想的光。曾经成绩年级垫底的14班,逆袭必然是主线。与该主线交织的,是众多"问题学生"的成长。整体的逆袭和个人的成长双线叙事,带来了节奏紧凑、错落有致、情绪饱满的追剧体验。随着他们在郝老师的帮助下纷纷走出"阴影",勇敢"追光",所谓逆袭,自然是水到渠成。

该剧的男主角郝楠,是一位有个性、有温度的老师。这种个性和温度在人物设计上,集中体现在对于传统"唯分数论"的否定上。在部分家长眼中,成绩差的学生就是"差生"。而在本剧主创的眼中,成绩差的学生只是暂时迷茫的"问题学生"。然而,当郝楠带着新的价值观和思维方式重新回到教师岗位上,他开始尝试从"育分"转向"育人"。从学生立场出发,接近他们、了解他们、尊重他们,对每个学生的问题予以具体分析,用引导代替否定,一点点打破他们的内心防线,让学生自我接纳、自我认同、自我鞭策。除了真挚感人的学生成长故事之外,主创还通过对14班学生心结的梳理,让不同学生间形成了强烈的呼应。比如吴凯和夏凡的心结都与他人的控制欲有关,同时,吴凯和高远的心结又都与是否坚持自己所热爱之事有关。

此外,学生成长故事间的呼应,带来的是观剧的流畅感。重新认识了逆袭与成长,观众便深刻体会到什么是人人都能追光、人人都能灿烂。本是"混世魔王"的王放被郝楠"收服"后,重新找回了"优秀小学生"的本色,不仅考上大学本科,而且毕业后大胆创业,兑现自己"超越父亲"的誓言。不同学生在不同领域取得各自的成就,意味着《追光的日子》不仅没有"唯成绩论",同样没有"唯名校论"——考入名校不是唯一的出路。主创用更多元、更现代的语境诠释了新时代的"天生我材必有用"。以自己擅长的和热爱的为出发点,去选择适合自己的职业道路才是最重要的。鼓励对职业的多样化选择,不忽视职业技能的重要性,剧中所呈现出的人生教育可谓积极又深刻。逆袭与成长的交织,使"追光"这个抽象的概念坚实落地。在一场师生间的双向治愈之旅中,观众重新审视了青春困惑和人生抉择。

虽然《追光的日子》属于典型的青春校园题材,但创作者没有把视角局限于高中校园,而是触及众多学生的家庭,并深刻地探讨了原生家庭里存在的问题。或者说,可以将这部剧分拆为这样的三层架构:第一层,是高三(14)班的同学情;第二层,是老师郝楠与同学们的师生情;第三层,则是剧中6个原生家庭的故事。显然,全剧中获得成长的不仅仅是14班的学生,还有14班学生的众多家庭。例如,任真的父亲是可恨与可怜共生的代表。孩子都高考了,自己仍旧一事无成。他很懊恼自己没本事,想帮女儿却总是帮倒忙。任真母亲向他提出离婚,作为女儿的任真是不同意的,但网友却普遍表示理解和认同。在孩子眼里,亲情的温暖可以抚慰一切伤痛,三人一起吃年夜饭就是幸福。在成人眼里,利弊的权衡有时候必须凌驾于感情用事之上。任真看着父亲孤独地坐在街边一口花生一口酒,忍不住流下了眼泪。成年人的世界,竟如此难懂。王放的父亲白手起家做大产业,习惯于用投资回报来衡量一切。面对王放的叛逆,他只会一味地失望,甚至转变为忽视和打压。郝楠用

5局游戏中的对决赢得了王放的尊重，又用"机会成本"点醒了王放。王放的转变，带动了父亲的转变。王放父亲竟然被儿子"教做人"。不仅父子间的隔阂渐渐消除，王放父亲的那股子霸权劲儿也慢慢散去，开始展现出为人父所应有的慈爱。在王放高考成绩出来后，他和儿子一起喜极而泣。网友在弹幕里纷纷打出"苦尽甘来"四个字。

高三的拼搏，不仅影响着学生，对父母、家庭、老师的影响也颇为深远。通过对14班学生家庭问题的展现，通过郝楠对新教育理念的践行，《追光的日子》实现了对社会现实的深挖，对父母群像的描绘，将主题探讨从校园延展到人生，为青春剧打开了人生励志的新格局。剧中，郝楠让14班的同学以时间为横轴，以考试成绩为纵轴建立坐标系。几乎所有坐标系里的曲线，均呈现出上升的大趋势。郝楠解释说，这就是"量变引发质变"。

其实，《追光的日子》则是量变之中的质变。创作者以更复合、更创新的尝试，将对青春的多维观照上升到对现实的深层思考。剧中，不是单纯地讲述年轻人逆风翻盘的故事，而是拿出真实存在于师生关系、原生家庭、学生心理、教育理念中的问题，来进行深刻的理性探讨。这样一来，不仅年轻观众能够"梦回校园"，让当年的自己和当下的自己产生情感共鸣，年长观众也会从剧中得到启示，回避"唯成绩论""一切为了你好"等观念可能会酿成的恶果。

第三节　微短剧：竖屏美学与爆款叙事

微短剧已成为新媒体视听产业与文化消费市场不可多得的风口。据不完全统计，纳入监管视野后，重点网络微短剧上线数量从2021年的58部，迅速飙升到2022年的172部。2023年5月，国家广电总局全国重点网络微短剧拍摄备案公示数据显示，当月备案网络微短剧多达266部、6412集。与此同时，包括华策影视、柠萌影视、正午阳光等在内的众多知名影视制作公司，都出现在了抖音平台的片单中。在众多业内人士看来，这被认为是头部影视公司入局微短剧的信号。

一、微短剧的前世今生

当前，广大受众观看微短剧的习惯进一步养成。《中国新媒体视听发展研究报告（2023）》提供的数据显示，当前，超过一半的短视频用户观看过微短剧。其中，19岁及以下年龄用户比例接近60%。显而易见，微短剧业已成为深受年轻群体喜爱的内容消费形态。所谓"得年轻人得天下"，包括腾讯、优酷、爱奇艺在内的一线长视频平台，微短剧均已进入其相应的平台会员分账体系。以快手的统计数据为例，目前快手微短剧日活跃用户高达2.6亿，其中超过50%的用户每天观看微短剧在10集以上。而抖音平台则观察到过去三年用户的微短剧追剧市场增长了3倍。

与长剧集相比，微短剧以其"短小精悍"的特点，具有投资较少、制作周期较短的突出优势。近年来，随着精品化扩大成本有所抬升，但一部微短剧的成本，仍然远远低于一部常规网络剧的单集成本。显然，这种低成本的制作模式吸引了大量创作者尤其是新人以及制作机构的加入。结合近两年来国产微短剧作品的发展现状，按照时长大致可以分为这样三大类：10分钟以上的长视频平台微短剧，3分钟以下的短视频微短剧，以及单集通常控制在2分钟内的小程序剧。其中，小程序剧是一种比较特殊的存在，主要依赖于微信小程序这样的第三方平台完成内容消费。总的来看，微短剧作为一种轻体量、快消费的内容形态，正面临着新一轮的结构性变革，在创作美学、叙事风格上都在经历着深刻的变化。

回溯国产微短剧短暂的发展历程，甫一开始就以其"敏捷性"的优势迅速受到行业关注。从最早准专业创作者戏谑的段子式创作，再到今时今日影视公司、视频网站、短视频平台等多元创作主体纷纷入场，短时间内微短剧便迎来了数量上的爆发，也正因其快捷、高效，微短剧的发展进化速度明显快于此前的网络剧。基于平台自身的差异，当前微短剧的创作模式已经完全走向分化。

截至目前，在腾讯视频和优酷为主的长视频平台上，单集10分钟以上的微短剧是主流。这种导向随着2021年12月，腾讯视频在业内推出首个微短剧剧场品牌"十分剧场"得到强化。这一模式以分账为主，相关代表作包括《招惹》《千金丫环》《拜托了别宠我》等等。而在抖音、快手这样的短视频平台上，3分钟以下的微短剧，依然是主流，这类微短剧下诞生了姜十七、一只璐、御儿等知名微短剧达人。依托短视频的商业化体系，通过直播电商和广告等形式有着不错的经济循环。

在这两种模式之外，从去年开始，又形成了第三种模式——小程序剧。这类作品往往一分钟一集，单部作品百集体量，通过平台投流带来精准流量，吸引用户跳转小程序平台观看，前几集免费，后续70~80集内容开始付费观看。故事以赘婿、重生、战神、保安等男频内容为主。后者因为更加"低成本"和"快速高效变现"的优势,2022年下半年以来迎来大量资金和团队涌入,在短时间内飞速膨胀。目前小程序剧以极度闭环化的运作,形成网文等IP机构、微短剧内容制作机构、流量分发机构、技术服务商等在内的行业链条。

事实上,这一模式对经历过网文付费与免费之战的从业者来说并不陌生。目前小程序剧几乎复制了当年网文付费的模式,网文平台也是小程序剧玩家的"大户",且类似之前网文变现走过的路径,付费之外激励广告变现的模式已经登场。不过,值得注意的是,小程序剧虽然很好地服务了下沉市场的受众需求,但"以量换质"的低水平竞争现象严重。2022年底,国家广播电视总局发布《关于进一步加强网络微短剧管理,实施创作提升计划有关工作》的通知,对"小程序"类网络微短剧进行专项整治,行业监管或将进一步收紧。可见,以上三种模式对应的成本结构、收益模式、用户画像、创作者画像全然不同,今时今日,再要入局微短剧,模式选择便成了首先要考虑的问题。

二、微短剧的类型法则

微短剧作为短视频与网络剧相结合的新兴文化产品,在碎片化传播语境下,正日益朝着类型化、垂直化的方向发展。对微短剧的创作者来说,出于市场回报的考虑,使得微短剧内容表现为题材、类型上的丰富多样,并且在新的题材方向上不断有爆款出现。另一方面,一定程度上也开始出现资源越来越向头部聚集的现象,尤其是类似爱优腾这样的主流视频平台。在相当长的时间里,微短剧的高度类型化趋势将不可避免地延续下去。相应地,这也对创作者提出了更高的要求,即对特定类型的目标受众群体(用户)要有极为清醒的认知。

(一)既要类型化,也要垂直化

长视频平台,头部效应更加明显,留给中腰部的创作者变少。不过,整体来说,垂类细分依然有空间。腾讯视频在2022年年底提出微短剧赛道多元化发展之后,又提出向"多元化、细分化"做更多垂直赛道与题材类型的拓展。除了在2022年提出的三个内容方向"烟火气、少年气、新鲜气"上进一步深耕细分,腾讯视频尤其提到了男频方向的空间。相比女频用户创作者扎堆拥挤的现状,"我们可以看到男频用户在微短剧中的消费深度是极高的,但是能满足用户需求的作品还不是很多"。

对今天的微短剧来说,在平台原有的短视频生态中找题材,仍是众多微短剧的第一法则。不过,由于微短剧体量小,播出时间短。一众平台也都面临着库存消化过快,用什么内容吸引用户的痛点。作为一种特殊的叙事艺术类型,微短剧一方面继承了传统影视剧创作在视听语言、美学规则、叙述逻辑上的丰富经验并予以重塑,另一方面又高度融入网络文化、青年亚文化等在题材拓展、类型创新、时空重构上的全新特点并加以内化。

从这一层面上来看,微短剧是一种动态发展的融合产物,因此也有论者将其称为"后"剧集①。这里所谓后(post),与"后现代主义"中的后字是同样的意思。在西方经典文艺理论中,"后"既是一个历史时间标记,也是一种理论逻辑标记,它代表着调整,甚至是发展和超越②。这里,学界将"后"作为对网络微短剧的界定,正是观察到它对传统的电视剧与网络剧的生产经验有着颇多的解构和颠覆,在文本样态、视听风格、审美内核等方面都呈现出了独特性。

具体到创作实践中,微短剧以两大类为主:横屏微短剧与网络微短剧,这两种类型虽有共性,却又"和而不同"。整体上来看,网络微短剧更像是传统网络剧的一种变体,横屏微短剧则更接近于短视频剧集样态。不少微短剧在价值观表达上,都出现了道德化审美的倾向。某种程度上来讲,这种道德化源自网络微短剧是一种高度符合世俗文化的叙事形态,正如有论者所说,"世俗文化在本质上就是一种审美道德化的文化"。如《婆媳拼图》中婆媳关系在"鸡飞狗跳"中走向了家和万事兴,就表现出了较强的道德化倾向。与此同时,网络微短剧对道德感的强调,还显现出了一些积极的拓展,如《我和房东奶奶》对空巢老人的关心等。微短剧《生活对我下手了》在形态上与传统短视频几乎毫无差别,保持了五分钟以内的微型文本及竖屏传播界面,在内容上平衡了真实事件与夸张情节之间的关系。"网红遭毒打""你买得起吗""沙雕同学会""蠢直男友"等剧集,主要通过女主角一系列啼笑皆非的社会经历,探讨了网红美颜失真、激将消费陷阱、同学恶性攀比、两性思维差异等社会热点话题。

1.浓烈的情感叙事

情感叙事在网络微短剧中占据了核心位置,不论是都市、农村,古代、现代,也不论是悬疑、奇幻、穿越还是甜宠,网络微短剧都在小篇幅内安放了浓烈的情感和情绪。有研究者认为,实在的情境和复杂纠结的矛盾被视作对更加普遍的生活境

① 杨慧,凌燕.网络微短剧:融合文化语境下的"后"剧集特征探索[J].中国电视,2023(3):48-55.
② 汪民安.文化研究关键词[M].南京:江苏人民出版社,2019:121.

遇的表现：争吵、秘密、问题、欢乐和忧愁。由此方向延伸，网络微短剧将情感放置到了故事的中心，也显现出对生活情境的某种浓缩。

剧中大量激烈的戏剧矛盾和冲突，基本上都可以通过爱情、亲情、友情等情感关系来体现并化解，配合情绪饱满的音乐，达到一种情感宣泄的作用。微短剧《和空姐合租的第N+N天》在人物关系设定上，刻意局限于"空姐与我"的简单处理，以及合租房的单一故事情景，但这种暧昧、浮夸的土味设定，因契合了部分观众的窥伺欲望而受到追捧。显然，一味追求煽情以吸引受众，是部分微短剧作品总体格调不高的重要原因。

2. 极致的快感追求

多数微短剧在情节密度和强度上远远超过了传统影视剧作品，盛行逆袭、反转、复仇等"爽感"情节，提供给受众的是直白的情绪供给。传统叙事的铺垫、渐进、发展等情节层次让位于持续而简单粗暴的欲望与情绪满足。喜怒哀乐都可以在几分钟之内得到数次的情绪唤起和调动。从网络微短剧的传播效果来看，它高度追求极度密集的快感，这种快感是欲望的满足，其前提恰恰是满足的匮乏[①]。

(二)微短剧的爆款叙事

经历了2022年的数量井喷时代，当下的微短剧创作逐渐进入了品质化时代。细分题材的品质化突围，周期短、体量轻的特点也使得微短剧得到了更多来自平台方的关注。那么，如何实现微短剧的爆款叙事，便成为困扰创作者的一大难题。

1. "现实主义+"模式

进入2023年，带有现实主义气质的微短剧让人看到了微短剧本身极为广阔的创新空间。一个最显著的趋势，是"现实主义+"的叙事模式。其中，较为典型的是悬疑感加现实主义内容。例如，腾讯视频十分剧场推出的"小城悬疑微短剧"系列以矿区小城为背景的《谜寻》和以边陲小镇为背景的《非常警事》，抖音播出的微短剧《二十九》虽然以大众所熟知的"原配战小三"情节展开，最后呈现出的却是一个关于女性成长与互助的故事。芒果TV播出、斩获1.7亿播放量的《婚事》亦属于女性悬疑题材。有微短剧的创作者曾经将这种趋势描述为"微悬疑"。一般来说，悬疑剧的特点是节奏快、紧凑、强剧情的模式，它和微短剧的特点非常契合。对比长剧，在微短剧的体量里，观众能够快速地理解人物关系处境，并通过高密度的剧情

---

① 汪民安. 文化研究关键词[M]. 南京：江苏人民出版社，2019：47.

节奏迅速引出一个痛点或者议题。开头以悬疑吸引观众，而后着重反映社会现实。这样的模式很容易引起观众的兴趣。"微悬疑+高概念"成为未来微短剧内容创作的不二法门。需要解释一下的是，所谓高概念，是来自类型电影的一种说法，主要指想象力丰富的核心创意。当然，另一个天然适合现实主义题材的内容形式是情景喜剧。比如腾讯视频推出的《亲爱的乘客》，以代驾和快车司机的视角，用轻松搞笑的风格讲述温馨治愈的社会百态。

在微短剧迈向精品化的新阶段，培育创造更多有品质的现实主义微短剧内容，有了更多的发展动能。这第一重动力，来自管理结构。在第十届中国新媒体视听大会"微短剧行业发展论坛"上，国家广播电视总局新媒体视听节目管理司司长冯胜勇谈到网络微短剧创作时提出了三点建议：首先，要微而不弱，以小切口讲好中国故事的大主题；其次，要短而不浅，以小体量呈现中国人民新群像；三就是要让微而精、短而美引领行业高质量发展成为大方向。现实主义微短剧，无疑具备走向微而精、短而美的潜力。

第二重动力，则来自各大平台。纵览主流的视频网站，在现实主义类型上发力最多的当属腾讯视频。不论是之前的《乡村爱情之象牙山行善记》《没有案件的派出所》《大妈的世界》《我的开挂人生》，还是2023年推出的《非常警事》《谜寻》《亲爱的乘客》，在题材的多元布局下，腾讯视频的"十分剧场"一直围绕温暖现实主义的主题进行精品化探索。优酷则是从已被市场所检验的成熟门类里，衍生出新的创作赛道，为内容增添了几分现实主义气质。比如《开创计划2023——全力以赴，短聚未来》路演活动里，女性、甜宠将是未来优酷微短剧布局的重点，其中《人间清醒是女子》聚焦的是女性觉醒与温情互助的故事。而在抖音举办的微短剧畅想会上，也透露出抖音制造爆款微短剧的三大关键词：情感价值、故事价值和社会关照。其发布的片单里，《致温暖》所对应的正是现实主义题材。

第三重动力，则来自制作方。微短剧这个风口逐渐吸引了诸多"大厂"的入局，包括柠萌、华策、完美世界影视、灵河文化、长信传媒、恒星引力等都推出了自己的微短剧作品。成功者如柠萌，引入了微短剧团队"好有本领"，在抖音开设了账号"ta追剧场"，专门用于微短剧创作和运营。包括《二十九》《一元美容院》《从离婚开始》等抖音爆款微短剧都出自其手。在长剧领域，打造出《三十而已》《二十不惑》及《小别离》系列的柠萌本就在以女性议题等现实题材范畴有多年积累，因此在微短剧这个新赛道上自然将其原先的优势进行迁移，使之与抖音微短剧的风格进行适配。因此,对原本熟稔现实主义题材的影视大厂来说,他们既有能力也有底蕴,无疑是将现实主义引入微短剧的中坚力量。

第四重动力,则来自内容创作者。在《非常警事》里,大漠叔叔(真名李文哲)身兼导演、编剧和主演三重身份。他之前为人熟悉,是作为哔哩哔哩评选的百大UP主。从早期拍摄段子集锦类的短视频作品,到如今转型为微短剧领域的"正规军",大漠叔叔恰是中小团队入局微短剧的一个典型代表,他为众多的剧情类视频博主入局微短剧打开了想象空间。而在快手,以前占主流的微短剧创作者多数属于"野生"创作者。相关数据显示,目前快手平台的微短剧创作者数量已超过13万。

看起来,从管理结构到平台再到不同类型的微短剧创作者,都具有投身微短剧现实主义创作的动力。那么,现实主义会是微短剧的下一个内容风口吗?答案显然是不确定的。当然,时至今日,微短剧远未定型。我们可以依据两种生态的互动关系,来判断一个内容能否成为风口。一个是顶层设计层面的政策生态,它的特点是,既有强制性,又有灵活性。另一个则是真正涉及内容创作的制片生态,既可以野蛮生长、各美其美,也极易形成高度的同质化。

观察现实主义题材在微短剧的现状,不难发现:一方面,政策生态的当前状态是有指导性但无强制性。在长剧领域,对某种类型的鼓励,往往会以非常具体的调控措施体现。譬如,让某题材的播出量占比达到一定的比例。但至少从目前来看,对微短剧的管理还未实现长短统一标准。另一方面,在较为宽松的政策生态影响下,制片生态里的内容创作导向,呈现出明显的分账示范效应。尽管有平台流量分账、广告植入、招商定制、电商变现等多种形式,C端付费亦有试水。

实际上,微短剧市场的内容风口之所以会发生不断的变化,归根结底在于受分账示范效应的强烈影响。腾讯视频"十分剧场"的爆款民国题材微短剧《招惹》,凭借第一集开场的"小妈文学"桥段,众多年轻观众被迅速俘获。据统计,《招惹》分账已超800万。

同样,《再婚》在快手斩获超3亿的播放量后,便吸引了众多微短剧团队涌入到同类型题材。因此,决定现实主义能否成为微短剧新风口的,或许就是一部高流量、高分账的作品。毕竟,如《非常警事》这样精彩的品质作品,其超200万的分账成绩,对于吸引更多的"同路人"投身于现实主义创作,还欠了一些火候。但"分账示范效应"的背后,是微短剧作为新物种依然处在一种充分自由的竞争状态,它依然有着广阔的试错空间。就以热播的《招惹》而言，单集时长达到了12~20分钟，这与曾经广电总局给出的单集时长10分钟以内的剧集作品可被定义为微短剧，又有了不同。如同民国题材等到了《招惹》，不同的题材，都期待着属于自己的《招惹》，也等待着新的《招惹》去突破既有的范式。

2."爆款"微短剧的创作特征

谈到近年来的爆款微短剧，不得不提到《二十九》和《东栏雪》。微短剧《二十九》豆瓣评分8.1分，由曾制作过《二十不惑》《三十而已》等女性题材爆款剧集的柠萌影业出品，受过表演科班训练的杨蓉和王一菲作为主演，老牌影视公司+专业演员的组合甚至被称为"降维打击"。而在快手播出的古装微短剧《东栏雪》（图4-4），则靠反套路的剧情设置出圈，频频登上各大平台的热搜榜，在快手播放量达到5.3亿。微短剧和长剧集在演员选择的逻辑上有着明显的不同。

长剧集中，这种男女演员"二搭"的情况并不常见（系列剧除外，出于留住观众的考虑，这类作品往往沿用原班人马），但在微短剧中，男女演员二搭却备受观众喜爱。"CP感"是快手坚定沿用他们的原因，"《长公主在上》当时火了以后，观众的呼声也很高，我们也希望说去满足用户的需求，做一些延续"，快手娱乐星芒微短剧负责人陈一夫这样说道。而快手在创作上，也更崇尚"以人为本"的逻辑。陈一夫透露："根据我们过往的经验，不论是达人还是素人，都比明星的剧有一点优势，就是跟观众的距离更近，尤其是有一个固定人设的话，会扎根在观众的心里。"

图4-4　快手出品《东栏雪》

除此之外，微短剧爆款叙事的突出特点，在于让观众感受到一种"新鲜感"。以《东栏雪》为例，七皇子的人设并不是那种传统意义上养尊处优的皇子，虽然后期男女主属于双强设定，但一开始七皇子是被欺负的，呈现落魄皇子从零开始的成长。再如，原配斗小三的剧情在微短剧中早已屡见不鲜，但在《二十九》中，女主和小三却一起联手智斗渣男，并且互相扶持成长，这样不落俗套的剧情也让不少观众感慨"女孩子之间的友谊真美好啊"。

与此同时,考虑到相当数量的微短剧是在短视频平台播出,就需要在短时间内建立用户对作品的兴趣,而且这个用户不是泛泛而谈的,需要根据用户画像,并辅以相关新媒体运营手段。《二十九》是在好有本领的抖音账号上连载的,这个账号此前是电视剧《小敏家》的抖音账号,已经积累了超过400万的粉丝;同时在用户画像上,也和《二十九》有着很高的契合度。尽管微短剧和长剧都是剧集的形式,但内容载体不同,归根结底,微短剧是在短视频账号上播出,因此其内容属性相较于剧集,更像是故事性更强的短视频内容。在去中心化的平台上传播,既需要整部剧集在质量上有保障,同时也要保证每一集故事足够精彩。只有这样,在算法里与同类作品竞争的时候才能脱颖而出。

第四节　如何理解真正的"网感"

网感,是一个比较玄乎的话题。因为它是个非常宽泛同时非常模糊的概念。当然,这也几乎是摆在所有网络剧、微短剧创作者面前的问题。在创作过程中,经常会有各种人向编剧、导演提出这样的要求:作品要再多一些网感。可究竟如何界定网感?怎样才叫有网感?似乎没有人能给出确定的答案。

一、什么是网感

关于"什么是网感",网上有一个最直白的答案,凡是网友"有感觉"的东西就是有网感。显然,这必然是一句正确的废话。因为中国上十亿网友的构成,决定了众口难调。一件事或一个人之所以能够成为热点必有其因,我们来尝试着给它下一个定义。首先,有网感的事物,一般来说都要遵循互联网的传播规律。以扮演教师形象在网络上走红的中学生钟美美为例,他略带夸张的表演,将人们对教师这一群体的刻板印象集于一身。显然,他的表演水平未必有多高,但其表演中体现出的对于权威的挑战、青春期的叛逆是能够引发广大年轻群体共鸣的。显然,符合互联网传播规律,一般来说要学会用互联网的表达方式来讲故事。那么,什么是互联网的表达方式呢?可以说,只要是符合年轻群体审美心理的,就是互联网的表达方式(符合互联网语境下的传播规律)。

二、怎样才叫"有网感"

那么,究竟什么样的作品称得上"有网感"呢?或者说,只要运用了互联网的表达方式,符合互联网传播规律,就一定是"有网感"吗?答案显然是否定的。让我们来看看这样一个例子。2016年,第四代导演吴天明的遗作《百鸟朝凤》引起了各界的广泛关注。这是一部讲述现代社会传统文化日益远离的文艺片。它没什么网感。它一不以丑为美,二不正话反说,三不突出法不责众,它不具备成为热点的要素,但它成了2016年的网络热点话题之一,因为有个"制片人下跪事件"。影院预判该片票房不会很高,所以给了很少的排片量。该片的制片人出于商业考虑,当然也有对吴天明导演的尊敬和缅怀,对艺术的推崇吧,在一次直播活动中以下跪这样略显极端的方式,恳求院线为该片多排档期。显然,知名导演的文艺片遗作,著名制片人当众下跪两大事件叠加在一起,引起了极大的争议。这个事件里面含有诸多元素,它碰触到了人们心里某些敏感的东西。换句话说,它是在符合互联网传播规律的前提之上,还迎合了某种时代心理(或曰时代症候)。

网络剧《我是余欢水》的原著,是作家余耕创作的小说《如果没有昨天》。猛一看,这样取材现实的小说似乎与"网感"没有关系。但一部有"网感"的作品,其实背后一定要符合时代精神,要体现我们这个时代的症候。从这一点来看,《我是余欢水》的成功就不难理解了。所谓"人人皆笑余欢水,人人皆是余欢水",全剧以一种黑色喜剧的风格,讲述了小人物余欢水的艰难境遇,同时又讽刺了生活中的种种不合理现象。显然"严肃文学+网络剧"的类型混搭,让它意外地与当下年轻群体尤其是初入职场的新人找到了情感共鸣。

所以,真正的"网感",一定要有年轻化的创新表达,要符合网生代的接受心理。何为网生代?从出生那天就有互联网的这一代。换句话说,注重网感实际上是以市场为导向来运作的思维,目标是做精准的投放,你要什么我给你什么,实现双赢的结果。这可以成为一种良性的发展,虽然对很多创作者并不公平,但殊途同归,也督促创作者不断去转换思维,调整方向。

"网感"是新媒体时代的特定产物。信息的传播尽管是数字化的,其核心本质还是离不开写作,或者说是创作。再发展下去,会追求更加细分与精准定位的个性化,这也是创作过程中必须面对的选择。网感是个阶段性的名词,终将会被取代与遗忘。以后,大家对网络稀疏平常,没有了传统媒体与新媒体的比对,也就不存在

"网感"不"网感"的选择,网感会变成基本要求与技能,成为传播的基础条件。

现在不是强调"酒香不怕巷子深"的年代了,不发声就很可能等于不存在,这是"残酷"的现实。网感不是金科玉律,只是参考规律。有的写作就是一种沟通,不要以为那些故弄玄虚和一惊一乍就是网感。真正的卖点在于,踏实的故事和真诚的心。

本章小结

在网络剧创作日益走向精品化的当下,价值传达与市场追求的"合流"问题,业已成为网络剧行业关注的焦点。我们有理由相信,优秀的网络剧作品将能够更好地满足受众群体尤其是年轻观众的审美取向、接受心理,以守正创新的态度满足人民群众不断增长的精神文化需求,为建设文化强国贡献出自己的一份力量。

思考题

1.类型化的网络剧如何承载主流价值表达?

2.如何理解微短剧的竖屏美学?

3.如何理解"网感"?

第五章 新媒体纪录片创作

第一节 新媒体纪录片的发展现状

当前,新媒体纪录片已成为纪录片领域的重要组成部分。运用更符合受众心理与新媒体传播语境的创新表达方式,提升新媒体纪录片的文化价值,是当下新媒体纪录片进一步发展所面临的机遇与挑战。在政策、平台、技术、市场等多元主体赋能下,今后的新媒体纪录片将步入更加注重质量发展的全新阶段。

一、新媒体纪录片的异军突起

应该说,新媒体纪录片这一特定类型的异军突起,可谓是恰逢其时。首先,互联网的日益普及,为新媒体纪录片提供了一个巨大的潜在受众群体。对于相关行业而言,这就是一个巨大的蓄水池。据中国互联网络信息中心(CNNIC)2023年3月发布的第51次《中国互联网络发展状况统计报告》中的数据显示,截至2022年12月,中国网民规模已高达10.67亿,较上一次报告中的统计数增加了近4000万,互联网普及率达到了75.6%。在数量如此庞大的网民群体当中,网络视频(含短视频)用户规模业已达到10.12亿,历史上首次突破十亿大关,比例高达网民总数的94.8%。不难看出,互联网传播语境下,其所引发的媒介生态跃迁、用户迭代以及视听产品消费习惯的变化这样几股合力,都在推动国产纪录片行业继续朝着"网生时代"的纵深探索。显然,如果没有如此巨大的网民群体,新媒体纪录片作为类型本身是很难得到长足发展的。这也就是为什么在"前互联网时代",是不存在真正意义上的新媒体纪录片这一类型的。题材、内容的同质化带来的优质内容匮乏,是当下新媒体纪录片创作过程中亟待解决的一大难题。由于创作门槛较低,新媒体纪录片创作队伍里比较有经验的创作者还是相对较少的,年轻一代的创作者还需要更多时间的历练。另外,比起电影(此处特指剧情片)、电视剧来说,纪录片这一类型的受众群体也相对较少。尤其是娱乐化倾向盛行的时代,对于不少以休闲消遣为第一目的的观众来说，纪录片显然不是他们的首选，甚至很多时候不在考虑范围之内。

显然，新媒体纪录片还需要进一步树立有影响力的IP形象，从而赢得真正属于自己的忠诚受众群体。要想促进整个新媒体纪录片行业的持续、健康发展，多样化的盈利模式是必要条件。当下，一些新媒体纪录片作品往往陷入"雷声大、雨点小"的困境，获得了一定的关注度，却很难将其转换成经济效益。显然，可持续的盈利模式，是吸引更多有志之士加入新媒体纪录片行业的重要因素，也能够让相关的新媒体平台对纪录片进行长期的投入。总的来说，如果未来上述问题能够得到有效的解决，那么新媒体纪录片将能够更加深刻地改写整个纪录片行业的版图。

具体到呈现产业格局上的"融媒化"，制作模式上的"工业化"，内容形态上的"泛纪实"，传播方式上的"跨媒介"，用户导向上的"年轻化"等特点。腾讯视频、哔哩哔哩、优酷、爱奇艺、芒果TV等主流视频网站，抖音、快手、一条、二更等短视频平台，寻求转型发展的中央广播电视总台、新华社、《人民日报》等国家级主流媒体正积极涌入网络红海，抢占新媒体纪录片的初步阵地。它们以多主体协同的"PGC+UGC"生产模式，以跨界融合的"纪实+"观念，打造出"长+中+短"视频的产品组合形态重构网络空间的纪实内容生态景观。

除此之外，尽管近几年国内纪录片行业受到种种复杂因素的影响，在行业发展、市场开拓等方面遇到了一些困难，但相关政策的出台亦保障了纪录片行业的稳健发展。国家广播电视总局于2022年颁布的《关于推动新时代纪录片高质量发展的意见》，以"高质量""创新驱动""以人民为中心""社会效益"等为关键词，从繁荣创作生产、做强行业主体、提升传播能力、提高管理效能、加强人才培养五个方面为新时代纪录片高质量发展提出多项具体措施，旨在进一步提升纪录片的创作能力、发掘具有活力的多元创作主体、丰富纪录片题材与类型、拓展纪录片发行渠道和播出平台。在当前的"提质减量"新周期，基于政策调控、市场环境、用户需求及技术手段等多因素驱动，新媒体纪录片不断丰富题材类型，延展生存边界，探索"IP+"的新商业模式，完善衍生产业链条。同时，在官方规制和政策扶持下，新媒体纪录片更加积极向主流文化靠拢，以"精美、专业、高品质"为产品诉求，助推自身从"流量本位"向"质量本位"回归，并通过温暖、有趣、有内涵的产品调性，发挥记录时代、观照现实、文化审美和价值引领的作用。

二、当下新媒体纪录片的总体特征

碎片化、去中心化的传播生态、传播语境，对整个文化产业、人们的生活方式与消费习惯都产生了巨大影响，从而也在某种程度上重构了国产纪录片的产业生态。一方面，从创作角度来看，经济下行压力、大众消费结构转变，很多大型项目被迫中断或延期，大量短时长、轻语态、微视角的微纪录片、手机纪录片、竖屏纪录片、纪实短视频、Vlog 等极具网感的新形态涌现，通过"PGC+UGC"的生产结构改写了纪录片的创作、传播体系，引发全民参与影像记录的热潮。另一方面，从接受层面看，纪录片制作过程艰难且产品抵达用户的渠道更为单一。于是，"触网"成为一种新风尚，传统媒体纷纷探索"台网联动"、"院转网"、短视频等新传播模式，以此建构全媒体传播矩阵。

（一）中视频、长视频平台：特色经营助推产业升级

团队规模缩减、运营成本增加、拍摄计划受阻是当下纪录片制播中的突出问题。随着"降本增效"成为行业大趋势，各大中、长视频平台从"重规模、求增速"转向"稳增长、控成本"，视频平台影视剧、综艺头部内容招商疲软，加码纪录片版块遂成为一种高性价比选择。同时，平台也尝试借助合作项目制降低经营压力和市场风险；明确以制片人为中心的制片体制，优化重组纪录片业务部门和制作营销团队，简化组织架构；运用方案预售、各类扶持计划发掘社会新力量、新人才，完善合作机制；采取"差异化+风格化"的全新打法，以差异化的产品定位和发展战略突出自身品牌辨识度，增加用户黏性；各平台纪录片上线数量不减，在题材拓展、类型创新方面也表现出众。

哔哩哔哩则通过投资绑定、自主培养等方式发挥其自身社区属性的优势，加大与旗帜传媒、中广天择等国内专业机构及法国 ARTE 等海外知名厂牌的合作力度，深入参与生产全流程，打造更多优质内容产品；将纪录片作为泛知识内容布局的旗舰，以及文化品牌的核心拼图，彰显哔哩哔哩的内容价值观；以"记录即有光"为主题举办首届纪录片创投会，发布 2022 年度 20 余个品牌项目；发起"暗室灯计划"，挖掘扶持更多纪实 UP 主与 PUGC（专业用户生产内容）模式，为平台纪实内容布局培养后备军。哔哩哔哩独特的青年社区定位和弹幕社交体验提升了站内纪录片的用户忠诚度。

与此同时，腾讯视频坚持"海外引进+平台自制"的"两条腿走路"方针，以大投

入、高品质为特色，持续输出头部产品。《风味人间》《早餐中国》等特色鲜明的新媒体纪录片作品，初步具备了可持续的品牌形象，形成了自己的IP影响力（图5-1）。

2022年，腾讯视频又推出了"人间真实"片场，播出多部温暖现实主义力作，用镜头观察记录多元群体，聚焦社会不同切面，体现其价值坚守。在体制机制上，腾讯纪录片建立工作室模式，战略布局"至味人间"和"智识生活"两大版块，打造以美食题材为首，覆盖科学、人文、自然、历史等诸多领域的纪录片产品矩阵。

优酷网则深耕"纪实+"策略，拓展纪实的边界，打造"年轻化的国民纪录片"，并突出人文特色。2022年，优酷重点布局传承、酷活、万象三大内容赛道，分别对应历史文化、烟火生活、社会观

图5-1　腾讯视频出品
《早餐中国》第四季

察三大主题，制定针对性、可持续的战略方针，并筹备、推出十余部纪录片和融合纪实性作品。在历史文化赛道，以国潮国风文化为根基，采用全新的创作方式，对传统内容进行升级换代；在生活方式赛道，以年轻群体热衷的鲜活表达，再现他们酷炫的生活方式；在社会现实赛道，聚焦时代声音、社会观察、悬案三大版块，直击社会万象。爱奇艺则通过广告、用户付费、衍生品开发、稳固分账体系、设立创作基金等运营手段，在不断推出优质作品的同时实现商业价值循环。

2021年以来，爱奇艺设立人间、热爱、理想三大剧场，以剧场化、精细化、分众化的运营管理快速发掘并聚合垂直用户；联合影视投资基金公司美霖文化，以"平台+资本"的商业模式，推出面向纪录片项目和创作者投资、扶持的"青创·纪录片计划"；同时，爱奇艺也重视纪录片与剧综的互动开发，相互借力和引流。

芒果TV作为国资背景的视频平台，深耕主旋律纪录片的年轻化、网络化表达，更加重视内容自制；以"泛纪实"文化产品为新增量，打破品类界限，深入垂直产业，提升文化类内容的"造血"能力。2022年11月，芒果TV宣布以纪录片《中国》的制作团队为基础，联合北京伯璟文化有限公司，成立全新的泛纪实内容生产工作室"芒果伯璟"，以兼具生产、传播、运营、投融资等功能于一体的"制播合一2.0"形态

开启"中国产业纪录片计划",助力纪录片产业发展与纪实品牌建设。通过强强联手拓展纪录片的产业边界,变"资源供应"为"资源组合",实现"1+1>2"的共赢效果。

上述五大平台之外,中视频平台西瓜视频作为"后来者",也积极布局纪录片版块,其纪录片频道已上线5000余小时,拥有超过2000部纪录片内容。2022年,西瓜视频推出了《穿越时空的古籍》《让生活回归生活》《我们村2》等作品,并与BBC Studios、Discovery等国内外知名纪录片厂牌达成合作,正式开始向自制迈进。此外,西瓜视频启动了"时代观察者计划"来扶持PGC(专业生产内容)创作人,扩充自有纪录片内容矩阵。不难看出,相关视频平台在发展策略上,已从"重规模、求增速"的高速发展阶段过渡到"稳增长、控成本"的可持续发展阶段;在纪录片制播方面,已实现从单纯采买扩充片库到联合制作出品,再到自制出品、IP打造阶段的升级。事实上,这也是新媒体纪录片高质量发展的必经之路。

在互联网的内容海洋中,保持精品内容的持续输出仍是王道。作为平台,需要基于自身定位和优势资源,通过跨界合作、自制精品、IP打造等手段升级内容;通过投资绑定、自主培养等方式"深度捆绑"平台、创作者与专业机构;以特色内容锁定平台核心用户,提升用户参与度和黏性;创新互利共赢的商业模式,进一步推动纪录片向融合化、网生化、产业化转型。

(二)短视频平台:PUGC模式引领创作新趋势

用户需求、市场规模及日益降低的技术门槛,为短视频平台试水纪录片提供了有利条件。需要指出的是,新媒体纪录片与短视频平台的结合可谓相得益彰。一方面,新媒体纪录片可以借助短视频平台进行宣传推广,扩大自身的影响力;另一方面,短视频平台也需要更加优质的内容。此外,新媒体纪录片中的微纪录片这一类型,与短视频在时长等方面高度一致。这也就不难理解,二更、一条等专业化的PGC生产机构以及抖音、快手等短视频平台开始积极参与纪录片和纪实短视频生产,通过专业机构和用户端相结合的PUGC(专业用户生产内容)模式,发动用户众筹素材,丰富网生纪实内容版图。

如快手与纪实拍客联合执导,深耕"500个家乡"IP的《我深爱的家乡》;以及在新浪微博播放超210万次的快手纪录片《张拔村最后的导演》等,都是由普通用户拿起摄像器材拍摄周遭生活的个人化作品。保罗·莱文森曾有一句名言:"每个消费者都是生产者,这是一切新媒介底层的核心特征。"①在自媒体时代,以手机、平板为主的移动终端开启了日常生活影像化的进程,全民触媒、全民"开屏",促使短视频成为数据时代建构"叙事视听化"发展的表达媒介和社交语汇。制作周期短、生产成本低、传播方式灵活、生活质感浓郁的短视频让用户成为纪录片的主导者,推动纪录片进一步走入"公众时代"。

多方力量的协同参与下,短视频能够建构新的泛纪实影像内容形态,革新新媒体纪录片的生产机制与美学范式。此外,抖音、快手等平台也是纪录片在网络空间进行碎片化传播、曝光和引流的重要渠道。探索"长短互补"机制,是构建互联网环境下泛纪实内容生态的题中应有之义。

(三)新型主流媒体平台:以新媒体纪实内容推动深度融合发展

大力推进媒体融合战略背景下,《人民日报》、新华社、中央广播电视总台等主流媒体通过入驻各视频平台开设账号、自主研发客户端、与视频网站合作等方式,积极拥抱互联网,开拓视频业务,实现跨媒介、贯通大小屏幕的融媒化传播转型。这些媒体以自身的公信力和权威性打造纪实内容产品,传递主流价值。

新华社推出的《情怀》、《人民日报》参与出品的《十年如一日》等纪录片,不再选择以传统的宏大叙事手法铺陈时代发展,而是通过轻巧、精美的微纪录片,以小切口折射大主题,在几分钟的时长内透视出乡村振兴、脱贫攻坚、社会转型等时代命题。麦克卢汉指出,新旧媒介的碰撞会产生巨大的"混合能量"。以互动开放为文化特质的互联网,改变了以往主流媒体纪录片"呆板、说教"的刻板印象,丰富了制播模式,并以短视频、微纪录片等网络内容新形态提高传播效能,推动媒体深度融合。

例如,中央电视台财经频道推出的纪录片《雄安 雄安》,同步推出了在线互动游戏"云游未来之城",参与网友超1000万人次,以融合节目的方式提升了纪录片作品的互动性。

(四)纪录电影:布局互联网"第二院线"

当下,不少纪录电影打破了"先院后网"的传统窗口发行模式,通过"院线+"的跨媒介传播手段,在长视频、短视频平台进行矩阵传播,以此赋予纪录电影更大的传播力和影响力。其中,通过混剪、提取精彩片段等二次创作,缩减、分集成几分钟的短

---

① 朱婕宁.可见的音乐:短视频时代音乐媒介化现象归因与反思[J].南京艺术学院学报(音乐与表演),2022(5):198-202.

视频进行碎片化传播,逐渐成为纪录电影在新媒体环境下生存的一种常态。在以移动端为主要渠道的社交化传播语境下,纪录电影的宣发可以走出思维定式,整合利用媒介资源,通过线上、线下的多种渠道联动设置议程,以"长片+短视频"的融合型内容矩阵,形成相互引流、多窗口、跨平台的裂变式传播效果。

总的来说,以头部视频网站为中坚力量,以短视频平台和新型主流媒体平台为新生力量的新媒体纪录片已经成为中国纪录片行业的核心增量。在互联网更加开放的创作环境下,由于创制主体的多元和内容竞争的升级,新媒体纪录片应探索具有个性化、易出圈的新产品、新业态,走出同质化、套路化的困境,扩大纪实影像产品用户基数;使用差异化的传播组合拳,建构覆盖更大社会层面的传播渠道,推动传播体系和产业格局的成熟。

三、新媒体纪录片的类型实践

近些年来,新媒体纪录片在类型实践方面继续深化并呈现出新的典型特征。首先是垂类细分,深耕以美食为首的热门题材,以更加精细的内容抵达不同圈层用户的审美视野,并获得良好市场反响;其次是运用视听元素嫁接、品类混搭、科技赋能等方法,创新表达形式,拓展纪实边界,实现类型突围;最后是释放多元价值功能,以温暖现实主义底色和建设性表达,发掘内容深度,打造互联网视域下的"生存之镜"。

(一)垂直细分,分众化策略

随着纪录片行业整体工业化水平的提高与市场化运作理念的成熟,通过技术创新、题材细分、选题下沉打造更深层次的垂类内容,在集中扎堆的热门题材中脱颖而出,成为新媒体纪录片平台输出稳定内容、抢占市场份额的一种"新常态"。自《舌尖上的中国》《风味人间》《人生一串》等纪录片引发收视热潮之后,美食题材成为平台差异化竞争的"红海",占据了2022年新媒体纪录片的半壁江山。

具体而言,美食纪录片的细分策略大致可分为以下三种。一是根据具体地域来分,也就是突出一种"在地化"策略,所谓"本地的就是全国的",如《新疆滋味》《寻味贵阳》《寻味顺德》等等;二是根据具体的就餐时段来分,如《早餐中国4》等早餐题材纪录片和《宵夜江湖2》等相关纪录片作品,这里需要强调的是,《早餐中国》的一大成功之处,即是在美食纪录片的激烈竞争中开辟出了"早餐"这一新赛道;三是根据食物的品类来分,如展现各地年夜饭的《上菜了!新年》、聚焦谷物作物的《风味人间4·谷物星球》、表现城市地道美食的《都市美食图鉴》等。由此可见,垂直化的内容生产,不仅有助于平台树立品牌调性,也有利于提升用户黏性,以便针对特定用户群体实行精准传播。

新媒体纪录片在纵向垂类深挖的同时也不断进行横向创新,以新奇的内容和多元的创作手段突破日常化美食题材集中带来的审美疲劳。例如,腾讯视频的《拿一座城市下酒》主打"一人食"的概念,让观众跟随嘉宾来到不同的城市,品尝不同地区的特色菜肴。沉浸式的美食体验中,强化了个人化叙述的比重,间接展现了各个城市的人文景观(图5-2)。

然而,在不断深耕美食题材、拓展新视角的竞争中,美食题材纪录片资源占用大,可发挥的空间越来越小。如何开掘新题材、寻求新增量,摆脱"新壶装旧酒"的类型创作困境,实现垂直赛道的持续稳定增长,成为事关新媒体纪录片发展的现实命题。

图 5-2 腾讯视频出品《拿一座城市下酒》

(二)边界延展,创新表达形式

为更好地匹配互联网传播语境和年轻观众日新月异的审美旨趣,新媒体纪录片不断融合多种元素、创新表达形式、变革美学风格,以"纪实+"的创作理念拓展纪录片边界,建构"泛纪实"内容生态。

首先,在尊重纪录片"真实性"原则的基础之上,提炼事件中的故事性,将动画、搬演、情景再现等故事化手法融入纪录片之中,以虚实结合的跨界理念打造兼具真实感与戏剧性的"纪录剧"。如《风云战国之枭雄》《千古风流人物》《英雄之路》等纪录片均借用戏剧手法还原历史原貌,将陌生化的历史往事立体化、形象化,使得纪录片摆脱枯燥感和陈旧感。这样,在真实再现的同时也激发人们的思考,这也是纪录片的题中应有之义。

其次,将纪录片与综艺、访谈、真人秀等元素拼接,以一种融合混搭的美学风格和视听体验给不同圈层的年轻用户带来新鲜感。2021年起,优酷提出跨界混搭的"纪实+"战略,在内容基础上进行类型和模式创新,打破传统模式,发掘整合不同要素,催生出新的纪实内容产品,触达更为广泛的受众,为新媒体纪录片提供了崭新的"破圈"路径。最后,运用5G、4K/8K、虚拟现实、交互技术等改变纪录片的传统面貌,实现从"看"纪录片到"体验""玩转"纪录片的接受转换。如哔哩哔哩与BBC(英国广播公司)联合推出的《未来漫游指南》,全片大量运用CG(Computer Graphics,计算机图形学)技术解密刘慈欣的《三体》《乡村教师》等作品中所描述的科幻宇宙,以直观的视觉特效将想象中的世界转化为真实的现实场景,取得了不错的传播效果(图5-3)。

图5-3　哔哩哔哩出品《未来漫游指南》

在流量、技术与"破圈"思维等多方面赋能下,新媒体纪录片不再苛求经典意义上比尔·尼科尔斯所谓的"严肃话语"①,而是通过更加灵活多样的表现手法与视听手法塑造跨类型、跨题材的融合美学形态,迎合融媒时代用户多元易变的审美需求。显而易见,新媒体纪录片从严肃厚重转向轻松娱乐,也意味着纪录片行业与影视文娱产业的进一步交融。

(三)功能拓展,发挥建设作用

在国家对网络生态的制度性规制日趋严格的情况下,新媒体纪录片不再只是浅表化、感官化的泛娱乐产品,而是集认知、宣教、审美、娱乐消遣诉求等多功能于一体的文化作品。新媒体纪录片通过记录重大政治节点、观照社会现实、关注特定群体等创作倾向,彰显人文关怀,引发用户共情。

2022年,腾讯视频"人间真实"片场推出一系列现实题材纪录片,以普通人的视角再现社会转型过程中国家的发展现状。如关注亲子关系的《了不起的妈妈》、解读婚姻危机的《亲爱的敌人》、聚焦高中素质教育改革的《真实生长》等。这些纪录片既有真切的现实感,又饱含润泽人心的温暖底色,展现小人物的生活、成长和

---

① 比尔·尼科尔斯.纪录片导论[M].陈犀禾,刘宇清,译.北京:中国电影出版社,2016:37.

职责,以人物乐观面对生活中的矛盾与挫折、积极化解难题为叙事线索和动力,立足建设性表达,彰显人的尊严和价值,以及对美好生活的向往与追求。当下,人们的情感及社交需要新的释放通道,能够提供情感抚慰、治愈焦虑情绪的纪录片类型成为新的上升赛道。

此外,职业类纪录片在众多新媒体平台持续热播。例如,《守护解放西3》相关视频在哔哩哔哩总播放量高达3.5亿,弹幕总数230.5万。显然,职业类纪录片,通过解密各类特殊职业,能够为观众提供一种探秘般的收视快感(这种快感或曰悬念感,通常更多地在剧情电影、电视剧中得以体现)。通过让观众近距离感受相对陌生的工作氛围和流程,完成一种社会职业角色的再建构,也可以通过展示这些职业背后充满烟火气的工作周边和就业、爱情、家庭等与大众息息相关的话题,引发观众的情感共鸣。

另外,在对教育、养老、环保等公共议题的挖掘中,新媒体纪录片则以"小切口、大主题、正能量"为创作特色,借助个人化的叙事手法折射出大众面临的生存困境;立足当下,关注各行各业的普通人,寻求与用户高度契合的感人故事,传递温暖力量;深入社会肌理,在触发观众深思的同时发挥社会瞭望的媒体责任。

四、新媒体纪录片的创作美学

近年来,新媒体纪录片创作领域,先后出现了诸如"动画纪录片""虚拟现实纪录片""互动多媒体纪录片"等纪录片形态。这些融合了现实与事实、实在与潜在的新媒体纪录片,通过对传统纪录片学术理论以及创作范式的"挑战",极大地拓宽了纪录片技术美学的边界。

著名的纪录片研究者比尔·尼科尔斯曾给出如下解释:"记录设备(摄影机和录音机)忠实地记录事物的印记(画面和声音)。它赋予这些印记以档案/证明的价值,就像指纹具有证明价值一样。档案或影像与它所指的对象之间存在严格的对应性,即所谓的指示性。"[1]这意味着,纪录片是一个能够满足人类无限制、"透明"地看到整个现实世界的幻想的完美工具。例如,产生于20世纪60年代,由罗伯特·德鲁、理查德·利科特等人在美国提出,后来由导演弗雷德里克·怀斯曼继承并发展的"直接电影",其核心观念便是通过对现实静观默察式的记录,确保纪录片影像与

---

① 张烨. 媒介融合视域下对新媒体纪录片技术美学的考察[J]. 当代电影,2022(3):73-78.

"未经摆布"的现实之间有必然的因果关系。关于这一点,我们可以拿一些以监控影像为素材剪辑而成的作品为例进一步说明,无论是米歇尔·科利尔的纪录电影《巨人》,抑或是徐冰的影片《蜻蜓之眼》,都曾引发过理论界对于"无人影像"的热议。这里所说的"无人影像",就是绝对意义上排除任何主观感知、辨认以及选择的影像。这两部影片中由公共场所的监控摄像头记录的影像空间摒弃了创作主体的主观选择,促成了一种"自然主义"影像美学的构建。

当然,由监控镜头获取的"自然主义"素材,最后依然在艺术家的主观创作逻辑下被剪辑为完整的影片序列。"自然主义"的影像最终依然是创作者的客体化结果。进而言之,纪录片的真实与同属于纪实影像范畴的监控镜头实有不同,正如斯特拉·布鲁兹所言,"透过再现的方式,人们看见被再现的事物,而再现必然会改变被再现的事物"[①]。

显然,纪录片再现现实的同时也表现着创作者观看世界的独特方式,影像文本的创生无法以纯粹技术理性观照下的指示性为"向导",其体系内部的人文逻辑也应该得到重视,忽略了人文逻辑的纪录片影像不过是现实本身的相似物。因此,纪录片便是在记录和对物质现实转化的过程中产生的"新的现实",一种建基于记录、重组和创造的现实。

五、新媒体纪录片的商业模式探索

窃以为,新媒体纪录片与传统电视纪录片(其创作主体为体制内创作者)的最大区别,在于其强烈的商业诉求。当然,这种商业诉求本身不代表创作者一定要牺牲自身的独立性与创造性。近5年来,强商业导向的新媒体视频平台不断更新商业模式和制播手段,告别了以外购为主的1.0草创阶段和国内外合作出品的2.0共创阶段,改变过去简单的版权采购、一锤子买卖的获利方式,集体迈入以用户需求为出发点、以IP延伸为运营手段的3.0自创阶段,通过广告植入、商业定制、明星参与等多种盈利手段,不断强化自身的商业属性,释放产业价值,构筑起更具活力、更有潜力的纪录片产业生态。

(一)生产布局:满足用户需求的内容输出

阿根廷学者托马斯·鲁杰罗对21世纪互联网视域下的"使用与满足"理论进行

---

① 张烨.媒介融合视域下对新媒体纪录片技术美学的考察[J].当代电影,2022(3):73-78.

了重新研究,指出"用户需求是阐释媒体信息产生认知、情感和各种作用的主要变量"①,影响着媒介的生存形态和发展趋势,这也是当下内容输出提升用户忠诚度的主要路径。

智能时代,以"Z世代"为主体的年轻用户使用互联网的诉求正在发生转变,他们不再仅仅追求娱乐消遣和感官享受,而是更加热衷于吸收新知识、学习新技能,青睐于有知识底蕴、辨识度及生命活力的消费产品。这也是数字化生存的一种新常态。

2022年,哔哩哔哩纪录片设立了"人间""万象""烟火"三个主题单元。其中,"人间""万象"两类的主力军就是兼具科普性质和学习属性的知识类内容。前者聚焦人文、历史、艺术等题材,推出《但是还有书籍2》《人生第二次》《2023年舞台上的中国》等讲述人文故事或展现艺术创作的纪录片;后者聚焦自然、科幻、宇宙等题材,包含《绿色星球》《科学未解之谜》《未来漫游指南》《众神之地》等探索宇宙奥秘、解读科学实验的纪录片。

纪录片正成为各大视频平台的旗舰文化产品,不仅要具备视听观赏性,更要在知识输出层面重点发力,加速拓展题材的广度和深度。此外,在算法与大数据的加持下,新媒体平台还可借助互联网强大的信息存储和数据分析功能,对用户的心理特征和内容喜好进行精准画像,以此打造独具个性化和差异化特色的纪实内容产品,满足用户需求,巩固用户集群。

(二)产品战略:打造纪实IP品牌矩阵

从新媒体纪录片内容布局来看,IP依旧是竞逐市场的关键砝码,"在内容付费与会员等增值服务成为视频网站重要收入来源的市场趋势下,纪录片成为视频网站的'高端身份标签',优质纪录片IP成为增强高端用户黏性的抓手"。以老牌"纪录N代"为王牌旗舰,以"季播化"为制播形态,发掘具有稳定发酵能力和长变现周期的纪实IP,是新媒体纪录片攫取市场价值和吸引注意力资源的重要手段。

腾讯视频以现象级纪录片《风味人间》打响品牌旗号后,推出《风味原产地》《风味实验室》等同系列产品,形成"风味"主题矩阵,并通过企业联盟赞助、广告植入、电商推广及周边衍生品开发等新型营销手段,为新媒体纪录片探索新的商业模式提供启示。

---

① 韩飞,成亚生.2022年中国新媒体纪录片发展透视[J].现代视听,2023(1):15-21.

此外,腾讯视频继续深耕"风味"IP,播出《风味人间4·谷物星球》,延续品牌价值,以更加垂直化、精细化的产品输出对用户产生持续影响力。在哔哩哔哩近年出品的纪录片中,视频点击量靠前的也是《守护解放西3》《去你家吃饭好吗2》等基于IP创作的系列化纪录片。因此,新媒体平台需要不断创新内容生产机制,打破以往单纯依靠制作或版权输出为主的旧模式,从"蹭IP"发展到自主"造IP",打造出不同题材、类型的品牌内容,用高品质IP矩阵和全景生态营销,提升品牌产值,为新媒体纪录片的产业建构提供高效稳定的发展路径。

(三)盈利开发:产业价值链纵深拓展

当下,新媒体平台的盈利方式与合作机制渐趋灵活,在会员制、付费点播、版权分账等常规商业化模式的基础上,通过探索更加多样的盈利手段,制定精准的品牌营销策略,推进产业链条的纵深开发,释放多元价值。

其一,丰富广告投放种类,借助番外、彩蛋、中插小剧场等更受年轻用户青睐的娱乐形式,提高产品的可接受度;其二,完善分账合作机制,通过与头部制作机构和纪录片人深度捆绑,邀请入驻平台,确立长期分账模式,将合作双方从弱连接的供需者转变为利益攸关的合伙人;其三,进行商业定制,以企业深度参与的方式,将品牌形象沉浸式植入制作精良、人文情怀浓郁的纪录片,实现企业价值和社会价值的共赢;其四,联动电商渠道,开发"边看边买"的直播带货模式,用户观看内容的同时,可以随时点击视频下方链接进行消费;其五,利用明星效应,通过邀请明星参与节目,以其庞大的粉丝基数,提升节目关注度与影响力。这也是纪录片实现有效传播、提升传播价值的有效手段。当然,明星效应运用得当,高忠诚度的粉丝群体也有助于激活衍生品市场及节目相关产业链。

(四)新媒体纪录片实现高质量发展的路径

当前,国产新媒体纪录片总体呈现制播主体多元化、市场竞争差异化、内容布局垂直化等发展态势。各类生产单位也在不断完善入网格局、创新产品形态中,探寻出适合自身的市场营销手段和产业增长路径。但也存在一定的结构性隐患,诸如产业化深度和广度仍然有限、投入与产出比例失衡、市场回报率较低、部分平台业务收缩等。因此,未来的新媒体纪录片除了继续深耕垂类IP、推进边界拓展、丰富盈利模式外,还可从以下几个方面提振市场、增加效益。

首先,在内容上,以人为本。在新媒体生存语境下,纪录片应坚守"以人民为中心"的美学原则，以普通人为记录主体，以网络用户的年轻化审美趣味为创作诉求，生产出兼具娱乐属性与人文内涵的优质作品。第一，借助互联网多元、开放的文化基因，将镜头深入更多不同地区、不同身份、不同年龄的人物个体或群体，揭秘职业背景，展现多元文化，引发多元用户的情感共鸣；第二，选题设定上，聚焦时下热点议题，紧扣热搜话题标签，为新媒体用户提供一个交流观点、增进共识的媒介场域；第三，强化用户主导意识，开发节点设置、剧情选择等互动功能，提高用户的主动性和参与度，提升用户黏性。

其次，在形态上，跨界求变。在由短视频构筑的全新社交化传播语境下，新媒体纪录片的接受方式逐渐从观看节目演变为刷视频。以手机为主要载体的移动经济改变了纪录片的产业运营结构，手机竖屏所持有的移动化传播逻辑最大程度上赋予用户观看纪录片的自由性与流动性。新媒体纪录片可以探索从"单一到融合""横屏到竖屏""宏观到微观"的发展路径，打造符合手机界面与播放特性的微纪录片和竖屏纪录片等新形态，实现类型变革与价值增益。

再次，在创作上，通过不断迭代更新的数字技术和智能科技，赋予新媒体纪录片新的表达范式与发展路径。运用5G、4K/8K和高帧率增强纪录片的分辨率和清晰度，为用户带来超高清的视觉盛宴；借助VR、AR、XR技术突破传统影像的画框限制，开发桌面纪录片、交互式纪录片等新样式，满足年轻用户追求多元体验的需求；利用元宇宙、区块链等新概念、新技术，拓展纪录片的衍生产品形态，带来新的产业增长点。三多堂传媒与优酷网联合出品的《我的时代和我》第二季尝试推出了衍生NFT数字藏品艺术海报，通过区块链技术，将普通商品转变成由代码组成的虚拟产品，进而加速传统版权IP的数字化转型，抢占新赛道。

最后，在产业布局上，应进一步深化国内外合作。第一，弱化宣教色彩，强化商业导向，综合国际一线厂牌的专业度和国内新媒体平台的传播力，通过合作制片、搭建国际平台、培育国际人才等多链路合作方式，构建共享互惠格局；第二，通过网生化表达和"轻量化"传播，突破传统纪录片稳定的叙事结构和舒缓的叙事节奏，在传播形态和语态上对接国际市场；第三，以互联网平台更为灵活的生产策略，深入产品研发上游，从"引进版权，外语播放"到"进入前端，多版定制"，调适话语博弈方略，打破西方主导权，实现中国式现代化形象的网络化、视听化建构。

第二节　新媒体纪录片的类型与选题

随着国内新媒体用户的持续增长,新媒体纪录片产业日趋活跃。新媒体不仅引发了传播环境的变革,而且使得受众的接受心理和行为产生变化。不同于以往的文博纪录片,《如果国宝会说话》通过个性化的故事讲述、精致的视听语言表现、高超的文物拍摄,完成了中国传统文化的现代讲述。

一、新媒体语境下文博题材纪录片的转型升级

2017年被业内人士称为文化类节目元年,全国上下掀起一股中华传统文化热,而文博类则更是成为热度中的"爆款"。新的媒介环境给文博类纪录片的创作和传播带来前所未有的机遇,同时此类纪录片的内容生产也受到了严峻的挑战。

(一)制作观念

文博类纪录片制作多从官方视角出发,构建宏大的传播主题。其内在特殊文化民族基因,使之承担着意识形态宣传功能,对年轻群体缺乏吸引力。随着"微"时代的到来,人们更为青睐短、平、快的信息知晓方式。近几年文博类纪录片的火爆,说明观众对丰富精神文化生活有着极大的需求。但是,文博纪录片如何呼应观众需求,在"微"中建构起文物的前世今生,饱满地传递中华文化精神内核是一个不小的挑战。

新的传播语境下,信息传播的主体实现了公众化,公众可以通过多种平台发布作品,UGC模式下生产的纪录片进一步瓜分了纪录片市场。UGC纪录片个性化突出,创作取材贴近大众生活,更容易得到受众的青睐。另一方面,创作群体的广泛化使得各种题材的纪录片应接不暇,加剧了受众市场的细分化。而信息体量的巨大化更是难以让小众的文博题材纪录片脱颖而出,吸引受众的注意力。

(二)经济投入

在泛娱乐化的趋势下,纪录片的整体生存空间变小。作为其中更为小众的文博题材,其收视率根本无法与电视剧或综艺节目相抗衡,因而也无法获得丰厚的市场效益。虽然各色视频播放平台的发展为纪录片的传播提供了更广阔的空间,但是为了经济效益,平台往往在观望纪录片在传统电视媒体上的播放效果后,再决定是否购买版权。

二、新媒体语境下《如果国宝会说话》的内容创新

传统文博类纪录片往往制作精良,却因内容艰深难以发挥其应有的文化与审美价值。对于文博类纪录片而言,要想借力新媒体平台,在互联网时代中寻求长远的发展,更为优质、更为新颖的内容成为关键,让人眼前一亮的传播形式不可或缺。与传统文博类纪录片不同,《如果国宝会说话》开创了文博类纪录片的全新形式。《如果国宝会说话》摒弃了"长篇大论"的方式,而是将一个个"大国重器"浓缩在五分钟的视频里,着重讲述国宝背后鲜为人知的传奇故事和曲折经历。截至目前,其豆瓣评分高达9.9分,在哔哩哔哩网站上的总播放量为273.9万次,弹幕达5万多条,当之无愧成为新一代"网红"。

(一)核心理念

构建古今对节目制作组通过演绎文物背后的历史与故事,让观众在欣赏文物之美的同时,又能从文物所传递的精神内核中汲取力量。传统文博纪录片在讲述历史的时候,往往采用宏大的叙事传统,对于观众而言,显得高冷。而《如果国宝会说话》不仅通过多样化表现手法讲述历史,更用贴合当下的语言文字,观照现实的情感表达。纪录片每集最后的抒情性文字能够给观众以思考,从自己的传统文化中寻求答案,契合现代年轻人的精神需求。这些活泼的内容能够与观众产生共鸣,形成交流互动,利于纪录片本身在新媒体平台的传播。

(二)内容呈现

"内容为王"的时代,精心打磨所形成的优质内容,是纪录片取得成功的根本原因。《如果国宝会说话》结合每一集的主题,灵活应用了镜头、灯光、色彩、音乐等多种视听语言,营造了极大的视觉享受。在文物自身的呈现上,制作组采用最新的3D扫描技术,360度的高清展示,向观众展示了文物的细腻真实,拉近了传统上摆在博物馆展窗后冷冰冰的文物与观众之间的距离。

新媒体语境下,由于信息量的剧增和越来越快的生活节奏,受众接收信息的方式也转向碎片化。《故宫》通过对故宫从建筑艺术到馆藏文物、宫廷生活到王朝更替的全景展示,有利于让观众对故宫产生比较全面的了解,但12集的总长度对于日益习惯碎片化的媒介消费的现代人来说是个挑战。而《如果国宝会说话》采用的5分钟时长设计,既契合当下快节奏的生活,又与新媒体时代观众的观赏需求不谋而合。

（三）影像风格

片头主题文字出现后，配有声音"叮，您有一条来自国宝的留言，请注意查收"，此番设计削减了文物带来的距离感，让观众觉得就像是与朋友间的对话，亲切感十足。随后每一期的小标题的设计样式与文物质感相呼应。如《红山玉龙：寻龙诀》和《贾湖骨笛》的字体设计分别是玉和骨笛质感。片尾通过抒情性文字，给观众留下充分的自我思考的空间，从而建立起文物与观众的情感连接，产生情感共鸣。而传统的纪录片有一个大气磅礴的标题，分标题只是起到提示的作用，并不能和分集内容很好地联系在一起。

为了更好地讲述文物的前世今生，《如果国宝会说话》通过精致化的故事构建与寓教于乐的动画来加深大众对文物的理解。每一件文物都有自己的故事切口，避免了叙述的单一性，不易引起观众的审美疲劳。此外，寓教于乐地演示动画，使文物动起来，给历经千年的文物平添了几分可爱。这样灵动的表现手法很少出现在严肃宏大的文化纪录片中。而这让《如果国宝会说话》比教科书更生动有趣，也更容易被大众所接受。

（四）传播形式

在电视等传统媒体在播放纪录片的过程中，受众只能是被动地单方面接收。而新媒体语境下，随着传播方式的改变，受众在接收信息的同时可以通过多种平台发表看法，甚至形成强大的舆论影响力。在此情况下，《如果国宝会说话》整合播放平台，增加与社会的互动来提升自己的传播力。它最先在中央电视台纪录片频道播出，后在哔哩哔哩播放。每期视频的索引文字都结合当下最流行的语言，足够吸睛，从而获得超高播放量。而在微博等平台，官方发布正式海报与特色海报，兼具传统韵味与幽默逗趣。正式海报共四张，水波潋滟下的文物宝藏蕴含着文明的力量。与主海报的韵味美反差极大的就是极具网络趣味的特色海报。其想象力惊人，让国宝们大显"反差萌"。新媒体时代，生硬的广告和苦口婆心的说教式植入，已经很难吸引人们的注意，而微博、微信等平台却为传统文化的传播提供了多元化的渠道。

三、《如果国宝会说话》对当前文博题材纪录片的启示

具有代表性的文博题材纪录片作品《如果国宝会说话》，以其形式上的"氛围感"与内容上的"历史感"，建立起"再现美学"的"假定性景观"。从选题与视角、内

容与制作、主题与内涵等不同侧面,极大地延展了纪录片的类型边界(图5-4)。

图5-4　中央电视台纪录频道
《如果国宝会说话》第一季

(一)选题与视角

一般来说,文博类纪录片普遍更受中老年人的青睐,但数据显示年轻观众成为《如果国宝会说话》的绝对收视主力。在关注节目的微博网民中有81%的人拥有本科学历。这说明高学历带来的文化需求给文博类纪录片的发展提供了良好的土壤。所以,在纪录片筹备初期,可以首先从年轻受众的文化需求出发,做好市场调研。其次,在叙述视角上,可以适当增添综艺的表现手法来吸引年轻受众。例如,使用轻松潮流的语言表达,能够让远离现实的文物更接地气,使之在纪录片中"活"起来。

另一方面,文博类纪录片始终肩负着特殊的文化传承的责任。不仅要关注到娱乐因素,而且要注重产品内涵。纪录片使用娱乐化的表现手法吸引观众的同时,容易使观众对文物的认知浮于表面,难以在文物与观众之间建立有效的连接。文博类题材纪录片如何在当下娱乐化潮流中不失自身品位,传递文化内涵,构建受众情感共鸣,需要制作方探求两者的平衡。文博题材纪录片既从受众需求出发,又不被其局限,这样才能有利于夺得收视与口碑的双丰收。

(二)内容与制作

媒介的融合创新,跨屏的互动传播,使得现在每个人都可以是文化的传播者。但对于文博类题材纪录片而言,不仅要传播文化,更要传承文化。新媒体语境下,媒介的畅通使得文化输出愈加容易,现如今,国与国的竞争也越来越转向文化软实力的竞争。而文化产品是一种有效的文化载体,文博类纪录片则更是在传播中国文化、传承传统文化方面有着不可替代的作用。中国文化以其五千年的灿烂辉煌闻名于世,在21世纪的今天,中国文化也同中国经济一样,迸发着无限的创新活力。文博类纪录片要能够善用现代科技与创新思维,将传统文化融入生活。对于制作者而言,要主动挖掘传统文化的当代价值,寻找到与现代观众生活所契合的内容,以期为今天的工作生活提供启迪,从而建立起与当今人们之间的情感联系,让人们从文物身上汲取精神力量。除此之外,要将线上播放与线下活动相结合,能够吸引到更多的人走进博物馆,从而强化人们文化遗产保护的意识,达到文化传承的目的。

(三)主题与内涵

《如果国宝会说话》这部纪录片的火爆,离不开国宝背后中华文化的深厚魅力,离不开节目组对传统文化的领悟和尊重。第一季播出后在年轻人群中取得了巨大的反响,让人们不自觉对古代人民的智慧肃然起敬。年轻一代人对传统文化的"渴望"与民族"自豪感"在观影中不自觉地流露出来,发自肺腑地认同传统文化的美好。

《但是还有书籍》由哔哩哔哩出品,北京小河文化传媒有限公司联合出品,以新鲜有趣的视角,记录这个时代的爱书之人,捕捉和书有关的精彩故事,在哔哩哔哩与豆瓣上分别收获了9.8分和9.2分的评分,获得第30届中国电视金鹰奖最佳电视纪录片、第26届上海电视节白玉兰奖最佳系列纪录片提名。这也是新媒体纪录片首次在这两个奖项上获得荣誉,在中国纪录片行业发展史上具有里程碑式的首创意义。

读书不仅关乎个人,也关乎民族。哔哩哔哩出品的《但是还有书籍》这部有情怀有责任感的纪录片值得点赞(图5-5)。从2016年《我在故宫修文物》的爆火,就已经反映出当代年轻人在文化领域和精神层面是有需求的。哔哩哔哩一直坚持深耕纪录片领域,从举办的《人生一串》研讨会,到《但是还有书籍》获得了观众和学者专家们的厚爱以及多个优质奖项荣誉的肯定,一路走到今天,这些都来之不易。

在创作方式和表达上,整个主创团队都力求走出舒适区,思考纪录片的创新点,让传统读书人的静态场景感层次丰富起来。哔哩哔哩的弹幕文

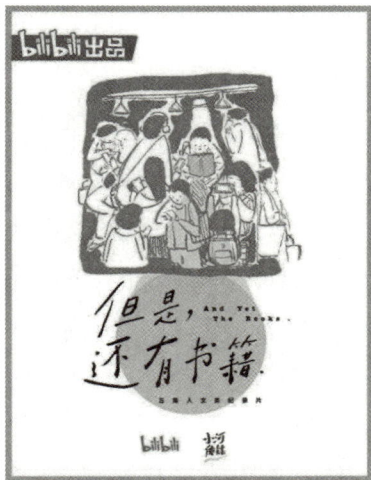

图5-5　哔哩哔哩出品
《但是还有书籍》第一季

化也反向影响着纪录片创作,《但是还有书籍》中出现的大大小小的每一本书几乎都有观众能细心地找出并用弹幕标注解释,这也是与创作者一种相互的促进与理解,对于优质书评的置顶,还有联合7位读书类UP主一同推广,策划"想读就读"活动等平台推广活动,都让这种与书有关的和谐氛围持续发酵,让大家找回读书的快乐。哔哩哔哩也在上海通过品牌授权,开创了全国第一家由纪录片命名的正版授

权主题书店,让片中被种草的书都可能在线下书店看到。当前,新媒体纪录片通过制作团队和平台方的不懈努力,已经成长为纪录片领域的重要一脉。

创作上"以轻搏重",娓娓道来;选材上"以小博大",用平凡的小人物支撑起呼唤社会在碎片化、海量信息时代里进行深度阅读,培养良好阅读习惯的大主题,提升民族知识水平这种大的情怀;在宣传上"以网搏台",在传媒环境剧烈变化的当下,有效运用网络传播的力量助力优质内容的推广。

哔哩哔哩有新媒体平台应该有的使命承载——正能量的传播,民族希望的方向和发展的推动,将认知、担当和作为从口头转移到实际行动上,在选择创作和推动的内容上体现出来。片中,这些读书人、爱书人、普及书籍知识的人,他们阅读、思考以及行走的姿势应当被记录保存下来,他们用一种高尚的知识分子情怀为所有人保存了一片瓦蓝的天空,也让我们去思考纪录片人应该担当的使命和责任。《但是还有书籍》为我们展示了一种文化现象,一个我们视野之外的事:永远都有人在认真读书。哔哩哔哩通过带着温度的故事与受众建立了亲密契合度,这是哔哩哔哩作品建立的与观众联系的密钥,哔哩哔哩也因此成为年轻观众的一面旗帜。除此之外,《但是还有书籍》让观众找到情感共鸣,但是没有煽情,呈现了读书人和书之间彼此的温暖故事,但没有说教,也没有强颜欢笑。国产纪录片开始充分拥抱互联网,互联网也在助推优质纪录片内容出圈。在此基础上,邀请著名演员配音的安排达成了跨界资源的整合,也实现了纪录片的"破圈"。须知,纪录片是思想的载体和容器。观众在观看的时候其实不只是在看这个片子,事实上他们是借他人的纪录片,浇心中之块垒。

结合这点来看,《但是还有书籍》巧妙地展示出了阅读对于人精神气质的改变。这在以往的纪录片作品中是比较罕见的,它以另一种方式承担了推动全民阅读的职能。值得注意的是,哔哩哔哩真正出品纪录片是从2018年开始的。第一部是《人生一串》,第二部是《历史那些事》,《但是还有书籍》是第三部。

"软实力"的概念由哈佛大学教授约瑟夫提出。他认为,在信息时代处理国际事务的成败取决于"谁讲的故事更动听"。这一观点,也点明了国际传播和全球叙事能力在国家综合实力评估上的重要性。纪录片因兼具真实性、人文性和艺术性,是国家、地区和城市记录历史、留存记忆、传承文化的重要影像工具,也是进行国际交流、文明对话、展示软实力的良好载体。所谓城市软实力,是建立在一系列物质或非物质要素上,让一座城市所拥有的吸引力和感召力的总和,包括了精神品格、核心价值、文化魅力、治理水平、法治环境、居民素质等诸多因素,这些都适合通过纪录片的影像形式对外进行呈现和凸显。

(四)新媒体纪录片助力国际传播

在中国纪录片发展史上,海派纪录片曾书写下浓墨重彩的一笔,在国际上屡屡斩获大奖。但近年来,在移动互联网时代传播生态环境下,海派纪录片国际传播之路面临诸多挑战,电视台等主流媒体影响力大不如前,电视时代的纪录片叙事方式已难以适应年轻一代的需求,自我讲述型的外宣方式越来越难取得海外观众的共鸣。在此背景下,海派纪录片的国际传播必须进行网络化转型。2021年底,上海广播电视台纪录片中心制作的《百年大党——老外讲故事·上海解放特辑》(以下简称《上海解放特辑》)在第26届亚洲电视大奖中脱颖而出,荣获"最佳新媒体纪实系列片"奖,或将为海派纪录片的新媒体国际传播提供一些新的思路。接下来,笔者将以该片为例,探讨新时代海派纪录片的新媒体国际传播策略。

《上海解放特辑》(*Witness a New Dawn*)为六集系列微纪录片,选取了上海解放时新旧政府交替前后的时间节点,讲述了中国共产党接管大上海的过程,阐明了中国共产党的执政基础在于人民的拥护,是历史与人民的选择,同时通过今昔对比,讲述了这座城市取得的发展和成就,展现了上海作为"东方明珠"的独特魅力。

1.重大题材的"轻量化"传播

《上海解放特辑》系为建党百年而制作的重大题材纪录片,讲述了新旧政权交替过程中时序上的关键节点和标志性事件,分别为:临近解放前的旧上海,代表西方列强势力被逐出黄浦江的"紫石英号"事件,解放上海战役,新政权接管杨树浦电厂,外国驻沪新闻机构对新政权的第一印象,从修缮南京路看新上海的建设。一座城市的历史底蕴和传奇故事是软实力的重要来源之一,海外观众熟知当今上海的繁荣发展,但对上海的历史却普遍知之甚少。《上海解放特辑》通过回眸具有里程碑意义的时刻,使海外观众领略到了这座城市的独特地位和厚重力量。

为适应网络化传播的需求,制作方并未按照传统的宏大叙事模式来处理,而采用了短视频的轻体量方式,用6集5分钟左右的微纪录片来呈现城市故事。据统计,2019年中国短视频用户使用时长首次超过长视频。伴随着5G时代的到来,短视频不仅仅是内容传播的形式之一,也会成为数据时代"叙事视听化、视听叙事化"的社交语言。未来重大主题的外宣势必要告别对大片模式的路径依赖,更多地与短视频、微纪录片等形式相结合。《上海解放特辑》的特点正在于"举重若轻",契合了移动互联网时代人们碎片化的观影模式。

2.跨文化复调叙事

国际传播中,文化软实力的对外呈现需用"软性"的方式,使观众可感可触。从外宣角度而言,如何打破文化隔阂,实现共情性讲述至关重要。具有东亚史学背景、已在上海生活二十余年的费嘉炯教授(Andrew Field)担任该片嘉宾主持,带领观众走访上海解放时数个标志性地点,来到民生码头,描绘当年紫石英号等英国军舰如何被人民解放军炮轰出黄浦江;重访杨树浦电厂,讲述这个由美国人投资、当年远东第一大火电厂如何被共产党完整保留并提供贷款维护其运营;行走于南京路,还原新政府如何高效地对这条年久失修的道路进行修缮。

有了学者型主持人的专业解读,观众在这些"他者"视角的镜像中,可以更为客观地看到上海解放这段特殊历史。这种由外国人充当传播使者,讲述中国故事、上海故事的模式,对海外观众而言无疑会更具可信度,有利于跨越文化隔阂。

更为巧妙的是,《上海解放特辑》构建出了一个双重"他者"的讲述主体,外籍主持人除了实地走访讲述以外,还力图还原当时在沪外籍人士包括新闻记者、外交官、企业高管等亲历者的视角。比如在"旧上海末日"一集,主持人来到当时上海外国记者俱乐部所在地百老汇大厦(今上海大厦),试图还原当年外国记者观察上海的视角,又前往位于外滩的友邦大厦(原《字林西报》编辑部所在地),还原英国编辑乔治·瓦因意外发现黄金从国库被偷运出上海的过程。

此外,片中选取了许多英文史料,包括当时《纽约时报》《每日镜报》的报道,美联社、路透社的电文,并首度集中使用在沪发行的英文报刊如《字林西报》《密勒氏评论报》的文章,以及当时驻沪外交官及亲历者的回忆录、日记、未出版的口述史等,构成了另一重"他者"的叙事。由现时的外国学者带领观众了解当时的外国记者、外交官等人眼中的历史事件,形成双重"他者"的复调叙述,凸显了客观性和真实性。同时,双重"他者"的叙述也反映了上海的国际化积淀,从跨文化维度展示了深厚的城市软实力底蕴。

3.第一人称"零聚焦"交错时空

热奈特将文本的叙事视角分为外聚焦、内聚焦和零聚焦三种。所谓零聚焦视角,最为突出的特点为擅长全景式鸟瞰,也就是俗称的上帝视角或全知视角。但与常见的第三人称零聚焦视角不同,本片使用费嘉炯教授的第一人称讲述,比起第三人称的全知视角多了一些网络文本的社交属性和人格化叙事。他时常会在片中凸显自己的个人感受，比如在翻阅当年的英文报刊报道时说"读这些72年前的报道很有趣"，给人以交流感和亲近感。

对零聚焦叙述者来说，观察点可以随意游走，可以对故事作逆时序的预言或回顾，也可以走进人物内心。本片中，主持人穿梭于各个标志性地点，时而回顾历史，"时间倒回到三年前，也就是1946年"；时而立足现在、展望未来，"如今，这座发电厂成为上海最珍贵的历史遗产之一，并且正在转变成文化娱乐新地标"；时而从现在观照过去，"从我现在站的位置，可以看出这是防守的绝佳位置"；时而提供客观背景信息，"从20世纪30年代起，上海就以'不夜城'闻名，也是当时中国主要的工业中心。这背后是一种至关重要的资源——电力"；时而走进人物内心世界，"但现在随着战火的临近，他的公寓也成了国民党的据点，他和其他人一样感到焦虑和恐慌"。这种第一人称"零聚焦"交错时空、串联今昔的讲述，构建起一个相对完整的信息和情感场域，使海外观众能够更为全面地认识上海，从历史发展的维度感受到上海的城市软实力。

4.技术赋能更新视听手法

在《上海解放特辑》中，大量使用了彩色历史影像资料，这些由中苏联合摄制组拍摄于1949年至1950年的珍贵彩色影像，真实再现了解放上海苏州河战斗以及新上海欣欣向荣的面貌。为了保持画面叙事的协调和统一，制作方对部分黑白资料素材使用了AI智能化上色技术。

除此之外，为了让历史鲜活起来，系列片还采用了复古风版画还原故事情节，使用数字建模技术清晰介绍故事背景。这些先进的技术手段和展现形式，有效升级视听语言，配合珍贵的文献史料和独特的讲述视角，是党史故事、城市故事视觉呈现和对外传播的一次创新实践，使严肃的、知识性的视听作品更具吸引力。

5.叙事隐性化、网生化、多元化

不难看出，上海拥有极为丰富的红色文化、海派文化和江南文化资源，为纪录片的取材提供了广阔的选择。在广泛涉猎不同题材的基础上，海派纪录片仍需不忘初心，在国际传播中秉承城市文脉，厚植城市精神，彰显城市品格。《上海解放特辑》立足红色文化，为网络化海派纪录片的全球叙事和国际传播策略提供了以下启示。

首先，在叙事方式上，要注意价值观的隐性化表达。国家软实力、城市软实力都离不开价值观的感召力。中国主流价值观长期以来在国际社会存在被误读、被弱化的现象,在价值观表达的道路上任重道远。海外观众对于直接的、自我中心的、意识形态特征浓厚的价值观表达往往天然排斥。

在这方面,《上海解放特辑》是一个成功的案例。中国共产党的执政是历史和人民的选择,这样具有强烈意识形态特征的题材,被制作方高明地以双重"他者"的跨文化叙述、第一人称"零聚焦"的视角赋予了可信度及代入感,形成了价值观的隐性表达,达到润物无声的效果。当然,采用外籍主持人并不是隐性表达的唯一途径,海派记录人过去所擅长的反映大时代下小人物命运的讲述方式,也是国际上纪录片的通用语言。

具体到叙事风格上,要多采用适应网生化受众的表现手法。在电视媒体垄断时代,大多数纪录片题材严肃,内容富有深度,往往吸引年纪偏大的受众。伴随网络的兴起,纪录片的主要阵地也在向新媒体尤其是移动端转移,纪录片观影群体正趋于年轻化。有研究表明,22~44岁的用户更倾向于观看引发人们思考的纪实类短视频。网络叙事因用户阅读场景不同,整体叙事节奏偏快,篇幅较短。

网生化叙事并不仅表现在轻体量上,更深层的是叙事风格要贴近年轻人的审美趣味,突破纪录片沉稳、规整的叙事结构和舒缓的叙事节奏,采用灵活多变的叙事视角和叙事结构,以及轻盈风趣的表现手法。例如《上海解放特辑》里采用复古风版画还原故事情节、在重点讲述之处用手写方式圈出等,都是网生化表达的有益尝试。

此外,在叙事主体上,要打造多元化的话语体系。中国纪录片海外传播时常常被误读的一个原因,就是西方受众对中国媒体与政府之间关系的刻板印象,对于政府背景媒体制作的内容往往先入为主地打上"宣传"的标签。目前海派纪录片的主要制作力量仍是以上海广播电视台为代表的主流媒体,承担着大部分高质量纪录片的制作生产和传播,这事实上变成了另一种意义上的"自我陈述"。"他者"是相对于"自我"而言的,相对中国观众,外籍主持人是"他者";而相对体制内主流制作力量,代表民间制作力量的大众话语和网络话语也是"他者",因其通俗性和贴近性,更容易获得国际受众的共鸣,构成主流政治话语的必要补充。因此,海派纪录片全球叙事中,应打造多元化制作主体,除了主流媒体外,政府、文化基金等还要注重扶持民营制作公司、独立导演等体制外力量,在价值观表达的同时尽可能减少宣教色彩。

6.传播"借船出海"与"造船出海"结合

传播内容与传播平台的适配性至关重要,在国际传播中尤其如此。《上海解放特辑》不但在上海和中央多个主流媒体的新媒体平台播出,在面向Z世代年轻人的哔哩哔哩上线,而且"借船出海",登陆了YouTube、Facebook等海外头部新媒体平台,获得的播放量及阅读量超过1亿次。当前,海派纪录片除电视台的传统阵地外,也在积极布局海外社交媒体平台。2021年5月,上海广播电视台纪录片中心在Facebook、YouTube、Instagram等头部海外社交媒体平台开设DocuLife账号,着手搭建国际传播新媒体矩阵,目前处于试运营阶段。DocuLife盘活片库中超3000小时的纪录片资源,并将新近创作的优秀海派纪录片以整片、精华片段、二次创作等形式推出。这种借助海外头部社交平台的做法,能以较低的时间和运营成本迅速传播。

从长远看,打造像Tiktok这样的自有网络平台,才能真正将用户和话语权掌握在自己手中。Netflix的成功印证了这一点。在2007年推出流媒体服务后,Netflix采用会员付费模式,通过个性化算法提高用户留存率,在充分掌握用户的观影喜好后,根据大数据预测某特定题材的电影、纪录片或娱乐节目有多少用户会观看,据此对原创内容投资进行有针对性的布局,从而创作出不少叫好又叫座的视频内容,例如《美国工厂》拿下了第92届奥斯卡最佳纪录长片。对于海派纪录片乃至中国纪录片的新媒体国际传播而言,需注重"借船出海"与"造船出海"的结合,在布局海外头部平台的基础上,积极打造自主网络视频平台,以实现全球化、区域化、分众化表达,即进一步细分国际受众,针对不同国家和地区推出相适配的内容,达到更为精准的传播效果。《上海解放特辑》的成功告诉我们,新时代海派纪录片需在沿袭自身传统特色的基础上,适应网络传播生态,致力于视听表达手段的创新和升级,在宏大叙事的纪录片语言中脱颖而出,以个性化视角对重大题材进行富有共情力的传播,同时积极拓展海外网络平台,为讲好上海故事,塑造良好城市形象,提升城市软实力作出新的贡献(图5-6)。

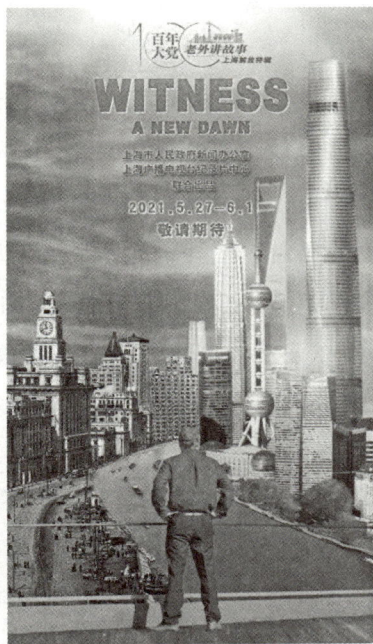

图5-6 上海市人民政府新闻办公室、上海广播电视台纪录片中心联合出品《上海解放特辑》

第三节 陌生视角+短视频化
——微纪录片的创作技巧

伴随着移动互联网的兴起,呼应当下传播生态、观看旨趣的短视频有了长足的发展。"微纪录片"作为一种全新的类型,以其创新的表现手法及多元化的内容特征迅速成为当下纪录片创作的重要方向。无论创作观念、传播方式或是营销手段,微纪录片都呈现出鲜明的个性化特点。对创作者而言,新技术与互联网平台,为微纪录片的创新发展提供了新路径。本节以微纪录片为对象,从技术赋能、价值重构等方面切入,期待为今后微纪录片的创新策略提供一些有益的借鉴。

近年来,我们所处的媒介环境、传播生态发生了重要、深刻的变化。习近平总书记在主持召开中央全面深化改革领导小组第四次会议时强调,要遵循新闻传播规律和新兴媒体发展规律,强化互联网思维,坚持传统媒体和新兴媒体优势互补、一体发展。

2018年全国网络安全和信息化工作会议上,习近平总书记再次强调各级领导干部要主动适应信息化要求,不断提高自身对互联网规律的把握能力。当前移动互联网语境下,传播的突出特点是移动化、碎片式、强互动。微纪录片正是符合互联网传播特点的一种崭新类型。显然,今天的传播主体,早已超越传统媒体、传统认知的范畴。面对以人工智能(AI)、虚拟现实(VR)、大数据、云计算等为代表的新技术,以及用户至上、体验为王的媒介环境,微纪录片的创作、传播、接受需要创新思维,以技术赋能、价值重构为突破口,最终实现微纪录片自身传播力的最大化。

一、技术赋能微纪录片创新表达

媒介环境学派代表人物、加拿大传播学者麦克卢汉认为"媒介即讯息",真正有价值、有意义的讯息,与特定时代所采用的传播工具的性质及其带来的社会变革密切相关。因为传播工具的改变,必然会带来媒介环境的改变。从媒介环境学的视角来看,新技术是手段,亦是本质。新技术的介入,于微纪录片而言,其实是题中应有之义。因为,微纪录片本就是技术的产物,是移动媒体技术、文化、经济等多种因素融合发展下的变革性文化产品。与传统纪录片相比,微纪录片能够为融媒体时代的受众提供更为丰富、立体的视听体验。创作者绝不能居高临下,或闭门造车,必须对市场需求、观众审美建立清晰的认知。

（一）强互动，面向年轻群体

"产品思维"，是技术赋能的必经之路。它意味着要站在受众（用户）的角度对待作品（产品）。长期以来，国产纪录片的传播面临困境：一方面，创作者不了解受众需求，作品或跟风，或盲目；另一方面，受众群体也缺少及时反馈的有效渠道。那么，运用"产品思维"，通过技术赋能，能够打破微纪录片创作与接受间的壁垒。

当下纪录片创作愈发"年轻化"。"得年轻人者得天下"逐渐成为共识。从选题阶段开始，创作者就要回应受众需求，紧跟社会热点。即便作品的主题较为严肃，也要学会更有时代感的表达。比如，借助多媒体手段，以互动性增强作品的吸引力。吸引力是获得影响力的关键路径，重点是考虑受众的心理和习惯，建立自己的"粉丝群"，增强内容的感染力。这样的"二次传播"，符合社会化营销中的"话题性"原则。例如，2020年2月，中央广播电视总台影视剧纪录片中心组织拍摄了《武汉：我的战"疫"日记》系列纪录片，第一时间展现了疫情亲历者们的感人故事。片中大量采用抗疫现场的画面素材，包括医护人员、志愿者用手机拍摄的珍贵镜头，以极强的纪实性、现场感，让观者得到了抗疫现场的沉浸式体验。简单的镜头带来了跨越国界的震撼，在国内外引起了广泛关注。显然，以往"酒香不怕巷子深"的理解，已不再符合微纪录片的美学特征与传播特性。对微纪录片的创作而言，网络社会中，人际传播、大众传播和大众自我传播这三种传播模式是共存与互补的关系。显然，要实现这一切，需要"艺术+技术"的创新手段。

比如，VR、AR、MR等新技术，使微纪录片的传播、接受方式发生重大变化，受众的沉浸感、参与感也进一步加强。近几年，视频网站推出了一系列视角新颖的微纪录片作品。如腾讯视频推出的《向着宵夜的方向》，单集时长7分钟。作品看似在介绍美食，实则是通过人文关怀，展示出美食背后的世情百态、人间烟火，收获了不错的传播效果。

当前，元宇宙技术方兴未艾。正如有学者所指出的，元宇宙是无主的新大陆。媒体要开启大航海，探索元宇宙的版图。虽然对元宇宙未来的发展众说纷纭，但可以肯定的是，元宇宙将带来新的数字经济、新的传播业态、新的网络入口。显然，生态的变化会影响内容产品的发展。

在可预见的未来，元宇宙技术将帮助微纪录片为受众提供全新的内容形式和观看体验。创作者应该主动拥抱新技术,因为每一次技术的进步,都使纪录片在创作、生产、流通、传播和受众体验上得到进一步完善。在反映现实的再现能力,在抒发情感的表现能力,在感染受众的体验能力,微纪录片能够从技术革新中获得快速发展的能量。正如著名媒介研究学者亨利詹金斯所说的那样:"数字革命既是一场社会和文化的变迁,也是一种技术的变迁。"技术赋能,也成为今天微纪录片创作的新常态。

(二)平台联动,整合资源要素

微纪录片的创新发展,离不开多种资源要素的有效整合。其关键,在于使各种要素之间产生联系,实现互利共赢。有鉴于此,微纪录片的创作应充分利用平台优势进行资源整合,通过深度的挖掘,既开阔创作者的视野思路,又能使资源之间发生关系和互动,实现价值倍增的创新创造。

例如,党的二十大召开前夕,全国各省级卫视陆续播出的系列微纪录片《我和我的新时代》,实现了台网联动,在中国视听、优酷、哔哩哔哩、抖音等多类型的视听平台同步播出。创作者主动呼应当下融合传播趋势,台、网、微、端齐头并进,通过个体经验的挖掘,实现主题认知层面的共情。这也为重大主题微纪录片的创作提供了可资借鉴的方法论。

此外,专为特定平台"量身定做"的微纪录片作品也大行其道。如专为手机观看而创作的微纪录片,契合了受众碎片化观看的需要。如"二更"公众号推出的微纪录片作品多数都有10万+的点击量。显然,与特定播出平台互动融合,也已成为移动互联网时代微纪录片创作的新特点。这种全新的传播形态与美学追求,也是对整个纪录片生态体系的丰富。近年来,主流视频网站纷纷与知名纪录片创作机构开展合作。如优酷与美国国家地理频道则联合推出了《被点亮的星球》。为贴近年轻群体,片中特意安排包括郎朗等在内的各界名人,以旁白的方式,将哲理表达与视听体验巧妙融合,以更为中国化的叙述方式,为同类型纪录片的创作提供了更多的信心。

(三)巧用大数据,精准指导创作

大数据思维是以大数据来建构核心竞争力。一方面,以大数据的分析为基础,既可以有效地避免文化资源的浪费,又可以有效指导创作。另一方面,大数据思维通过海量的数据分析,较为精确地了解观众的观看习惯,为纪录片创作提供了一种全新的思考方法。例如,作为献礼的重点项目,《幸福中国》提前布局,统筹资源,以小故事展现大主题,前置大数据方法于策划选题阶段,实现了事半功倍的效果。当然,创作者亦不能陷入"数据为王"的执念,毕竟艺术创作绝非数字游戏。

同时,大数据思维能够"精准制导"微纪录片创作的全过程。比如前期策划,可借助大数据了解最受关注的话题类型。当然,到后期制作过程乃至营销推广阶段,大数据思维依然能发挥作用。对创作者来说,要从根本上理解大数据思维背后所体现的思维方式,对传统纪录片的创作模式进行相应调整,最终呈现出更符合移动互联网传播规律的作品。甚至在不远的将来,微纪录片创作有可能在云端开展,实现一种"云协同"。从前期策划到后期制作,都将能够在云端完成。依赖于高速运算的云平台,创作者甚至可实现多点同时拍摄,不同的创作者身处全球各地亦可同步协作。毫无疑问,这将不可思议地重构、革新微纪录片乃至纪录片的创作模式与传播模式。

大数据能助力微纪录片更好地抵达目标受众。当然,这不代表创作者只能迎合受众。任何作品,都应坚守主流价值观,这是创作者的社会责任。事实上,将正能量与创新表达相结合,以全媒体方式传播,正是微纪录片的优势所在。例如,作为原创短视频(微纪录片)的生产主体,二更作为重要的纪实短视频平台,内容多聚焦当下城市年轻群体的日常生活、情感状态。近年来,二更与多个省会城市本地团队建立合作关系,实现了多点布局的PGC(专业内容生产)模式。比如"更山西""更厦门""更长沙"等相关城市品牌,同时采取微博、微信、头条号等全网覆盖策略,甚至与上海纪实频道这样的传统纪录片制作单位合作,实现了巨大的品牌效应。二更作为平台成功的秘诀之一,便是对大数据的精准分析。从行业的发展来看,创作者得到更为准确的用户画像,也能够加强与受众的互动。创作者们得以从作品、市场、用户的多重维度理解作品的传播价值、传播路径。目前,微纪录片以网播为主,客观上也为大数据的搜集整理提供了便利。

(四)用户思维,实现价值重构

智能传播时代,创作者需要转变思维方式与创作模式。首先,创作者需要找到契合当下语境的表达方式。其次,用户思维则要求创作者从一开始,就明确目标受众,以做到"有的放矢"。最后,创作者要重视受众的反馈,以实现创作与接受的有机互动。因为,纪录片尤其是微纪录片的价值,在媒体融合背景下亟待重估与重构。传统纪录片产业链中较为欠缺的平台发展、盈利模式等方面,都可以在微纪录片的探索发展中积累宝贵经验。

显然,创新表达方式,是培育用户思维的必经之路。毕竟,酒香也怕巷子深。只有创新表达方式,才能打破观众对纪录片的刻板印象。例如微纪录片作品《百炼成钢:中国共产党的100年》作为献礼建党100周年的重大主题创作,不落窠臼,使历史与时代共振。首先,每集开头以提问方式,激发观众的好奇心。通过故事化的叙事方式,让红色故事得到了创新性表达。同时,还为今后的类型探索与突破提供了支撑。

以优酷网制作播出的微纪录片《再读西柏坡》为例,创作者以富有情感的表达引导、串联故事情节,运用设问、反问等技巧设置故事悬念,将红色故事进行故事化、情感化表达,巧妙诠释了谦虚谨慎、戒骄戒躁、艰苦奋斗的红色精神。

文献纪录片往往会使用大量的资料镜头。如微纪录片《百炼成钢:中国共产党的100年》充分利用具有历史意义的老物件,与视听手段相结合,让观众感受到浓郁的现场感。沙画、动画、情景再现等多种创作手法的运用,也使得这样一部红色题材微纪录片作品,在表达方式、语态上实现"年轻化"。

其实,这一类型的微纪录片,如何在作品中处理好主题表达与网络传播之间的关系,一直是学界、业界讨论的焦点。近年来的重大主题微纪录片作品,更擅长通过具象物体的符号化,实现意义重构。所谓"意义必须用符号才能表达,符号的用途是表达意义"①。具有历史感的老照片、书信、档案等文化符号,作为意象化的表达,成为红色文化的载体,从而实现受众的共情与认同。这也是用户思维的生动体现。如芒果TV、优酷、爱奇艺、腾讯视频联合出品的《十一书》中,每一集以革命先烈的书信引入,借助"微观书写",完成历史感的建构,弘扬了红色精神。以上都是贯彻用户思维的生动实践。

另外,用户思维要求对作品的潜在受众有准确的认识。伴随着微纪录片的崛起,越来越多的年轻观众有了观看纪录片的意愿。根据腾讯视频2022年度指数报告中的数据,纪录片受众中,接近一半都是本科以上学历的"95后"群体。显然,只有对年轻受众形成精准认知,才能实现创作的IP化、品牌化。微纪录片作为"小而美"的类型,只有获得了稳定的受众群体,才有可能持续地输出优质内容。

---

① 刘晓萍.符号认知传播的研究路径考察:以广播电视作品中"中国形象"传播为例[J].中国广播电视学刊,2020(5):17-21.

以《了不起的匠人》系列作品为例,该系列作品在策划阶段,就聚焦年轻群体。创作者有意识地对作品进行针对性的设计。《了不起的匠人》系列每期均安排不同的主题,如唐卡、汉服、漆器等等。一开始,《了不起的匠人》更多通过年轻群体内部的口碑传播。当下年轻群体中不少人对传统文化兴趣浓郁,创作者借助相关选题,借助口碑传播,使作品精准抵达潜在受众。显然,这也是一次大众美育的成功实践,帮助年轻群体实践了文化自觉、文化自信。

(五)IP化传播,讲好中国故事

微纪录片受时长所限,适合以小切口介入相关话题。同时,微纪录片通常聚焦某一个细分领域,这样也容易培育创作品牌。放眼全球,微纪录片的未来潜力不可小觑,具有很强的价值开拓空间,对于讲好中国故事也大有裨益。

纪录片创作中的IP意识,是通过概念、场景、作品矩阵等多种形式,实现纪录片传播价值最大化。只有通过培育IP意识,才能让纪录片的社会影响力超越作品本身,为创作与产业的良性发展提供内生动力。作为一种新形态,微纪录片应着力拓展传播渠道。各大视频网站及短视频平台是微纪录片的主阵地。优质的微纪录片也应及时反哺电视媒体。全媒体语境下,借助微信、微博、相关客户端等,实现创作者与受众的有效互动,也能让更多人接纳微纪录片。例如二更平台精心打造的《最后一班地铁》系列作品,既实现了平台的成功转型,又通过多屏传播、跨屏传播,通过短视频矩阵的流量优势完成了自身的品牌建设。

还有腾讯视频精心打造的微纪录片IP"一日之食",通过《早餐中国》《向着宵夜的方向》《沸腾吧火锅》《开动吧！海鲜》等极具特色的微纪录片产品矩阵,以垂直细分的产品形态,关注、记录普通人的一日三餐,得到了网生代受众群体的广泛认可。

不过近年来,微纪录片作品在题材选取上出现明显的同质化倾向。例如,创作者大量地选择美食作为切入点。固然,美食天然地就能够吸引观看的兴趣。但创作者不应故步自封,而应努力探索,拓宽题材范围。如央视纪录频道推出的《如果国宝会说话》,采用3D扫描、多光谱采集、数字传拓等新技术,单集仅仅5分钟的时长,为观众呈现了众多国宝的历史故事。传统上,这类厚重的历史类选题,一般风格偏严肃、厚重,往往重点在于相关历史知识的科普。

这样的"知识传播",在移动互联网语境下,通过类似"国宝留言持续更新,请注意查收"这样趣味十足的表达方式,让不少年轻观众耳目一新。此外,创作者有意让历史和现实产生有意义的联系。在关于"击鼓说唱俑"的一集中,甚至加入了"两千年的断食断水,腹部的赘肉竟然没有半点松懈。哎,减肥真,难!"这样调侃意味十足的文字,拉近了历史与现实的距离。

微纪录片的发展,客观上也要求广大创作者立足作品本身,努力提升作品的附加值,实现文化与经济的双赢。这方面,《了不起的匠人》系列的做法值得借鉴。首先,该系列采取"植入广告+品牌广告"的营销模式,将赞助商内容与作品进行巧妙融合,收获了较好的传播效果。如片中长安马自达汽车品牌广告对应的"匠心语录"。其次,观众可以通过简单的操作,购买片中涉及的商品,这也与年轻群体的消费习惯吻合。当然,这已经超出了创作本身的范畴,而上升到产业链层面的问题。

众所周知,国产纪录片在产业链发展上相对较为迟缓,与纪录片大国相比,我们在这方面还需要"补课"。那么,微纪录片作为新形态的文化产品,可以在这方面充当"试验田"。此外,视频网站的介入,客观上也为微纪录片产业注入新的活力。不难想象,未来作为平台,可提前介入,实现微纪录片的订单式生产。丰富自身的内容资源的同时,也能刺激观众为优质内容付费。这方面,近年来网络剧、网络电影的蓬勃发展,已经为我们做出了示范。

二、加强政策引导,营造良好氛围

纪录片的特殊性决定了它在对外传播中的重要价值;具体到微观层面,微纪录片可成为主流媒体在融媒体时代提升传播力、影响力的关键推手。传统主流叙事的那种宣教式、单向度的对外传播逻辑显然不利于实现讲好中国故事的目的。因此,适度的政策引导,能够为微纪录片未来的发展营造良好的氛围。最终,在受众、媒介、环境三重机制共同作用下,书写可亲、可爱、可敬的中国形象。而要实现这一点,适度的政策引导必不可少。

(一)完善监管机制,实现良性循环

卢因的"把关人理论"强调,"信息总是沿着含有门区的某些渠道进行传播的,存在着一些把关人,只有符合群体规范或把关人价值标准的信息才能进入传播渠道"。微纪录片作品数量不断增加,质量却参差不齐。同时,微纪录片创作门槛较低,也需要有关部门加强监管。较为可行的方法,是通过"事前监督""事后介入",以及相关评奖、评选活动,以制度激励助力优秀的微纪录片进入观众视野,实现创

作—传播—接受的良性循环。

(二)加强学术研究,强化理论引导

"理论之树长青"的奥秘,关键在于理论与实践相结合。只有这样,理论才能真正实现反哺创作。微纪录片作为新生事物,更需要相关高校、研究机构的支持,从学理层面对微纪录片的创作、传播、接受进行系统性的梳理,加强相关学术研究,能够帮助微纪录片踏上良性的发展轨道。事实上,微纪录片作为一种跨媒介的制作,也需要引入跨学科的理论资源。因为,微纪录片本就是媒体融合大潮下的产物。

此外,微纪录片的制作队伍相对年轻化,且相当数量未接受过专业训练,如何实现美学突破与价值引领等,都需要学术界进行深入研究,帮助创作者在理念思维、艺术手法、题材内容、表现手段等方面锐意创新,打造更多精品力作。

移动互联网时代,微纪录片的发展迎来了绝佳的历史机遇。顺应时代需求的微纪录片,未来定将贡献出更多的佳作。作为一种全媒体传播的内容产品,技术赋能帮助创作者找到与年轻群体对话的方式。与此同时,媒体融合背景下,贯彻用户思维,实现价值重构,微纪录片也能帮助主流媒体提升传播影响力,实现舆论引领。有理由相信,未来微纪录片还将对纪录片的制作、传播、消费模式产生更为深远的影响。再来看下面这样一个典型案例。一位在抖音平台"上天下海"看似不务正业的中年大叔,竟然是一个吸引千万粉丝的网红和一名威严的人民警察;折纸也能有百万粉丝? 是的,一位试图用折纸定格动画描摹中国故事的梦想家,不断被粉丝催更"您再快点"……

在网红的世界里,他们是一道别样的风景,这风景就出现在十集系列微纪录片《原来你是这样的网红》中(图5-7)。作为主流中央级媒体,新影集团新媒体事业部的年轻编导们,将镜头对准十位"另类"网红,通过讲述他们的个人故事,告诉观众网红并不仅仅是唱歌跳舞、美颜美食,在多元、包容和开放的社会中,网红也有鼓舞人心、催人奋进的正流量和正能量。《原来你是这样的网红》的热播,既实现了对社会主流价值观的引领,也探索

图5-7　中央电视台出品《原来你是这样的网红》

出了新媒体时代纪录片可持续发展的创新方向和有效路径。

随着智能手机的普及与移动互联网的快速发展,短视频时代到来,移动化、社交化、生活化等特性使短视频迅速成为当下重要的信息呈现和传播方式。当前我国短视频用户数量已经达到9.34亿(CNNIC第49次《中国互联网发展状况报告》),短视频行业已成为当前最具成长性和竞争力的新业态。适应社会环境与传播环境的变化,纪录片的生产、传播、营销的过程和方式也都相应地发生了变化,在一切都讲究轻量化的"微时代"背景下,微纪录片成为传统纪录片跳出小众圈层、拥抱年轻大众的新样态和新选择。

以央视为代表的主流媒体和爱优腾等视频网站开始进入微纪录片的生产,并通过多元化的传播渠道逐渐进入发展的黄金时期。从纪录片到微纪录片,变化首先体现在时长缩短、集数增加。以《原来你是这样的网红》为例,适应移动传播和场景传播对纪录片节奏和时长的要求,每集在8分钟左右,每一集独立成篇,小而精致。搞怪的"大漠叔叔"花式普法,"老外"秦思源记录老北京最后的叫卖声并传播京味文化,摄影师老万常驻长白山拍摄野生动物,折纸达人秦坤一手叠万物等等。系列纪录片一共10集,人物年龄、身份不同,从事行业不同,成为网红的过程也不相同,但是各具特色的人物凝聚在一起,从整体上描摹了当下正能量网红积极向上的形象。

从纪录片的策划、生产和制作来看,拍摄内容更加精练,大大减少了每集作品的信息负载量,使其成为能迅速适应融媒体环境下快节奏和多样化的纪录片作品;同时在有限时长内注重突出人物个性和故事冲突,通过合理把握叙事节奏,合理增加叙事的悬念与转折,增强故事的曲折感,也更加具有吸引受众的亮点和趣味性。

《土味儿说唱家邱勇》中,拿过三项国家专利的工程师邱勇,非要辞职做一名创客;2017年就入驻抖音的他,在已经推出1200个视频的时候,粉丝才1201个,并因而被人嘲笑;参加选秀节目,被评委嗤之以鼻、冷脸相对。一个又一个的挫折没有难倒他,他坚持咬牙挺过,最终成就了今天百万粉丝并被观众鼓励创新的土味说唱家。再如扎根农村将农家子弟培养成世界跳绳冠军并且入选"全国道德模范"的乡村教师赖宣治,与他年少时是一个"问题少年"的对比,水果科普达人丰富的植物学知识和他大学时学习的枯燥的精密制造专业的反差,都成为迅速吸引观众注意力的亮点。

　　微纪录片这一诞生于新媒体和短视频时代的新型表达和呈现方式,视听语言活泼灵动、不拘一格,包装甚至借鉴了综艺节目的特点,以适应当前年轻观众网络化、碎片化的收视习惯。土味说唱家邱勇首次亮相时的腿部特写和升格镜头,《京腔老外的京城"声"活》中说到老北京卖艺者胡老道、倒骑驴时线条简洁红白两色的动画,大漠叔叔一集解说词中"不会拍片的警察不是好网红"以及"白嫖不点赞""单身狗""有梗"等网络语言的应用,都拉近了与观众的距离。不仅如此,《原来你是这样的网红》系列还创新性地使用了MG动画作为开场,加上节奏感和现代感十足的音乐,既增加趣味性,又强化了网感。当然,不同于短视频的"随心所欲",微纪录片本质上是纪录片,作为传统纪录片与短视频碰撞出的"微"火花,兼有纪录片与短视频的双重特征。

　　那么,如何理解中国故事? 显而易见,"中国故事"强调中国立场,强调讲述中国人独特的生活经验与内心情感,透过一个个普通中国人的故事,看到我们这个民族的特性、命运与希望。转型期的中国社会,涌现出多元化的个人选择和职业经历,也成就了各具特色的中国故事。

　　随着直播和短视频的发展,草根出身、曝光量极高的网红大量涌现。这一群体在短视频平台发展的早期,曾因一些低俗、涉黄、暴力等违规内容而饱受诟病。随着网络行业监管的进一步加强,短视频与直播都迎来了更加激烈的竞争。越来越多不同主体参与视频生产后,网红已然抛却低俗标签,成为引领社会主流价值观的代表。

　　作为专业生产新闻纪录影片的国家队,中央新影一直致力于记录转型期的中国故事。《原来你是这样的网红》系列微纪录片敏锐地捕捉到了这一类新型网红的出现与走红,将镜头聚焦10位在抖音、哔哩哔哩等短视频平台都颇具名气、流量不俗的"顶流",体现出主流媒体对社会热点和社会现实的高度关注,他们在不同领域中是名副其实的达人,尽己所能传播专业知识和人生态度,收获众多粉丝的同时展现了"正流量下的正能量",并刷新了人们对网红的刻板印象。他们代表了新时代"正能量"网红的崛起和新媒体用户价值取向的变化。

　　网红是怎么养成的? 屏幕上大显身手迅速吸粉,屏幕背后他们有着怎样的人生故事? 关注人的命运本就是纪录片的使命,传统纪录片可能用60分钟或者更长的时间来记录主人公的人生经历,那么在8分钟的时长里,我们如何还原他们的故事,如何把他们表现得真实丰满?

微纪录片篇幅短小，叙事方式和叙事结构的选择就更加重要。《原来你是这样的网红》系列多以第一人称叙事，没有过多的铺垫设计，开门见山，由人物娓娓道来自己成为网红的过程以及他们的初心与梦想。主观视角让观众更容易代入人物、感受故事，得到沉浸式的体验。面对镜头，《长在自行车上的人》的主人公张京坤提到"多大的舞台我都不怯场，我只要把我最好的一面表现出来就OK了"，65岁的野生动物摄影师老万的表述则是"拍第一次不好我就拍第二次，我是靠量取胜"，观众的注意力聚焦在主人公的讲述之中，"跟随"着他们共同面对人生道路上的曲折。编导抓住了主人公用凝练的话语呈现出的生活态度与理念，这些话语直击人心，成为故事的点睛之笔。主人公因其人生经历、生活体验的不同所展现出来的个性与风采得到直观的体现和流畅的表达。

对于这些网红而言，其实存在着两个现场——镜头前的自我呈现与镜头后的真实人生。从叙事结构来看，《原来》系列并没有致力于完整讲述人物的全部人生故事，而是用单线聚焦网红的"养成"故事，避免了多点叙事带来的时间拖沓、事件关系混乱等问题。观众会跟着镜头进入他们的短视频或者直播拍摄现场，也进入他们的生活。什刹海的胡同、四合院和记录声音的秦思源，桂林如画的山水与折纸设计师张坤，海南的阳光沙滩和漠叔，人、故事与环境、场景交融，围绕着"网红养成"这一核心主题，镜头内外的主人公变得更为真实和立体。

当然，新媒体时代的微纪录片想要吸引观众观看、传播与讨论，还需要具备交互性和话题性。因此，编导的在场与出镜在打造纪实段落的同时，又使得观众与主人公产生了一种交流与互动。在第一期《大漠叔叔花式普法》中，大漠叔叔嫌弃导演拍摄手法传统，指导摄像如何拍摄未果后，夺过摄像机就跑。这样的纪实段落完全出乎观众意料，真实体现了大漠叔叔"欢脱"的性格。大漠叔叔还让导演帮着拍自己的视频，隔着屏幕观众都能够真真切切感受到导演的无奈。最精彩的段落当然是在进入大漠叔叔家后，编导成为"误入片场"的"粉丝"，提出诸如"他创作的灵感又来自哪里呢？""作为配音我也很期待，（大漠叔叔住的地方）不是大豪宅也得是高级公寓吧？"等问题，当然大漠叔叔家里的状况完全不是那么回事，在屏幕上停留数秒的字幕"不知道该拍哪里的镜头"充分体现了编导的无奈，也引得观众捧腹。再加上大漠叔叔视频中模仿《走近科学》的反诈教学，派出所所抓的犯罪分子竟然也有大漠叔叔粉丝这样的神来之笔，使得这个8分钟的人物微纪录片自然地具有了话题性和传播性，观众也牢牢记住了一个幽默有梗、致力于普法的人民警察形象。

这样的交流感和话题性在《原来》系列的多部作品中都有体现。看上去，这样的创作手法并不复杂，但它是属于新媒体纪录片特有的原则，即"纪录片可以更好看"。显然，属于新媒体纪录片的网生时代已经来临，《原来你是这样的网红》以其生活化、故事化的影像表达，从微小角度切入生活，呈现出鲜活和丰富的社会百态，并受到年轻受众喜爱。

可以看出，以中央新影为代表的纪录片创作"国家队"，扎根中国现实，努力挖掘与观众有情感连接、与时代共鸣的故事，正将越来越丰富的中国故事以精良的影像呈现给国内外观众，展现出发展中的中国愈加开放、包容和多彩的姿态。"世事万千，坚持走自己的路"，正是《原来》幕后制作团队的真实写照。

三、新媒体纪录片的发行推广

当下，从全球范围来看，新媒体纪录片所面临的发行环境已经大不如前。许多在各大电影节中收获颇丰且广受好评的纪录片作品，在市场上却难以获得理想的发行协议。这种情况下，通过在视频中插入广告产生收益的 AVOD 模式等非传统的经销方式似乎为独立纪录片的发行提供了新的出路。

然而，事实真的如此吗？AVOD 模式对于苦苦挣扎的独立电影制作人来说，又是否是一种完美的解决方案呢？尽管这些纪录片获得了观众的积极反馈和媒体的广泛关注，然而就当前的娱乐产业状况来说，它们未来得到发行的机会仍然十分渺茫。

面对惨淡的发行形势，一些非虚构电影制作人被迫转向利润低得多的选择，例如通过广告型视频点播的 AVOD 渠道和收入分成协议方式进行发行，以此换取他们的作品得到展示的机会。如 Gravitas Ventures 等发行公司，与订阅型视频点播（SVOD）平台达成授权协议，在作品订阅播放（SVOD）窗口期结束后，将采取广告型视频点播（AVOD）模式进行发布。与之相同，巨人影业也采用收入分成模式收购电影，并与拥有包括 AVOD 渠道在内的所有流媒体平台达成授权协议。

2023 年 2 月，巨人影业获得了奥斯卡提名纪录片《碎片之家》在美国的院线放映和视频点播权。这部电影首次亮相于 2022 年圣丹斯电影节，曾在全球 20 多个电影节展上放映，但当时在美国仍然缺乏发行渠道。5 月，在华盛顿特区举行的 DC/DOX 电影节上，巨人影业的销售和发行总监萨娜·索尼谈到了 AVOD 模式这种替代发行方案："即使HBO、网飞没有买下你作品的全部版权,你也可以找到像Pluto这样接受AVOD模式的发行平台,这不失为一种可行的选择。"由此可见,AVOD平台的确为陷入困境的独立纪录片发行提供了新的思路,不过,这种模式产生的效果仍有待衡量。萨娜承认,即使纪录片制作人有机会通过AVOD模式发行而获得六位数的收入,但这也并不是常态。"如果你的作品在AVOD平台上能引发大多数观众的共鸣,你就能赚到钱,但事实上每部电影的表现都不尽相同。我认为部分作品确实具有引发观众热议的潜质,然而这很难预测,很大程度上依赖于平台的推广——比如平台选择在首页上推广这部电影,或者直接向目标受众进行分发推荐。不论出于什么原因,这都会对作品的发行效果产生很大影响。而发行商通常很难对这样的情况进行监管。"

与订阅型视频点播授权协议不同,广告型视频点播的协议不会向电影制作人预付费用,相反,其收益多少完全取决于电影发行之后的表现。效果越好,制作方获得的利润也会更高,这听起来似乎很有前途。但是,由于AVOD服务从Gravitas Ventures、巨人影业和FilmRise等发行商那里通常获取大量内容而不是单部影片的授权,纪录片很难在AVOD平台上脱颖而出。

Cinetic Media的负责人石川杰森表示:"这些AVOD平台有太多的内容,因此,目前最主要的问题在于缺乏管理。除非能通过一定的营销措施来推动这部电影,否则对我们来说,直接使用AVOD模式进行发行的吸引力仍然是有限的。"

由于院线纪录片发行量持续下滑,在授权AVOD发行或SVOD发行之前,通过评论为电影创造口碑的机会非常渺茫。一部没有被主要流媒体或广播公司收购的独立纪录片想要登陆媒体,有一个懂得营销的电影制作人或制片人格外重要。如果非虚构内容市场继续萎缩,纪录片导演们将不仅需要推销自己的作品,还需要有如同电影制作一样出色的商业运作能力。

纪录片《滑板梦》介绍了女子滑板运动的崛起,讲述了一群多样化的女性通过滑板运动对自我表达与自由进行追求的故事。这部纪录片的内容具备了与流媒体订阅型视频点播平台达成重大分销协议的所有条件:聚焦体育、女性赋权、多样性等富有魅力的热门话题。但由于公司合并以及对高概念知识产权的需求,《滑板梦》一直无法在SVOD平台或机构找到合适的发行渠道。最终,爱德华兹向内容聚合商Premiere Digital支付了一笔费用,将《滑板梦》放到数字平台上。爱德华兹仍然拥有该纪录片的版权,她通过参与提案会、制作纪录片海报和预告片等方式为这部纪录片进行宣传,并计划将其放在AVOD平台上。

爱德华兹认为,"我向Premiere付费只是为了获取放映渠道,而不是为了获得宣传或营销支持。也许我将电影放在交易型视频点播平台上,能够通过租金和销售赚更多的钱。至于是否能够通过AVOD模式获得有效的经济收益,我无从得知"(图5-8)。

专注教育内容发行的非营利组织The Film Collaborative的创始人奥利·拉维德认为,虽然AVOD模式可能会带来经济上的成功,但这并非易事。这位比图曾经的高级法律顾问表示:"AVOD模式更适用于类型电影或针对特定小众观众群体的电影,而非知名度不高的纪录片作品。我明白一些电影制片人选择进行AVOD发行是因为它成本较低,而且可能效果相当不错,这是值得尝试的。但对大多数人来说,AVOD模式可能不是一个巨大的助力。"

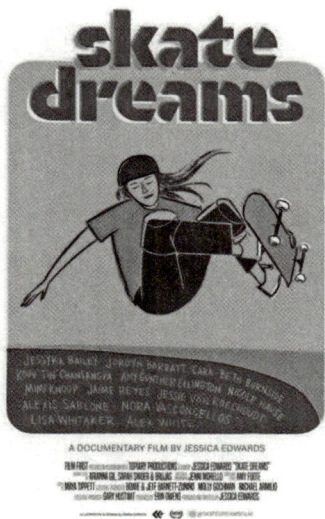

图5-8　1IMDB网站
独立纪录片作品《滑板梦》

从另一方面来说,虽然电影制作人从AVOD模式中获得的回报可能远低于SVOD模式,但AVOD平台能够提供SVOD所不具备的透明度。正如有业内人士所说的那样,"一旦作品进入Netflix、Amazon或APPle等流媒体平台,我们就几乎失去了所有评估渠道,不可能了解到作品具体的浏览规模与观看人数。但AVOD是一种基于作品创造的广告收入进行分成的机制,所以我们有机会通过分析这些数字来了解一部电影的表现情况。这正是AVOD模式的吸引力所在"。

对于《滑板梦》这样的网生纪录片作品而言,AVOD模式不应该被视为彻底解决困扰独立纪录片市场问题的神丹妙药。布劳恩表示:"AVOD有点像历史上的狂野西部时代,这的确是一条电影可以选择的道路,但终究还是无法与直接订阅观看的SVOD服务相提并论。部分纪录片作品仍然依赖于AVOD模式,只是因为在艰难的市场环境下别无他法罢了。"在独立纪录片的宣发困境下,AVOD模式或许带来了新的机遇,但想要达到理想的发行效果依然面临诸多挑战。

本章小结

新媒体纪录片的产品形态格外丰富。随着短视频平台的兴起和"中视频"概念的出现，微纪录片开始大量涌现。此外，随着新媒体技术的发展，新媒体纪录片作品的互动性、叙事性越来越强。例如，优酷网出品的互动纪录片《古墓派·互动季》将互动概念引入纪录片，观众作为"游戏玩家"，可以根据喜好解锁不同的支线剧情；《大唐帝陵》以数字动画来讲述历史，将"动画纪录片"的概念推入观众视野，甚至还出现了所谓"桌面纪录片"，概念来源于"桌面电影"。但是文化产业有其特殊性，新媒体纪录片的商业价值与文化价值是一体两面，我们也应看到其过度商业化带来的局限性。维护其核心人文价值，纪录片才能健康持续发展。

思考题

1.微纪录片与传统电视纪录片有哪些异同？

2.试着从受众角度，分析一部具有代表性的微纪录片作品。

3.融媒体语境下，新媒体纪录片的创作与接受有了哪些新特点？

第三篇

新媒体平台带来新形态与新策略

　　具有中国特色的短视频创作、传播体系决定了,在顶层设计和市场规范的推进下,短视频问题治理不断提质增效,尽显人文关怀。正如有论者指出的那样,"随着短视频在移动端的逐渐成熟,互联网电视、IPTV等大屏业态与短视频走上了融合之路,短视频成为大、中、小屏联动的一个重要切入点。国家大力推进媒体融合战略背景下,传统主流媒体为提升影响力,在融合发展的基础上加大短视频创作投入,丰富了大屏内容生态,打破了大小屏的边界,向着构建大视听发展格局阔步前行"①。本篇围绕网络短视频的创作展开论述,从短视频的主要类型与结构、MCN模式下短视频的拍摄与剪辑两大方面切入。近年来,网络短视频在日新月异的移动互联网技术赋能下,不断探索新形式、新领域,在内容生产、商业模式等方面呈现出持续扩张的发展趋势。

---

① 张福财.短视频打破大中小屏边界[N]中国新闻出版广电报,2022-08-16.

第六章　网络短视频创作

第一节　短视频脚本主流类型与结构

马克思说过,人是一切社会关系的总和。与他人分享信息、建立联结,是人类与生俱来的本能。短视频的社交性、互动性等特点,正与人们表达个性、展现自我的需求相契合。时至今日,短视频业已成为万物互联的"新基建"应用。总的来说,短视频作品类型多种多样,但其核心内容还是聚焦于反映生活,传递情绪。借用一句俗语,短视频可谓是"螺蛳壳里做道场",麻雀虽小五脏俱全。

一、短视频发展概述

当前,国内网络短视频行业由增量市场转向存量市场,以抖音、快手为首的"两超多强"格局稳中有变;长短视频则逐渐由泾渭分明呈现为融合发展的态势。其中,"短视频 + 直播"成为最为热门的传播形态。与此同时,以央视等为代表的主流媒体强势布局短视频,且在媒体深度融合中的社会价值日益凸显。

(一)短视频的现状

截至2022年12月,我国短视频用户规模已高达9.34亿,占网民整体的90.5%。在如此庞大的用户规模之下,网络短视频已然跨越了曾经的"增量时代",来到"存量时代"的发展阶段。可以说,未来短视频行业的竞争将是"红海中寻找蓝海"的存量化竞争。正是在这样的市场形势下,饭圈文化、流量经济等不断兴起,甚至被戏称为短视频市场的"圈地运动"。

一定程度上,这种现象背后,体现的是短视频市场的圈层化趋势,为了争夺日益珍贵的流量,短视频也在悄然无声地改变着用户群体。用户一定程度上成为生活在"信息茧房"里的人。"信息茧房"是学者桑斯坦在《信息乌托邦》一书中提出的概念。对短视频的用户群体来说,陷入"信息茧房"的最大危害,在于它让用户的自我兴趣不断固化，减少了接触多元事物的机会，最终陷入作茧自缚的境地之中①。

显然，这对于短视频行业的长足发展是极其不利的。长此以往，"信息茧房"效应会深刻影响人们的价值观塑造，甚至造成社会群体的人为割裂，使本来健康、有序的公共讨论变得混乱不堪。为了打破"信息茧房"的束缚，在有关部门的引导下，主流短视频平台在功能上不断创新。一方面，平台通过激励措施，引导短视频创作朝垂直化、精细化方向发展，创作者的群体范围也随之不断扩大。另一方面，有关部门与短视频平台携手努力，通过优化相关算法推荐机制，让更多的优质原创内容能够抵达用户群体。与此同时，短视频App的"适老化"改造、未成年人保护等等，也为全体用户提供了更为平等的视听环境与观看体验，彰显了新媒体平台所承担的社会责任。

今时今日，国内短视频行业早已突飞猛进，几乎触及了社会生活的各个方面。"短视频化"也成为互联网内容产品传递信息、营销推广的重要方式。以目前的发展态势来看，可以毫不夸张地说：无短视频，不生活。2020五四青年节的前一天，哔哩哔哩推出"哔哩哔哩献给年轻一代的演讲"的短片——《后浪》。这条短视频作品，一上线就"引爆"了大家的朋友圈，引起了社会各界的广泛关注。虽然不少人对作品自身的表达方式与其传达的价值观存在争议，但抛开这些不看，《后浪》作为短视频作品仍然获得超过3000万次的播放量、18万次点赞量、122万次转发量。

如果从宣传、推广的角度来看，对平台方而言，这无疑是一场相当成功的营销活动。哔哩哔哩仅仅依靠一条爆款短视频作品，再次证明了自身作为移动互联网商业的成功。对于相关商家与创作者而言，短视频是重要的。比如，再热门的电影，其宣发也会通过短视频平台来完成。因为，运用短视频进行推广，作品本身就自带话题和吸引力，可以刺激用户主动分享、传播②。

此外，对传统媒体尤其是电视媒体来说，短视频也是不容错过的流量风口，首先，它为传统媒体的转型发展提供了崭新的可能性。传统媒体作为专业选手，在短视频的广阔天地大有可为。短视频还能帮助传统媒体培育自身的服务职能。对传统媒体来说，这种服务职能最显著的标志，就是服务于所在区域的经济社会发展大局。

其次，短视频创作还更多地参与到了文旅产业融合、城市形象传播当中。整体

① 冯子亚.抖音APP的"信息茧房"效应研究[J].视听,2019(12):173-174.
② 周艺文,方明.短视频:新时代红利重构[M].北京:电子工业出版社,2022:337.

上来说,由新传播技术催生的短视频新势力,让人时时刻刻感受着一个个日新月异的城市。正如有学者所说的那样,"较之于传统艺术,传媒艺术在满足大众接受者的需求与接受者的关系上,是有优势的"①。

以短视频为代表的新媒体传播形态,适应了当下年轻受众群体的审美需求。对于城市传播乃至品牌传播的升级换代,都有自身的独特优势。一个城市或一个品牌的历史、文化、生命力都能借助短视频作品变得具象化、故事化和个性化。从这层意义上来看,今后城市形象设定的内涵将会发生巨大的变化。对城市自身魅力真实性的要求会更高。毕竟,在短视频的传播中,城市建设的软件和硬件,都会被不带包装地呈现出来,人们会在观看过程中形成一个属于自己理解的城市形象设定。即便是"讲好中国故事"这样的重大命题,具有移动化、碎片化、社交化属性的短视频作品也参与到国家形象建构与传播的重大战略当中。如何运用短视频构建良好的国家形象,增强中国的国际传播能力,业已成为一个重要的时代命题②。

(二)短视频的定义

众所周知,短视频本身还在高速发展变化当中。对这样的新生事物下定义,难度很大。目前国内学界、业界,对于短视频的定义可谓是众说纷纭。其实,对于新生事物的界定,往往相关行业是最先行动的。因为谁掌握了定义权,谁就有了话语权,相应地也就等同于制定了行业标准。

早在2018年,众多短视频平台就曾经有过"短视频定义之争"。当年,主打"陌生人社交"的陌陌发起了以影片《浮生一日》为主题的生活片段征集活动,向用户征集15秒的短视频,并在北上广深黄金地段的户外广告大屏和地铁LED屏上滚动播放。借此机会,陌陌提出了自己对短视频的界定:短视频的时长应该在15秒以内。与此同时,快手App则对短视频有不同的定义,在直播行业巨头参与的"云+视界"大会上,时任快手CEO宿华,将短视频定义为"时长在57秒之内,以竖屏的播放形式为主的视频"。

紧随其后,今日头条给出了短视频的另一个定义:4分钟,是短视频最主流的时长,也是最合适的时长。另一款移动App短视频秒拍也不甘示弱,发布海报暗示:短视频不需要被定义,秒拍就是短视频。而抖音、新浪微博最初设定的短视频

---

① 刘俊.融合时代的传媒艺术[M].北京,中国传媒大学出版社,2017:49.
② 杨杨,张文忠.短视频环境下的国家形象建构与传播策略研究[J].传媒,2022(20):63-65.

时长均为15秒。由此可见,不同平台结合自身特点,对短视频时长的定义各不相同。后来,各大主流短视频平台对短视频的时长定义又有了调整和更新。

虽然多家平台争相为短视频下定义,但相当长一段时间里,短视频仍没有一个标准化的定义。直至2019年,艾瑞咨询对"短视频"有了一个比较清晰的定义:短视频是指一种视频时长以秒计数,一般在10分钟以内,主要依托于移动智能终端实现快速拍摄和美化编辑功能,可在社交媒体平台上实时分享和无缝对接的一种新型视频形式。

其实,关于短视频的定义,不必纠结于具体的时长。其关键在于,单抓住短视频的核心特点即可。综上所述,短视频作为文字、图片、传统视频之后一种新兴的内容传播媒体,融合了文字、语音和视频,可以更加直观、立体地满足用户的表达、沟通需求,满足用户之间展示与分享的诉求。

(三)短视频的核心特点

一般来说,短视频是指时长短于30分钟的视频内容,可以在各种平台上进行发布和分享,例如微博、抖音、快手等。对于广大互联网用户来说,他们可以随时随地观看和制作短视频。短视频的发展与壮大,意味着它绝不仅限于供人娱乐消遣,也在创造更大的社会价值。比如,一些历史片段通过短视频传播,成为全民记忆的"名场面",生动有趣的科普短视频,助推科普传播、全民素养提升;在解读时事政策、开展直播助农等领域,短视频一样能大显身手。充分发挥短视频所长,提供充足的信息增量、情感增量,在纷繁复杂的网络环境中弘扬主流价值、凝聚社会共识,这也是短视频的价值所在。短视频是一种"打开方式",借助短视频,人们得以同样看到更多、更远的美好。下面从几个方面详细介绍短视频的特点。

1.时长较短,传播速度更快

移动互联网语境下人们获取信息的方式越来越"碎片化",快速、迅捷的内容传播方式逐渐成为主流。短视频作品一般时长在几秒钟到几分钟不等。爆款短视频作品往往在3秒钟内就能抓住人的眼球,将"短小精悍"这一特点发挥到了极致。以抖音为例,其大多数短视频作品都在1分钟以内。尽管早在2019年6月,抖音就向全社会开放了上传15分钟视频的权限,但大多数热门视频的时长仍然不会超过1分钟。

与传统图文相比,短视频因为其题材、内容的多样化,能够给用户带来更有趣、更丰富的视觉感受,在相当程度上大幅提升了用户主动转发、分享内容的欲望。可以说,我们看到的几乎所有爆款短视频作品,背后都意味着经过了无数用户的转发与分析。与此同时,短视频"轻量"的特点,使短视频的传播速度更快,普及范围更广。

通常,一部手机就能完成作品的拍摄、剪辑与发布。这种"随时拍、随时剪、随时传"的创作方式,极大降低了短视频的创作门槛。如今,短视频行业中也有不少具有一定知名度、影响力的专业团队(如"陈翔六点半"团队,不但培育了自己的品牌IP,甚至还跨界介入到网络电影的创作当中),但与传统影视剧创作相比,短视频的创作方式已经简化了许多,这也使得没有受过任何专业训练的普通人也能够参与进来。这当然也是新媒介、新技术带来的网络环境民主化的体现。

值得一提的是,乡村振兴战略背景下,不少来自偏远地区农村的普通人,借助短视频创作,成为行业内的领军人物。例如某位来自四川绵阳,在国内外具有较高知名度与影响力的网红,其发布的短视频作品以地方美食、传统文化为主,获得了相当大的关注,甚至在国外也有了为数不少的粉丝群体。显然,这在以往是难以想象的。但在短视频流行的时代,百家争鸣百花齐放的景象,让不同成长环境、教育背景、职业背景、性格爱好的用户都能找到自己感兴趣的内容。

当然,行业的快速发展,也为短视频的有效监管带来了更多的挑战。2021年10月,国家网信办发布《互联网用户账号信息管理规定(征求意见稿)》,要求互联网账号信息页面显示IP属地信息,境内用户IP归属地信息需标注至省(区、市),境外用户IP归属地信息需标注到国家(地区)。2022年4月底,微博、抖音、快手、小红书、微信公众平台等相关App,都在用户主页、评论区等位置展示用户账号的IP属地。IP属地的公开,有效压缩了谣言和网络暴力的生存空间,有力打击了冒充诈骗或恶意引流等不良行为,极大地巩固了绿色文明的网络空间秩序。

自2022年7月起,抖音、微博等短视频平台开始对外公开网红所属MCN机构。最终不少网友发现,那些平日在视频里吵得不可开交的主播们竟来自同一家MCN机构。由此可见,网络达人所属MCN机构的显示在一定程度上也避免了机构剧本炒作,网络达人的行为和信誉也直接与机构品牌产生联结。针对平台开放"IP属地"功能的规定,一些不良代理商打起了"付费IP代理"的主意,即利用技术手段帮助用户修改IP属地。这样的灰色产业链可能造成网络净化措施失效,甚至利用某用户的属地进行精准画像,造成虚假信息的轰动传播。因此,相关部门在发力营造风清气正的网络空间时,也应严厉打击此类灰色交易,积极预判,及时处理。

2022年3月1日,《互联网信息服务算法推荐管理规定》正式施行。该规定第三章第十七条明确指出"算法推荐服务提供者应当向用户提供不针对其个人特征的选项,或者向用户提供便捷地关闭算法推荐服务的选项"。自此,微信、微博、淘宝等App上线"个性化推荐"的开关,降低了大数据杀熟、"算法变算计"等威胁用户隐私信息安全的风险。

"个性化推荐"是大数据技术运用于短视频创新的重要形式,通过捕捉用户兴趣特点,为其推荐可能感兴趣的内容,算法技术越精准,用户停留在信息内容的时间越长,流量转化效率也就越高,这也是抖音、快手等平台能够迅速实现垂类领域用户增长的原因之一。应该说,"个性化推荐"的设置初衷是为了用户获取信息时更加便利,但对于用户喜好过分迎合,则会导致用户长期接受系统的定向引导,忽略其他信息,在不知不觉中为自己编织一个"信息茧房"。网络信息茧房一旦形成,具有相似观点的群体内部声音就会不断扩大,甚至排斥其他合理性观点的侵入,形成"群体极化"的现象。因此,"个性化推荐"开关设置十分必要。

伴随着短视频产业的发展,短视频的商业变现能力也在不断增强。以微信视频号为例,其凭借自身庞大的用户量迅速进军电商直播。仅在2021年一年内,微信视频号就先后举办了多场国内外歌手的线上演唱会。2022年,微信视频号还加入了"618"电商促销活动,以流量激励助推视频号直播电商发展。同年7月,微信视频号又推出了原生信息流广告功能,实现从"微信小商店"的私域流量到"视频号商店"公域流量的转变。当然除微信视频号外,其他短视频平台和创作者也纷纷涌入商业化道路。例如,当下网上数量庞大的短视频拍摄、剪辑、运营课程带来的衍生产业链,也让不少创作者看到了商机。可见,传统的非变现功能社区难以激发创作者热情,商业变现也反向激励着创作者产出优质内容。

2.用户需求推动内容生态进化

愈演愈烈的存量博弈中,激发起丰富的短视频内容题材,创作者也在长期实践中逐渐掌握平台推送逻辑和用户偏好,扎根垂类领域促使内容精细化生长,以精准贴合用户需求。多部门联合监管以及法律法规政策的完善为视频内容真实性、用户隐私安全等方面提供保障,内容生态得以进化。

在内容形式上,用户更青睐颜值、故事与知识兼备的视听内容,微短剧、微综艺、政务宣传、泛知识类等内容迅速发展,情绪共鸣成为不同短视频内容追求的共同效果。主流意识形态以软植入的形式与视听作品相结合,在国家安全、"三农"类短视频中集聚多方情感,完善网民意识形态的塑造和媒介素养的提升。例如,国家安全部旗下的官方微信公众号自建立以来,通过及时向社会发布有关国家安全的重大动态及政策法规,有力地提升了公众自觉维护国家安全的意识。

此外,短视频的发展,也极大地推动了相关产业的发展,如大小屏联动整合台网优势,为媒体融合纵深发展提供新动能;短视频信息流广告的分众传播使得电影宣发、产品推介、政务宣传的精准投放成为可能;"短视频+"的新形态逐渐形成教育、文旅、商业、政务等多方矩阵,促进视听产业向"政用、商用、民用"横向拓展。尤其是"短视频+直播",为"三农"产业的发展注入了新的动力,激活了乡村振兴的潜能①。由此可见,短视频在满足用户日常内容需求的同时,也开始逐渐形成内容、产业双向促进的局面。

同时,短视频的内容创作主体身份范围也在不断扩大,专业媒体机构、企业、专家甚至数字虚拟人纷纷加入创作者团队,MCN机构为达人孵化创造无限可能,优质内容也由此扩充增长。在人工智能领域,抖音的虚拟数字美妆达人柳叶熙以柳叶眉、丹凤眼、鹅蛋脸等符合传统审美标准的颜值外表,充满国风元素的妆发服饰,以悬疑剧情、美妆科技为主的内容,在网络中迅速出圈,并且能够在评论区迅速生动地回复所有粉丝评论,给网友带来新奇体验。在泛知识领域,包括复旦大学骆玉明教授、中国科学院汪品先院士等众多学者,开启"学者出圈"新局面。在企业品牌营销领域,纷纷塑造以创始人为代表的企业IP形象,为品牌赋予故事化、人格化的魅力,提升品牌影响力、信任感,如小米公司的雷军、格力集团的董明珠等知名企业家,都开始尝试短视频为企业品牌所带来的流量新风口。创作主体身份范围的不断扩大,是短视频内容创新的必要之举,是用户活跃度和粉丝黏性提升的有效措施。短视频内容生态朝向商业化转型,竞争与合作的局面成为常态。在5G技术和大数据算法等技术的加持下,短视频成为用户日常表达和内容消费的基础工具,为移动互联网贡献了主要的用户活跃时长和流量增量。当短视频平台依赖网络效应控制足够多的用户,用户规模越大,平台就对用户越重要,也就越能渗透用户的社会生活②。

此外,"流量变现"成为短视频用户增长的重要突破口,目前短视频平台主要依

---

① 仝彦丽,辛景波.特色农产品"短视频+直播"运营策略研究[J].理论界,2023(9):97-101.

② 朱天,齐向楠.媒介化视野下短视频的概念想象、逻辑延伸与价值审视[J].新闻与传播评论,2022,75(6):37-45

赖广告和电商两大商业模式盈利,抖音、快手分别以"兴趣电商""信任电商"两种模式发展。"兴趣电商"是基于人们对美好生活的向往,满足用户潜在购物兴趣和多元需求,提升消费者生活品质的电商模式,通过优质内容将商品和消费者联系起来。"信任电商"则是以直播间为节点,由信任驱动的体验型电商,通过提高"体验—价格比",实现消费者体验和满意度的跃迁。网红种草分享作为另类产品推广形式,以互动体验、情感渲染、口碑效应,利用KOL(关键意见领袖)的人设进行宣传,完成私域流量的转化。公域流量范围广,但投入成本高、转化效果不明显,私域流量有着粉丝黏性强、信息触达效率高等优点,但由于缺乏公域营销场景而使其变现受阻。因此,利用优质内容吸引公域流量用户群进入私域流量池成为短视频创作商业变现的基本法则。

3.竞争倒逼平台跨界融合

2022年7月,抖音和爱奇艺宣布达成合作,"依据合作,爱奇艺将向抖音集团授权其内容资产中拥有信息网络传播权及转授权的长视频内容,用于短视频创作。双方对解说、混剪等短视频二创形态做了具体约定,将共同推动长视频内容知识产权的规范使用"。版权纠纷一直让长、短视频平台之间处在剑拔弩张的状态,长视频平台拥有海量影视资源库的版权,而短视频平台拥有庞大的用户数量和流量红利。不少短视频创作者以剪辑、切条等方式盗播专业影视内容,这种行为扰乱了市场经济秩序,破坏了知识产权保护体系。但不得不承认的是,短视频平台对影视作品的推广效果较好。相关"影视二创作品"在短视频平台的传播能够提升剧集热度,吸引用户转战长视频平台观看完整剧集。此举将长、短视频融合共生的局面推向高潮,突破媒介壁垒,打破了平台的标签符号。毕竟,获得用户认可的是内容本身,而非平台认同感或归属感。其实长、短视频融合早有尝试,如抖音搜狐合作、乐视快手合作、优酷自设抖音视频剧场,越来越多的长视频平台在重视内循环的同时,也开始关注其优质内容的外部输出。

不同的消费场景意味着截然不同的内容需求。长、短视频的融合也并不会让短视频"越来越长"从而与长视频的界限走向模糊。这种融合,目前更多时候还是平台内部的跨界尝试,或是着眼于未来的市场布局。如爱奇艺、优酷、腾讯等主流长视频平台进军短视频市场。而短视频的两大平台抖音、快手也开始发力长视频。例如快手的春节放映厅、自制综艺《超nice大会》,以及抖音自制综艺《因为是朋友呀》《为歌而赞》都获得较好反响。

另外需要看到,短视频平台的娱乐属性,使得它在与之调性相符的综艺节目制作中能够取得较好成绩,但在自制电影方面却略显乏力。以抖音参与投资的古装奇幻影片《赤狐书生》为例,该片借助头部网红、专属页面、话题扶持等短视频病毒营销,但结果仍不尽如人意,豆瓣评分4.8分,票房仅1.85亿元。显然,这种现象是由长、短视频截然不同的特质决定的。长视频的优势在于引人深思,产生共情;短视频则是碎片经济下的产物,更多是用户消磨时间或积累社交谈资。当然,如何将长视频的内容优势与短视频的流量优势相互结合,实现视听内容的利益最大化,恐怕将会是今后相当长时间内平台方以及创作者亟待解决的问题。

4.聚焦公益,关照网络弱势群体

随着短视频用户数量的快速增长,未成年人、老年人两大群体所占比重也在不断上升。有鉴于此,相关短视频平台在适老化、儿童监督、无障碍视听等方面加强改善。在适老化改造方面,2021年4月,工业和信息化部发布了《移动互联网应用(APP)适老化通用设计规范》,在字体设置、场景显示、广告推送等方面做出相应规范,并规定在个人信息处理时遵循最小必要原则,以保障老年用户的个人信息安全。平台聚焦场景功能优化和助老内容传播,如抖音升级时间管理工具,保障中老年人安全健康上网。在未成年人网络监督方面,中央文明办等四部门于2022年5月7日发布《关于规范网络直播打赏 加强未成年人保护的意见》,健全完善未成年人保护机制,严格落实实名制要求,禁止为未成年人提供现金充值、"礼物"购买、在线支付等各类打赏服务。为青少年创造绿色健康的网络环境,通过多种方式提升青少年网络媒介素养。在无障碍视听方面,抖音、快手两大平台自2019年起就开始上线无障碍功能并不断完善,提升视障、听障人士的体验感。此外,2021年英雄联盟全国总决赛期间,哔哩哔哩推出首个电竞赛事无障碍直播间,在赛事播报和采访环节提供手语翻译。2022年1月10日,哔哩哔哩宣布上线多个无障碍功能,分别上线色觉优化、旁白适配、智能字幕等功能,将视听体验融入视障群体日常生活,体现出短视频平台对弱势群体的人文关怀。

此外,短视频平台还开辟了用人单位与劳动者之间的沟通渠道,体现了新媒体平台的社会责任。例如,快手于2022年1月推出"快招工"直播招聘功能,为提供合规资质证明的企业或劳务中介匹配合适的求职者,被称为"直播带岗"。2022年中国高校毕业生人数达到1076万人,大学生就业竞争压力大,短视频平台拓宽了就业市场招聘渠道,创造新型互联网岗位以扩展就业机会,助推求职者"云"上灵活就业。在农民工、残疾人等弱势群体就业方面,省略烦琐的简历投递环节,留下联系方式即可完成职位投递。如快手主播"刘超人力"是专注蓝领招聘的从业者,通过"快、准、狠"的直播风格成功帮助数千工友找到工作。这种"直播带岗"的方式是基于用户对平台和主播的信任,一方面缓解了企业招工难、用人难的问题,另一方面为求职者提供便捷的就业服务,产生了良好的招聘效果和社会效益,成为一幅惠及民生的温暖画卷。

二、热门短视频类型特征及发展现状

近年来,短视频在加速垂直化内容生产的同时,表现出明显的"去中心化"特征,成为"个人化"的自我表达平台,弱化了以往传播者在传播过程中的主导地位,用户可以根据自己的偏好进行内容选择,视频类型由此不断垂直深耕。实际上,短视频垂直化发展既可以进行较为精准的用户画像细分,形成圈层化的私域流量转化,同时还能让创作者明确自身发展方向,提供更多优质的精品内容。

(一)网络微短剧类

错综复杂的市场环境下,不少中腰部影视从业者转入制作周期短、投入成本低的短视频行业。2020年起,国家广电总局在备案系统新增"网络微短剧"版块。2022年6月,在广电总局"重点网络影视剧信息备案系统"中通过登记且取得规划备案号的网络微短剧剧本共452部10350集。在政策支持、长短视频融合趋势下,网络微短剧成为新的流量增长点,剧作质量也从原来的"电子榨菜"开始朝着类型化、专业化方向发展,涌现出一大批题材垂直化、质量品控转优的作品。

截至2022年2月,快手微短剧用户中日均观看10集以上的重度微短剧用户规模超过6160万人,较2021年同比增长61.6%。男性重度微短剧用户增速快,较2021年同比增长94.1%。由此可见,网络微短剧正通过海量剧集、多元题材、精品内容等特点,全方位地满足用户观剧需求。如2022年2月快手微短剧联合知竹工作室共同出品的《长公主在上》、2022年4月芒果TV播出的《念念无明》、2022年5月优酷视频播出的《别跟姐姐撒野》,以及MCN机构运营的IP账号微短剧,如三金七七、吴夏帆等,易引起青年观众对爱情价值观的探讨与共鸣。

网络微短剧脱胎于网络文学,有着题材涉猎广泛、内容短小精悍、制作主体多元等主要特点。在题材分类上,网络微短剧涉及都市、古装、甜宠、悬疑、喜剧、家庭等多个剧种类型,但也存在着剧情夸张、套路雷同等缺点,霸道总裁、婆媳斗争、真假千金、重生复仇等土味爽文剧情占比较大。随着微短剧市场竞争愈来愈激烈,制作水平逐渐朝精品化方向改善。在制作主体上,网络微短剧主要分为两个阵营,一个是以"爱优腾芒"为代表的横屏微短剧,另一个则是以抖音、快手为代表的竖屏微短剧,由于平台性质不同,二者在内容制作中也显示出差异化,如横屏微短剧内容制作精良,竖屏短视频互动体验感好。平台内部也鼓励和支持优秀的微短剧创作,如优酷的"扶摇计划"、芒果的"大芒计划"、快手的"星芒计划"、抖音的"新番计划"、腾讯的"火星计划"等,助力网络微短剧内容质量精品化、品牌建设系列化,延长微短剧生命力。

在内容特点上,微短剧作为注意力经济的产物,将传统剧集精简成10分钟以内的短视频,使得用户的追剧效率提升,培养出符合网络微短剧内容特色的用户心智。由于微短剧用户规模大、黏性强等特点,用户的沉浸式追剧有利于品牌植入和商业价值转化,因此广告植入不足为奇。以竖屏微短剧为例,其剧情设置大多为商业品牌植入服务,通过流量分账、品牌招商、直播带货等方式获得盈利,这也导致一些账号在剧情内容和广告植入的衔接上较为生硬,极大地影响了观众的观看体验。显然,这是网络微短剧较强的商业属性所带来的负面影响。

(二)泛娱乐类

通过提供符合大众审美趣味的虚拟社交场景符号,短视频成为人们日常生活中娱乐消遣的重要渠道。借用多样化的视听手法,例如剪辑、人脸特效、热门音乐等手段,使用户获得强烈的感官刺激。由于短视频的影响力不断扩大,"模仿"热门视频并注明内容发布者成为新的流量增长点。将同一段背景音乐、人脸特效、剪辑模板配上相同的动作进行热点话题复制,甚至将内容发布者原视频采用小屏方式呈现,在尊重内容原创的基础上遵循流量推送逻辑,完成高效益内容视频的产出。如江苏卫视综艺节目《最强大脑》中的主持人因扭头、侧肩、斜身大步流星走向舞台的出场方式走红后,其略显浮夸的表现引发全网模仿,制造了热门话题。显然,这种模仿属于善意的调侃,而且让更多人认识并了解到知识给人们带来的自信与底气。

消费主义语境下,人们更希望追求对于传统审美的突破,充分彰显自我个性。由此,"反差化"人设成为短视频创作屡试不爽的有效做法。这种前后差异较大的视频内容往往更能够激发起用户的猎奇心理,让用户对账号拥有独特的记忆点。如美妆博主化妆前后的颜值反差、变装博主变装前后的视觉反差等等。以某位粉丝近2000万的抖音博主为例,他通过一人分饰男女两角,演绎情侣、母子间的真实情境,以诙谐、幽默的方式呈现男女情感认知上的差异,收获了较好的效果。当然,巨大利益的诱惑下,这种"反差"化的创作思路也容易陷入过分迎合低级审美趣味的歪路。显然,创作者应破除"唯流量论"的思维逻辑,巧妙合适地运用差异化人格带来的流量效果。

时至今日,短视频逐渐成为网民的"拟态生活圈",明星网红将短视频平台作为私人生活展示平台,分享和记录生活日常,以激起粉丝用户的窥私欲。正如美国社会学家欧文·戈夫曼在《日常生活中的自我呈现》中指出的那样,人生就是剧场,社会便是我们的舞台。将日常生活分为前台和后台,而后台带有较强的表演性,当然这种表演又分为有意识的与无意识的[①]。实际短视频生态中的"后台"生活也是含表演化成分的,被包装后的人设成为网民眼中"精致""积极"的代名词,使其达到网民心中构建的美好生活状态。

此外,短视频泛娱乐内容生态也逐渐演变为一个线上熟人生态圈,通过跨屏互动、共同出镜等方式创造博主间"梦幻联动"的话题,由此打破粉丝圈层固化,也能增加自身话题热度。如电商头部主播李佳琦,就经常邀请影视明星助阵直播间,显然,这样的做法能够让粉丝圈层不断融合扩充,最终实现带货转化率的隐性增长。

(三)泛知识类

身处信息爆炸的时代,当人们的知识储备难以匹配呈几何状增长的知识内容时,便开始主动寻找专业信息以缓解知识焦虑,泛知识类短视频由此独树一帜。泛知识类短视频通过视听兼备的形式降低了知识获取的门槛,同时保证了知识的有效性和趣味性,加上疫情冲击让线上授课成为日常学习场景,使其成为各大平台重点扶持的内容。泛知识类短视频以知识科普、经验分享、产品测评、问题咨询为主,让用户利用碎片化时间主动地获取知识与技能。当然,以短视频的方式完成知识传播,最大的特点就是扩大了知识传播的广度。但这种广度是以一定程度上牺牲

[①] 王长潇,刘瑞一. 网络视频分享中的"自我呈现":基于戈夫曼拟剧理论与行为分析的观察与思考[J]. 当代传播,2013(3):10-12,16.

知识深度为代价的。因为深度这件事,本来就不是完全由短视频承担的责任①。

为提升作品内容的传播力、影响力,泛知识类短视频往往伴随风格化的讲解与故事化的结构设计,以吸引用户的注意力。一般而言,头部知识领域创作者在特定专业领域内通常能够起到引领作用,但随着泛知识类短视频成为新的流量蓝海,具有强烈态度情绪的观点表达往往比理性的专业化讲解更能得到网友认同,进而出现内容同质化、内容侵权等问题。尤其对中腰部以下创作者群体来说,由于前期缺乏资本运作,内容变现只能依靠平台激励计划和创作补贴,视频内容主要以吸引用户注意力来达到涨粉、增流的目的,难以在内容本身上下功夫。

相比较,头部的知识领域创作者通常拥有相当数量的粉丝规模,已经具备自身的品牌IP。由于具备一定的影响力,其往往在内容制作上更为精细化、内容产出频率也更加规律。如拥有1955万粉丝的抖音博主"无穷小亮的科普日常"(真名张辰亮),在生活中拥有昆虫学硕士学位、《博物》杂志副主编等众多头衔,加之幽默的讲解风格和优质的内容产出深受用户喜爱。再如,因讲解司法考试的视频在哔哩哔哩"出圈"的中国政法大学教授罗翔,其视频内容通过对公共事件的讨论引发思考,形成与用户的良性沟通。

实际上,大多数受众很难在"短平快"的短视频媒介中接收到系统、科学的知识信息,知识的"饱腹感"或许只停留在视频浏览结束的那一瞬间,但创作者并不能够因此降低内容制作标准。毕竟,无论是在传统的内容生产模式,还是互联网思维的内容生产模式下,"内容为王"始终是不二法则。因此,深耕优质内容,在保证内容含金量的同时实现创作与收支平衡,以正向价值观的观点输出才是长久之计。

(四)政务短视频类

短视频技术与平台的迅速发展,为政务新媒体的横空出世提供了新的契机,拓宽了政务信息传播渠道,构建了政务系统与广大群众的情感联结。政务短视频是指由政府机构、企事业单位官方发布的短视频。作为移动互联网时代党和政府联系群众、服务群众的重要渠道,政务短视频已经成为人们接收可靠信息的主要媒介。借助专业信源的公信力,通过"第一现场"的共情表达塑造人格化的政务形象,创造与公众的生活关联,将信息与公众的生活图景、政治关切进行联系,增加信息

---

① 刘庆振,张晨霞.首席视频官:5G时代的短视频布局与营销革命[M].北京:电子工业出版社,2020:337.

附加值,这也间接提升了新时代政府的治理能力。

作为新生事物,政务短视频在发展中不可避免地遇到诸如话语表达失衡、舆情回应滞后、内容制作随意等问题。首先,在话语表达上,政务短视频账号运营者难以平衡"公共话语"和"私人话语",造成短视频在话语符号上的极端现象。一些政务短视频账号为保持传统的严肃性和权威性,在视听符号使用上没有"网感"。当下受众群体对于说教式的话语难以消化,甚至产生抵触情绪。

还有一些政务短视频为了贴合网络受众需求,往往采用软化"新闻"的方式进行表达,通过个性化话语叙述展现严肃议题,具有网感的话语表达却有失分寸,在某种程度上动摇了政务系统的权威形象,稀释了信息的价值密度。因此,在内容表达上应该考虑具体语境,在保持自身权威形象的同时适当采用网络语言固然可取,但以流量为指标地盲从热点、粗俗用语甚至谩骂也应该坚决杜绝。

其次,针对舆情回应滞后的问题,政务新媒体往往被视为官方信源,在信息发布的真实性上具有强大的信服力,在满足用户信息空缺的过程中,若一味图快而失去对真相的调查则有失权威,甚至容易引起社会恐慌,但若保持沉默直至事件结果公布则会使得话题肆意发酵,占用媒体公共资源。因此内容组织应以真实还原和事实核查为基础,采取阶段式回应的方式,满足用户信息诉求。

最后,在内容制作随意的问题上,其根本原因是专业技术人员缺失、全媒体信息采编能力不足,应加强团队新媒体能力建设,制定完善的考核评价体系,塑造真实、客观、全面、公正的服务型政府形象[①]。

(五)短视频类型化带来的机遇与挑战

某种程度上来说,社会热点是公众利益和情绪的集中体现和表达。观察网络短视频热点现象问题,分析视频数据变化趋势,才能透过现象看本质,形成对短视频内容生态环境的正确认识,明确短视频未来内容产业和商业模式的发展道路。各大平台也在积极扶持和推广正能量传播内容,但娱乐热点往往具有较强的不确定性,甚至引发娱乐狂欢的负向功能,使得社会审美偏向转变。由此可见,短视频热点内容往往与社会热点文化内容紧密相关,且内容辐射范围大、群体带动效应强,正向的人为调控能够给社会带来积极、正面的影响。

---

① 王建华.政务新媒体与政府形象:政务新媒体话语应用与传播研究(第二集)[M].上海:上海交通大学出版社,2018:96.

1."本草纲目舞"：全民健康意识与短视频传播

2022年，某位台湾歌手自创的"本草纲目舞"，在抖音引发了健身热，创下直播12天涨粉5000万的成绩。其火爆的背后主要有以下几点原因：首先是满足大众对于"冻龄"秘诀的探索，这位年届五旬的歌手体现出的自信、阳光的状态，吸引了众多网友的关注；其次是展示了一个拥有爱情、友情、亲情的理想化生活，与妻子的双人直播、其乐融融的幸福家庭，创造了幸福人生的人设，引起网友情感共鸣；还有特殊条件下人们外出健身受限制，那么"云健身"也就成为一种时尚潮流。这种"云健身"为网友提供了宅家健身的"在场感"，用户可以通过发弹幕、刷礼物等方式拉近与主播之间的距离，产生情感依赖。当然，从长远来看，这样的视频内容还是比较单一化、简单化，最终其热度伴随时间推移而消退。这也充分说明，短视频创作没有持之以恒的内容创新，人们迟早会产生审美疲劳。

这种全民云健身热潮的背后，其实也体现了公众健康意识的觉醒。当下，健康传播不再缺席，在浩如烟海的短视频作品中占有重要的地位。早在2016年10月，中共中央、国务院印发的《"健康中国2030"规划纲要》就明确要求：各级各类媒体加大健康科学知识宣传力度，积极建设和规范各类广播电视等健康栏目，利用新媒体拓展健康教育。由此，健康传播类短视频也逐渐成为人们了解健康知识的新渠道。在PGC、UGC模式的加持下，健康传播类短视频内容涵盖范围越来越广泛，从运动健身的公共话语拓展到两性健康的隐私话语，通过权威知识数据结合趣味解说的形式传播健康知识。其实，这也说明类似健康传播短视频这样的特殊类型，需要找到与之匹配的传播场景[①]。

当然，健康传播短视频蓬勃发展的背后也存在一些隐忧。一些"伪专家"为了获取流量，故意在视频中传播错误的健康信息、贩卖健康焦虑、通过"打擦边球"的方式博得粉丝关注，这样不仅起不到正确示范的指导作用，反而危害网友身心健康。网络监管部门和网络用户应共同监管治理，对以健康之名谋取不义之财的现象加大惩治力度。

2.短视频助力传统文化对外传播

短视频时代，中华优秀传统文化的对外传播有了更大的舞台。例如远嫁中国的乌干达女孩Rose，通过记录中国农村的美食制作迅速火爆网络，"洋媳妇做中国

---

① 张竣程，杨宇洋.大健康IP：爆款思维与传播手册[M].北京：中国中医药出版社，2019：55.

菜"展现了中华文化的吸引力,也展现了国人开放包容的胸怀。又如被称为"当代鲁班"的视频博主"阿木爷爷",将鲁班发明的榫卯技术传播至海外,再现中国传统手工艺的魅力。短视频的视听语言表达能够减少跨文化交流障碍,作品中展现的美食、服饰、地域等元素都蕴含着"文化表征"对优秀传统文化、个人身份认同的建构。如手工艺制作流程的复杂恰恰表征了古老民族的智慧结晶、古代劳动人民对于工序规则的讲究以及人们对于艺术鉴赏的极致追求。同样通过文化内容出圈的还有新东方转型而来的"东方甄选",其旗下主播通过中英双语的散文化、执行直播,提升了电商直播的文化意义,让消费者在获得产品本身物质功能体验的同时,还能获得浪漫的情怀和有趣的知识。通过弘扬传统文化、地域特色而走红网络的博主不在少数,他们共同的特点就是始于内容,成于文化,为讲好中国故事,塑造可亲、可爱、可敬的中国形象作出了重要贡献。

总的来说,关注传统文化的短视频作品,除了借鉴"家国同构"的情感表达模式,还通过描绘乡村诗意画卷,满足了网友们对远离城市喧嚣、回归田园生活的渴望。对于大部分中国人来说,乡村生活是其过往的共同记忆,通过视觉记忆激活他们的身份认同。对于非农村出身的网友来说,乡村生活满足了他们的猎奇心理,同时乡村生活体验也对他们充满新鲜感和吸引力。借短视频的视觉修辞展现农村文本以获得受众认同的内容越来越多,如来自农村的博主"帅农鸟哥"集绘画、手工、烹饪等手艺于一身,既表现了乡村生活的恬静美好,也揭示了环境并不能阻挡普通人追求梦想的道理。当"内卷""焦虑"不断成为当下城市青年人的生活标签,农村的小菜园、大锅饭、花草果树唤起了人们对于美好生活的想象。

不过,也有网红利用人们对美好生活的向往,构建虚假人设进行吸粉捞金。如某位网红与家人以淳朴善良的农村夫妻形象展示农村美食,却被网友曝出其人设虚假的真相,随后又被官方媒体点名批评。显而易见,短视频平台应是真善美的传播地,而不该成为歪风邪气的集散地,创作者应秉持正能量传播的初心,展示真实、立体、全面的美丽乡村生活图景来获得用户点赞。

3.娱乐狂欢:亟待治理的"网红经济"

为博流量进行剧本炒作、低俗模仿等行为的主播不在少数,不少主播通过"擦边"行为来引起用户的关注,甚至主播与用户一同沉浸在娱乐狂欢之中。"剧本炒作"作为中腰部以下网红惯用涨粉提流的招数,以脱离现实的剧情内容、颠覆三观的情感线路、粗野低俗的行为举止让网友沉浸在其中并津津乐道。以快手App为例,一些主播为吸引人气,频繁上演"兄弟反目""跳河"的拙劣戏码,最终被官方永久封禁。

随着粉丝队伍不断地扩大,"饭圈秩序"也在这里重演。加上电商主播们偷税漏税等行为屡禁不止,使得网络生态混乱不堪,在一定程度上走进了苏联文艺理论家巴赫金所提出的"第二世界"。巴赫金的"狂欢理论"将现实社会分为两个世界,第一世界是官方的、等级森严的秩序世界,第二世界是狂欢广场式的生活,是与第一世界完全对立的"颠倒的世界"。第二世界打破了阶级、身份的界限,进入全民共享、平等、自由、富足的平民大众的生活。实际上,这个狂欢的娱乐世界试图从多个层面解构和重构我们原本的社会秩序,以反叛精神来掩饰人们内心世界的孤独。同时,低俗内容的盛行也造成了对高雅文化的消解和社会价值观的重塑,不利于正常大众文化氛围的营造。如果人们被婆媳斗争、闺蜜反目等有悖传统美德的内容洗脑,会加剧人们现实生活中对此类行为的模仿,影响社会正常秩序建构。

短视频可以捍卫社会的文化认同,传承优秀文化基因,也可以成为娱乐狂欢下对主流文化的消解和认知层面的浅层理解。青少年作为短视频的核心用户群体,在面对娱乐文化的冲击时往往因自制力不强而深陷其中,塑造具有反叛精神的个性自我。因此营造"清朗"的网络空间环境,加强对色情低俗、恶意炒作、卖惨审丑等现象的规范治理是大势所趋。2022年国家继续开展"清朗"系列专项活动,维护网络空间正能量。2022年6月22日,国家广播电视总局、文化和旅游部联合发布《网络主播行为规范》。文件以现有的网络问题为切入点,指出网络主播在提供网络表演及视听节目服务过程中不得出现的31种行为,要求平台和个人在享受流量红利的同时,更要承担起流量导向责任。在未来,国家还将进一步优化行业评价体系,加强短视频行业专业能力和职业道德建设。

三、当下短视频的主要结构

当今短视频的飞速发展,造成了短视频快速更新迭代,技术、水平一日千里。短视频正在摆脱初期鱼龙混杂、水平参差不齐、门槛高、低俗等标签,向着更加完备、更加成熟的方向疾驰而去。在5G技术与全民剪辑的浪潮中,短视频一步步迈进了自己的新时代。

(一)短视频的结构方法

短视频发展至今,创作者也在寻找可行的策略。短视频也逐渐向新闻框架演变、靠近,由不规范到规范,短视频结构逐渐完善和定型。比如,可借鉴传统新闻的主干框架,即标题—导语—主体—背景—结尾。当然,结合短视频的观看特点与受众心理,也可以对其结构进行以下调整,大致可以分为:导视—标题—主体—引导—结尾。

1.标题

对于大多数短视频作品来说,其视频标题通常由正题、文案两部分组成。文案的部分相对正题来说,反而更重要,更容易出彩。有关文案的策划、写作,在相当程度上可以借鉴、参考广告文案的写作思路。

2.导语、导视

新闻导语一般指"电头"后的第一句或第一段文字,用来提示消息的重要事实,使读者一目了然。这里,暂且借用传统电视媒体的用法,将短视频的类似结构定义为"导视",这其实是众多短视频创作者在实践中的新发明。它出现在标题浏览前,相当于自己给自己打广告。

导视的目的,是将最有趣、最能吸引人的片段信息放在最前端。观看短视频常常会有这样的感受,因为视频已经不局限于十五秒,有的甚至长达十几分钟。将全视频中最精彩部分放在开头前三秒,相当于自创了一个除标题之外的导语,将人们的吸引力瞬间锁定,然后再放出正常部分。一开始,不少创作者还担心把精彩的部分先放出来,会把人们的兴趣消耗掉。事实证明,并不会,人们还是会继续将短视频刷完。尤其是美食类和视频剪辑类短视频中表现明显。

3.主体

新闻随导语之后,是消息的主干,是集中叙述事件、阐发问题和表明观点的中心部分,是全篇新闻的关键所在。短视频主体同样讲究起承转合。"起"是开始,一般提出一个问题,或者搬出总论点;"承"是承接段首视频,加以申述;"转"是转折,短视频尤其讲究转折,即使没有转折,也会加入表情包或者强调文字,突出层次感;"合"是全文的结尾,视频的结尾通常会用转折、留悬念等方式。

4.结尾

新闻结语一般指消息的最后一句或一段话,是消息的结尾,它依内容的需要,可有可无;视频结尾通常会用转折、留悬念等方式,有的也没有。

5.引导

与导视类似,引导也是短视频特有的结构方式,尤其在相对较长的短视频作品中较为常见。一般起到吸引观众继续看下去的作用。可以是抛出一个新问题,或者是提醒一会儿有惊喜,或者是结尾揭晓答案等等,总归目的只有一个,就是吸引读者尽量看完。当然,短视频创作自有其特殊性。一般对短视频来说,标题和文案是绝对的第一,导视也很重要,这两个要素构成了短视频吸引阅读的重要力量。用排序的方式表示,大致是标题>导视>正文>引导>结尾。

(二)短视频的策划方法

优秀的短视频作品,往往需要有好的策划意识。精心有创意的策划,往往能让短视频作品主题鲜明,且具有很强的观赏性。一方面,短视频创作者要在力求原创之外,熟悉当下的社会热点话题,了解用户心理。另一方面,短视频的创意要更加注重互动性与用户体验。

1.什么是短视频的定位

想要理解短视频定位,首先要理解什么是定位。"定位"一词真正进入大众视线是美国《广告时代》杂志邀请年轻的营销专家阿尔·里斯与杰克·特劳特所撰写的文章。文中,两人明确提出了"定位"的概念,很快在全行业引起轰动。从此,"定位"成为任何产品都无法跳过的一个重要环节。他们在文章中明确指出,"定位"是在传播过度的社会里解决传播问题的首选思路。几年后,两人合著的《定位》一书中写道:"其定位理论的要点是:一是定位要从产品开始,让潜在消费者的脑海对产品进行定位,也就是让产品在潜在消费者的心目中占据一个真正有价值的地位。二是在这个传播过度的社会里获得大成功的唯一希望,是要有选择性地缩小目标,分门别类创造第一,实现类的独特性。"①

短视频定位是为了确定短视频在用户心目中与众不同的位置,给用户留下不可磨灭的独特印象,让用户能够对短视频进行区分,并对短视频有一个清晰的认知,提高短视频的市场竞争力。概括来说,短视频定位主要包含内容定位和用户定位两部分:内容定位即确定短视频要讲什么,用户定位即确定短视频内容给谁看,如短视频定位案例(图6-1)。

① 刘一彬.里斯与特劳特定位理论对我国高校定位的启示[J].现代大学教育,2009(5):71-76.

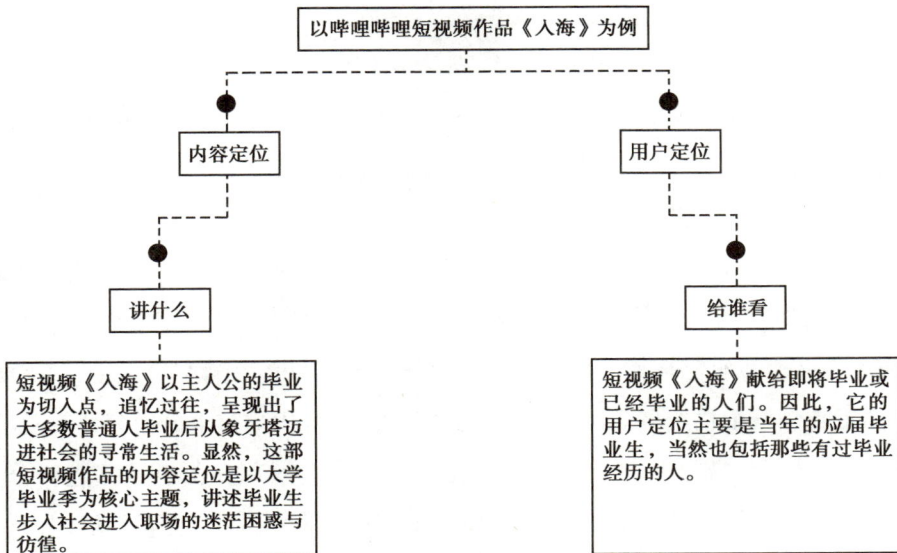

图6-1 哔哩哔哩短视频《入海》定位

通过图6-1,我们可以发现,短视频定位需要解决两个问题:一个是"看什么",另一个是"给谁看"。独特的销售主张(Unique Selling Proposition,USP)理论又被称为创意理论,是由罗瑟·瑞夫斯(Rosser Reeves)于20世纪40年代至50年代提出的,是广告发展历史上最早提出的一个具有广泛深远影响的广告创意理论。USP理论强调广告中必须包含一个向消费者提出的独特价值主张,这个价值主张应具备三个要点:一是利益承诺,即强调产品有哪些具体的特殊功效,能给消费者提供哪些实际作用。

USP理论的核心理念是找到并突出产品的独特价值主张,这种核心理念也可以运用于短视频定位,即找到并突出短视频内容的独特优势。其优势主要体现在三个方面:人设、风格、记忆点。所谓人设,是指通过短视频内容打造的特定人物性格和人物形象,如温柔、善良、专业、偏执、严厉等。人设打造比较成功的短视频中的人物有许多。例如,哔哩哔哩UP主"罗翔说刑法"的出镜人中国政法大学教授罗翔老师,他在出镜时始终身着衬衣,现场布置蓝色背景和白色讲台,凸显了其博学多识的法学老师的形象。

2.如何确定短视频的用户定位

所谓"风格即人",风格是指短视频内容以什么风格呈现,如温暖治愈、活泼搞笑等。以抖音账号"菲姐文案"为例,该账号以分享美图和经典文案作为短视频的主要内容,短视频风格以温暖治愈为主,在众多娱乐搞笑的短视频作品中显得清新脱俗。记忆点则是指短视频内容中让人印象深刻的地方,记忆点无须太复杂,可以是细节方面的设计。例如,一项假发、一个动作、一种口音等。抖音账号"小月月"的短视频出镜人在每期短视频结束时都会握拳喊出"加油",这一手势和口号则是该账号的短视频专属记忆点。

"给谁看"涉及短视频的用户定位,做好用户定位能够使内容定位更加准确。不同类型的短视频针对的目标受众不同。例如,生活、美食、职场、才艺、美妆、穿搭、萌宠等各个垂直领域都有特定的用户群体。想要打造"爆款"短视频,则需要在相应的垂直领域中描绘用户画像,了解用户偏好,挖掘用户需求。而想要实现精准的用户定位,通常需要描绘短视频用户画像。主要是对用户信息数据进行分类。用户信息数据一般分为静态信息数据和动态信息数据两大类,想要获取用户信息数据,需要统计和分析大量的样本。由于短视频用户基本信息数据的重合度较高,为了节省时间和精力,创作者可以通过相关服务网站获取用户的相关信息数据,如卡思数据。卡思数据是一个全网大数据开发平台,能为短视频内容创作和运营提供数据支持,如提供全方位的数据查询、用户画像、视频监测服务等。

第二节　MCN模式下短视频的拍摄和剪辑

目前,本土MCN已成为连接短视频平台、内容创作者与广告商的桥梁,MCN对三方皆有益处。MCN模式下,短视频行业进入高质量发展阶段。一方面,创作者需要进一步明确定位,找到属于自己的细分赛道。另一方面,对类似地方广电媒体这样的特定MCN机构而言,则需要扬长避短,以特色内容吸引用户,在竞争中脱颖而出。

一、MCN模式的前世今生

提到短视频与短视频产业,MCN模式是绕不过去的关键词。对大多数非专业创作者而言,MCN模式是为创作提供保障、寻求商业变现的必经之路。而对亟待转型的地方广电媒体而言,自建MCN则是最短时间内在短视频平台实现"弯道超车"的有力推手。

（一）何为 MCN 模式

MCN 模式，是当下快速兴起的一种短视频运营模式。显然，有着浓厚草根属性的短视频这一类型，在 MCN 模式出现前，更多地呈现为一种"野蛮生长"的状态。关于 MCN 模式，让我们先来看一下韩国所给出的定义。韩国广播促进会（RAPA）发布的《移动网络全球化流通前沿报告》提到：从收益和回报方面来看，MCN 业务模型大致可分为运营、报酬、传播三种。在运营模型下，MCN 机构通过经纪方式与创作者形成合约，以专属、自由职业等方式整合在一起，通过收取基本代理费、YouTube 广告收入分配等形成业务架构。报酬模型是指通过运营旗下的创作者、具有影响力的账号等进行多样的营销造势，并对收益进行分配，或采用激励、定额套餐等方式进行奖励。最具代表性的是通过收益分配、工资、奖金、定额补偿等方式维持 MCN 机构和创作者的合作关系。

其中，MCN 的传播模型是指 YouTube 及其他频道提供内容联动功能，进行收益分配。内容联动并不直接生产内容，而是收集、加工优质内容，使其在更多的视频平台上传播。例如，在购买电影版权后，将其出售给电影网站运营商。大部分 MCN 机构都将上述三种模型相结合来运营。另一方面，也可以将 MCN 业务视为常见的艺人经纪公司、节目制作公司来说明业务结构。此时，常见的 MCN 业务模式大致分为经纪人、广告代理、电视台、制片几种。在经纪人模式中，具有代表性的例子可参考 CJ E&M 的钻石 TV、宝藏猎人、Afreeca TV 等，韩国以外以 StyleHaul 为代表。在该模式中，旗下创作者的影响力和网红的媒体能力是重要的指标。全球化的 MCN 机构普遍会从经纪人模式起步，然后转向品牌内容制作、植入式广告等，同时通过广告代理模式强化内容制作能力，通过成立工作室的方式向电视台、制片模式进化。属于广告代理模式的有 Defimedia、Fullscreen、Awesomeness TV 等面向全球化的 MCN 机构。制片模式的 Defimedia 为代表，主要考查的是内容制作能力。最后，在电视台模式方面，韩国国内具有代表性的则是 Afreeca TV，全球化 MCN 机构则有 Maker Studio、Musinima。在这种情况下，MCN 机构不仅需要具备内容制作能力，还要具备网红的媒体能力，才能提高成功的可能性。

早在 2016 年，韩国国内 MCN 机构采用 YouTube 的广告收益分成结构与创作者达成了合作关系。YouTube 的广告在产生收益时，与创作者按 45∶55 的比例分成；创作者和 MCN 机构又在这"55"的基础上按照 1∶9 到 3∶7 的比例进行再分配。因此,MCN机构在一名创作者身上期待的收益仅占广告销售额的5%～16%。因此,对于将目光放在YouTube广告收益上的机构来说,规模很重要。起步时期的钻石TV和宝藏猎人曾试图最大限度地维持创作者的数量,不得不说与此有关。韩国的视频直播平台Afreeca TV就走上了正规的MCN业务路线。狂热的粉丝文化催生了"星气球"(一种粉丝为自己青睐的主播打赏的方式)这种稳定的收益模式,Afreeca TV也得益于这一模式在2016年8月取得了日开播8000～10000个直播频道的成绩。韩国钻石TV引入了Afreeca TV的高人气创作者,开启了韩国MCN的先河。随后,CJ E&M前职员创立的MCN机构宝藏猎人登场。

(二)MCN模式的影响

目前,国内MCN机构大致可以分为自研型与签约型两大类。所谓自研型,就是主要依靠自身实力孵化网络红人,打造短视频IP的MCN机构。而签约型,顾名思义就是直接与有影响力的网络红人签约。相对来说,自研型的MCN机构更有生命力,但运营难度较大,而签约型的MCN机构充当一种中介的作用。

如果按照创作类型来划分,那么MCN的类型主要有短视频、直播、动漫、综合。根据不同的类型,MCN机构会将其自制内容投放到不同的平台。当然,就当下的市场发展现状来说,短视频与直播仍然是当下国内MCN机构的核心内容类型(图6-2)。

图6-2　MCN机构主要运营&盈利模式

MCN机构不是单纯地签约网红,然后进行内容管理、推广、变现,而是有着自己的成长路径和独特的生存机制。专业的MCN,包括网红的筛选,孵化,内容的开发,自我内容平台技术性支持、持续性的创意,用户的管理,平台资源对接,活动运营,商业化变现和合作,IP形象的开发等系列的链条和繁杂的工作。可以说,MCN机构的出现,能够在一定程度上促使短视频产业的规范化、市场化。

二、短视频的拍摄

拍摄短视频的第一步是选择拍摄设备。拍摄设备的选择也是一门学问,涉及短视频的质量和团队预算,拥有不同的预算和不同规模的团队有不同的选择。短视频创作者,尤其是新手,切勿贸然购入价格高昂的专业拍摄设备。事实上,设备本身的"专业"与否,对短视频作品的传播影响并不大。考虑到绝大多数人都是在移动设备上观看短视频的,这一点也就不难理解了。

(一)选择合适的设备

目前,市面上较为常见的短视频摄像设备主要有智能手机、微单相机和单反相机三类。智能手机是最常用的摄像设备,相比专业相机,智能手机的优势主要体现在四个方面:一是机身轻便,便于携带;二是操作简单,上手容易;三是分享方便,功能多样;四是成本低。随着拍摄功能的不断完善,智能手机已经可以满足基本的短视频拍摄需求,对画面效果没有太高的要求,且预算相对有限的短视频创作者,入门阶段选择智能手机已经完全能够满足拍摄的需要。微单相机是微型小巧、具有单反功能的相机。与智能手机相比,微单相机的画质更清晰、功能更齐全。对于预算有限且对短视频画质有较高要求的短视频创作者来说,微单相机也是不错的选择。单反相机功能强大,可以随意换用与其配套的各种镜头,能够满足专业的拍摄需求。对于具备拍摄技巧、对画质要求很高且预算充足的短视频创作者而言,其可以选择一款合适的单反相机作为摄像设备。

稳定设备的作用是固定摄像设备,在拍摄过程中维持画面平稳。常见的稳定设备主要有三脚架和手持稳定器两类。三脚架主要用于固定静止机位的摄像设备。在拍摄时将手机或相机固定在三脚架上,能够保证画面稳定、不抖动,尤其是短视频创作者独自录制自拍类视频时,三脚架必不可缺。而手持稳定器的作用是辅助摄像设备移动。在拍摄过程中遇到需要移动拍摄的情况时,如果仅靠手持移动摄像设备,往往会导致设备晃动。显然,拍摄画面如果模糊不清,会给后期制作带来麻烦。因此,在拍摄移动画面时,可以利用手持稳定器辅助拍摄,以保证画面的稳定和顺畅。尤其是在拍摄移动镜头时,如果没有手持稳定器,可以手持摄像设备,移动整个身体,让手臂和摄像设备随着身体的移动而移动,而不是仅移动手臂和设备,以此尽可能地保证画面稳定、不摇晃。

灯光道具或者摄影灯的作用是给被摄主体补充光线,提高拍摄画面的亮度和清晰度,避免出现拍摄画面太暗、人像太黑等问题。在拍摄短视频时,一般需要用到主灯、辅助灯、轮廓灯。其中,主灯作为主要的光源,通常会使用柔光灯箱,其他灯选用 LED 灯即可。值得注意的是,在选择摄影灯时应尽量选择质量较好的摄影灯,以保证光线柔和、不刺眼,避免对出镜人员的眼睛造成伤害。收音设备主要是话筒。对短视频而言,话筒还是非常关键的。因为多数短视频在户外拍摄,外景环境相对嘈杂。好的话筒用于收录现场声音,避免出现因距离远近不同、现场有噪声和杂音而使收音效果不佳的状况。短视频拍摄人员在拍摄过程中如果直接通过手机或相机自身的麦克风来收音,可能会由于距离远近不同造成声音忽大忽小。在户外拍摄时,还可能会遇到噪声太大、杂音太多的情况。因此,话筒在短视频的拍摄中也发挥着重要作用。

(二)短视频的拍摄技巧

目前,短视频行业已经发展到了成熟期。随着创作者数量不断增加以及专业化 MCN 机构的加入,用户对短视频的制作水平有了较高的要求。对创作者来说,在制作过程中,不仅需要选择合适且优质的拍摄设备,还需要掌握拍摄短视频的基本技巧。毕竟,能够带给用户视觉享受与冲击的短视频更容易获得用户的关注。

1.基本的镜头语言

完整的短视频作品一般由多个镜头组合而成,为了保持镜头的连贯性并利用正确地传递短视频主旨,创作者需要了解景别、拍摄方向、镜头角度、镜头运动、光位选择等方面的拍摄技巧。

景别是指摄像机与被摄主体的距离不同,造成的被摄主体在画面中所呈现出的范围大小的区别。景别一般分为 5 种,由远及近分别为远景、全景、中景、近景、特写。通过复杂多变的场面调度和镜头调度,交替使用不同景别,能够使短视频的剧情、人物情绪、人物关系等更加具有表现力,从而增强短视频的感染力。远景可以呈现广阔深远的景象,展示人物活动的空间背景或环境氛围。例如,硝烟弥漫的战场、气势恢宏的山河等远景,多用广角镜头拍摄。按表现功能划分,远景又可以分为大远景和一般远景。大远景通常出现在电影的开头,一般用于呈现广阔的画面,如从高空俯瞰城市,仰望无边的星空,眺望远方的树林等。在大远景中,画面的空间容量较大,环境景物是画面主体,人物仅是其中的点缀。总体来说,这类画面多以景为主,以景抒情表意。大远景多采用静止画面,或缓慢摇摄完成,即使是画面主体有剧烈运动,也不会影响整体的画面效果。

远景强调环境与人物之间的关联性。与大远景相比,被摄主体在画面中的占比有所增大,虽然整个画面仍以远处背景为主,但因为被摄主体的视觉感需要增强,所以可以根据表达目的来确定画面中的被摄主体的大小。远景在影视剧中运用较多,日常的短视频拍摄通常不会用到如此大的景别,但是一些专业性较强的短视频作品会运用远景。

全景是指拍摄人物全身形象或场景全貌的画面,多用短焦距镜头拍摄,观众能够看到人物的全貌,捕捉人物的一举一动,能利用背景营造氛围,但在表现面部细节上稍有欠缺,常用于表现人物之间、人物与环境之间的关系。全景与远景相似,但与远景相比视距更小,被摄主体在画面中呈现得更加完整,能够更加清晰、直观地展现被摄主体和物之间的关联。全景多用于有剧情设计的短视频的拍摄。

中景是指拍摄人物膝盖以上的部分或局部环境的画面,多用标准镜头等中焦段镜头拍摄,这种景别能展现人物一定的活动空间,既能展现人物的面部表情等细节,还能展现人物的肢体语言,在表演性场面中经常使用。中景可以将环境、氛围和人物很好地联合在一起,常用于叙事剧情,在拍摄剧情类短视频时可运用中景。

近景是指拍摄人物上半身或景物的局部画面。近景的视距近,能看清被摄主体的细节变化,因而运用近景拍摄人物,可以清晰地表现人物的面部特征、神态、喜怒哀乐等,尤其是眼神的变化,能在一定程度上表现人物的内心世界,有力地刻画人物的性格。在近景中,由于被摄主体占画面的面积较大,比较适合进行"快速表达",在对场景要求不高的短视频中使用较多。

特写是指拍摄人物面部或者放大物体的某个局部画面,是视距最近的景别。特写能够充分展现被摄主体的细节特征,具有强调和呈现人物心理变化的作用。一些特写还具有象征意义。通过对人物面部细节的拍摄,展示人物的神情变化,揭露人物的心理状态。一般来说,特写镜头会与其他景别的镜头结合运用,通过镜头的远近、光线强弱等,营造出一种特殊的画面效果。

2.核心的拍摄技巧

短视频是高度依赖平台的一种类型。对不同的短视频平台而言,具有不同的拍摄风格和拍摄技巧。因此,拍摄将上传至不同平台的短视频时需要"量体裁衣",贴合该平台的特征进行拍摄。

1)竖屏短视频平台拍摄技巧

目前,以竖屏播放为主的短视频平台主要有抖音、快手、小红书、微信视频号等。上传至这类短视频平台的短视频的拍摄技巧如下。

(1)网格拍摄:三分线构图。

拍摄过程中,通常会按照黄金比例设置被摄主体的位置。利用智能手机进行三分线构图就能拍摄出引人入胜的画面。智能手机一般都自带"网格功能",调出网格,将被摄主体置于网格线的交叉点上再进行拍摄,通常会获得不错的拍摄效果。

(2)反转光线:巧用反转,活用阴影。

在抖音和快手,许多用户巧用光线,拍摄出了令人意想不到的画面。通过拍摄反光面,抖音平台上有许多利用反光面拍摄的短视频,通常可以借助水面或镜子等拍摄反转的世界,会获得让人意想不到的惊喜。还可以拍摄影子,影子能够根据被摄主体及光源角度等呈现出大小、长短不同的形状,将影子与其他物件搭配起来,会呈现别样的画面效果,让画面充满艺术感。

分段拍摄则是指将短视频内容分成几段分别拍摄,这样有利于画面的切割和转换,也使拍摄过程更加简单。在后期,可以将不同的素材拼接在一起,形成一个完整的短视频,前后画面的巨大反差能带给人强烈的视觉冲击。

转场效果好,会让短视频看起来更加酷炫。这里的"转场效果"是指在两个不同的画面之间通常需要一个承上启下的画面来让整个短视频看起来更加连贯。转场效果一般分为静态转场和动态转场。静态转场指参照物不变,只有画面中的被摄主体发生变化。常见的"换装"视频中,两个画面中周围的环境并无任何改变,只有被摄主体的造型前后不一样。通过拍摄换装前和换装后的画面,将两个素材直接贴在一起,就产生了"一秒换装"的效果。

动态转场是通过连贯的动作进行转场。与静态转场相比形式更多样,大致可分为以下三种:摄像机不动,被摄主体动作保持连贯。当被摄主体为人物时,人物在前一个画面中用手盖住摄像头,在后一个画面中将手从摄像头上收回。只要保持前后动作连贯,便可以更改背景、人物、造型等;被摄主体不动,摄像机方向保持连贯。前一个画面用镜头从上往下拍,后一个画面中移动镜头从下往上拍,使画面呈现绕了一整圈的效果;摄像机和被摄主体一起动,前后画面保持连贯。当被摄主体为人物时,人物在前一个画面中抬脚,摄像机与人物一同向前移动;在后一个不同的场景中落地,摄像机依旧和人物同步,从而使画面呈现出每个人物动作都转换了不同场景的效果。

总而言之,分段拍摄的手法多种多样,许多抖音、快手用户也使用过这类拍摄技巧,能使简单的画面产生炫酷的效果。

(3)活用平台道具,增加趣味性。

短视频具有很强的趣味性,为了使拍摄内容更加丰富多样,绝大多数短视频平台都设计了自己独特的道具或功能。尤其在抖音、快手中,平台会持续更新有趣的道具或功能供用户使用。其中,滤镜可用于调整画面的色调和风格,适用于人像、风景、美食等类型的短视频。例如,人像滤镜中有白皙、柔和等;风景滤镜中有仲夏、纯真等;美食滤镜中有焦糖、西柚等。使用滤镜能够使画面更有艺术感。

装饰道具主要适用于人脸,用户使用该道具后,系统会根据屏幕中的五官显示出不同的装饰物。例如,使用"小猫妆"道具,屏幕中的人脸出现猫鼻子、胡子、猫耳朵等。装饰道具的使用会使人物造型更具多样性。趣味变脸功能与装饰道具的效果类似,都可以变换人脸。例如,抖音上的趣味变脸功能有"漫画""憨厚"等,用户使用之后,屏幕中的人脸就会发生改变,变成与现实完全不一样的面孔,有很强的喜剧效果。

"黑科技"功能会使屏幕中的道具跟随人物动作而变化。例如,用户在使用抖音中的"控雨"功能时,只需随意变化动作,屏幕中的"雨"就会跟随人物的动作变化,达到"控雨"的效果。除此之外,还有许多"黑科技"功能可供用户在拍摄时使用。

2)横屏短视频平台拍摄技巧

目前以横屏播放为主的短视频平台主要有哔哩哔哩、西瓜视频等,这些短视频平台要求的短视频拍摄技巧与传统视频类似,面对不同类型的短视频,拍摄人员需要运用不同的构图、布景、镜头语言等。

(1)生活记录类短视频:前景+黄金比例。

生活记录类短视频画面简约而有格调,在拍摄这类短视频时可适当地对场景进行布置。例如,透过前景拍摄,营造一种别样的朦胧美。前景可以是一个杯子、一本书、一盆绿植等,拍摄人员也可以根据自己的创意有不一样的设计。拍摄短视频时还可以按照黄金比例来构图,将被摄主体置于拍摄画面的黄金分割点处,使画面看起来更和谐,符合大众审美。

(2)生活分享类短视频:中近景+特写。

许多技能分享、美妆护肤和产品测评等生活分享类短视频有着不错的人气。创作者只需用简单的镜头语言交代内容主旨,一般使用中近景和特写进行拍摄,略去背景和周围环境的干扰,将观众的视线聚焦在被摄主体上。而街头采访类短视频的画面相对比较简单,很少采用动态镜头,一般利用中景和近景进行切换。

这类短视频主要展现被访者的面部情绪和精神状态,时而穿插一些空镜头以增添短视频的趣味性。例如"一条"系列短视频不仅会利用远景记录画面,还会在人物采访中适时添加一些小景别的空镜头,使整个短视频的内容看起来更充实。在拍摄常见的街访类短视频时,拍摄人员可以手持设备进行拍摄,营造街访的随意性,增强短视频的真实感。从景别上来看,街访大多是运用中近景来拍摄,这样既能看清被访者的神态,又能让观众感受周围的环境。从拍摄方式上来说,运用固定机位即可。自拍类短视频一般采用中近景拍摄,保证自身的展现空间足够即可,无须过多交代大环境。许多传递信息的自拍类短视频多是利用平拍或略微俯拍的镜头角度进行拍摄。

3.短视频的剪辑技巧

短视频行业迅速发展,用户对于短视频内容的要求也越来越高。这促使短视频剪辑技术逐渐向着专业的剪辑水平靠近。想要制作出"爆款"短视频,短视频创作者需要从常用的剪辑手法、情绪表达技巧两个方面着手。短视频剪辑讲究创意性,需要在短时间内达到出人意料的效果。想要达到这种效果,可以使用以下10种常用手法。这些剪辑手法并不是孤立存在的。

1)平行剪辑:并列呈现

平行剪辑是指将不同时空或同时间、不同空间发生的两条或多条故事线并列表现。平行剪辑是分头叙述内容的不同部分,将其统一呈现在一个完整的结构中。平行剪辑常用于高潮片段,每条故事线虽然独立发展,但观众在观看时会不自觉地产生疑问,思考反复交替出现的两条或多条故事线之间有何联系,接下来的剧情将往何处发展。在短视频创作中使用这种剪辑方式,能够将观众带入剧情当中,增强内容的吸引力。

2）交叉剪辑：时空转换

交叉剪辑是指同一时间、不同空间发生的两条或多条故事线快速地来回转换，以频繁的镜头切换表达角色之间的联系。采用这样的剪辑手法可以通过镜头强有力的节奏感为短视频画面增加张力，营造紧张的氛围，表现人物内心的复杂情绪。在剪辑惊悚类、悬疑类短视频时，采用这种剪辑手法能够呈现出追逐和揭秘的画面效果，使短视频更加具有戏剧化效果。

3）叠化剪辑：流畅惊艳

叠化剪辑是一种比较简单、易操作的剪辑手法，指将两个素材的轨道叠加在一起，逐渐降低上一个镜头的透明度，从而形成叠化的效果，是一种简单的剪辑手法。叠化剪辑一般用于表现时间的流逝，展现人物的心理活动或想象，以及过渡至平行时空的事件等。在一些风景和人物的过渡镜头中使用叠化剪辑，时常会收到令人意想不到的效果。

4）跳切剪辑：时间流逝

跳切剪辑属于一种无技巧的剪辑手法。它仅以观看角度的连贯性为依据，进行较大幅度的跳跃式镜头组接。跳切剪辑能够突出某些必要的内容，省略时空的转换过程。对同一场景下的镜头进行不同视角的跳切剪辑，可用来表示时间的流逝，也可以加重画面的压迫感。

5）匹配剪辑：场景转换

匹配剪辑是连接两个画面中被摄主体动作一致或构图相似的镜头，这与上文提到的跳切剪辑不同，它常用于转场。在两个场景中，被摄主体相同并且画面需要表现两个场景之间的联系时，可以运用匹配剪辑达到连接两个画面的效果，这会在视觉上给人非常炫酷的奇妙享受。匹配剪辑不仅可用于动作状态的转换，还能用于台词语言的衔接。例如，两个人在说同一段话时，根据语言顺序交替剪辑，会使画面更加具有紧凑感。

6）跳跃剪辑：打破时空

跳跃剪辑是一种能够增添悬念感的剪辑手法，常用于打破前一场景。影视剧中许多表现人物从梦中惊醒的画面，使用的就是这种剪辑手法。跳跃剪辑有时也用于转场，如从一个激烈的大场面转换至宁静缓和的场景。抖音平台的短视频创作者也比较喜欢使用这种剪辑手法制作短视频。因此，短视频创作者可以通过拍摄简单的生活场景,在添加滤镜之后利用跳跃剪辑塑造画面的"高级感"。

7)动作顺接剪辑:巧妙转场

动作顺接剪辑是指当人物处于运动状态时依然切换镜头,剪辑点不一定要在动作展开之时,可以根据运动方向或是在人物身体变动的简单镜头中切换。例如,画面中的人物正在抛掷物品,或是穿过某一背景画面时,镜头瞬间切入下一个画面。采用这样的转场很自然地将人物与下一个镜头中的环境连接起来,营造了一种自然、连贯的氛围。较多短视频采用这种剪辑手法,带给观众非凡的视觉体验。

8)隐藏剪辑:假象转换

隐藏剪辑是指利用阴影或遮挡物,营造画面仍处于同一镜头的假象的剪辑手法。在运用隐藏剪辑时,剪辑人员通常要将剪辑点藏在转换的镜头中,有时还可以利用穿过画面或离开镜头画面的物体衔接镜头。例如,人物正在街边行走,画面中经过一辆汽车,下一画面就是另一个行走的人物。此时,则是利用了运动的汽车作为遮挡物,使剪辑点不易被发现,达到一种连贯的画面转换效果。

9)变格剪辑:超出常规

变格剪辑是指在组接画面素材的过程中,对动作和时空做出超乎常规的变格处理。变格剪辑强调动作的戏剧性,夸张地展现时间的变化与空间的放大或缩小。它是渲染情绪和营造气氛的一种重要手段,会直接影响短视频的整体节奏。

10)组合剪辑:灵活运用

创作者需要根据短视频的内容发展及主题,灵活地运用各种剪辑手法,将它们富有创造力地组合在一起,这会让短视频更有特色,如"交叉剪辑+匹配剪辑""变格剪辑+平行剪辑"等。采用不同的组合剪辑会产生不一样的画面效果,可以大大充实镜头的画面感,让短视频内容呈现更加丰富的效果。

4.短视频剪辑的原则

短视频作品的最终呈现效果很大程度上是由剪辑决定的。毫不夸张地说,优秀的短视频作品,既是拍出来的,也是剪出来的。在对短视频素材进行剪辑时,应遵循三个原则并注意四个事项。剪辑短视频需要遵循以下三个原则。

首先,情感充沛。毫无疑问,一条短视频作品的质量与其情感表达能力有着重要关系。不仅情感色彩浓重的短视频要注重情感表达,任何短视频都有其外在或内在的情绪。例如,网络上流行的田园生活类短视频,虽然展现的是田园生活和日常农作,但其中蕴含着一种平静、闲适的情感特征;再如,新闻类短视频虽然以一种客观的角度传递信息,但字里行间都能透露出这则新闻隐藏的内在情感。所以,剪辑短视频时,需要为原有素材注入更加丰富的情感色彩,同时要注意确认每个镜头的运用、切换是否能够表达情感,是否有利于准确地传达情绪。

其次,情节流畅。故事情节是短视频的重要组成要素,它决定了短视频的内容是否流畅,情节是否有创意,高潮点是否能引发用户的好奇心。几乎每一条短视频都有其特有的故事情节,即使是时长仅有十几秒、内容简单的短视频,大多也有一定的故事情节。不管什么类型的短视频,都需要以故事情节为剪辑原则。例如,街头采访类短视频需要首先抛出一个受访者比较感兴趣的话题,这个话题正是"故事情节"中的主要脉络。受访者会根据提问者提出的问题,给出自己的观点,这个观点可能就包含了一个"故事";提问者若依据受访者的回答再次追问,就能在连续的问答中挖掘出一个随机的故事。当然,有的受访者给出的答案并不精彩,或许短视频剪辑人员并不容易挖掘出一个有内容的故事。那么,短视频剪辑人员在剪辑时就要把控内容节奏,挑选并删减不能构成故事和推进情节发展的素材,留下有价值的素材,将其组合成一个精彩的故事。

最后,剪辑节奏自然。这里所说的剪辑节奏,主要包括两个方面,一个是内容节奏,另一个是画面节奏。内容节奏主要是指剧情类短视频需要根据剧情发展确定内容节奏。在剪辑这类短视频时,要当机立断,把冗长、多余的人物对白和画面删除,留下对剧情发展有帮助的精华内容,以免节奏过于拖沓。但也不要为了过分追求精简而大篇幅删减镜头,使重要内容丢失,导致剧情发展不连贯、太跳跃等。例如,在剪辑反转类短视频时,需要在重点剧情之前适当铺垫内容,但这一内容不宜过长,否则容易让人丧失兴趣。

与此同时,剪辑短视频还应注意以下几点,以保证作品给人流畅的观看体验。第一,统一重点方位。尤其在剪辑户外拍摄的短视频时,可能会发现同样的场景中人物众多,切换镜头时画面相对混乱,无法找到重点。遇到这种情况通常可以运用两种方法处理。一种是以人物视线为主,当人物作为被摄主体时,可以将人物的眼睛(视线)作为画面重点,在适当范围内剪裁画面,保证观看短视频的观众能够在某个固定的区域找到画面重点。另一种是将画面重点放在相似位置,使被摄主体始终处于画面中的固定位置,便于观众快速寻找。

第二,注意统一运动方向。如果两个画面中的被摄主体以相似的速度向相同的方向运动,那么可以将两个处于运动状态下的镜头衔接在一起,使两个画面完美结合。例如,第一个镜头是"工厂的零件正在加工制造",下一个镜头是"零件包装完毕等待出厂",这两个画面中的被摄主体都是"零件",且以同样的运动方向拍摄,那么将两者剪辑在一起时,会形成一个自然的转场,呈现出一气呵成的效果。

第三,统一画面的色调。当调整画面色调时,每个镜头的色彩都要与短视频的整体画面风格相符,切勿把色调完全不同的素材拼接在一起。色调的转换,需要人的视觉系统快速做出反应,频繁更换色调不仅会使短视频画面看起来突兀,而且会影响观众的观看体验。

第四,注意结合相似部分。这种剪辑方法的关键在于,找到不同镜头相关联的部分元素,将两者完美结合。这种有关联的画面可以是相同的运动轨迹,也可以是相同的元素或道具。无论是运动镜头,还是静止镜头,只要短视频剪辑人员能找到两者中相关联的元素,就能将其自然衔接。例如,走下楼梯和进入电梯是两个不同的场景,但两者有着类似的运动状态和逻辑关系,那么短视频剪辑人员就可以将两个镜头结合在一起,使画面看起来连贯而流畅。

本章小结

短视频已经成为媒体深度融合的"主战场"。相关短视频平台以新型的传播形态和丰富的视频内容为依托,凭借庞大的用户群体和流量优势,吸引主流媒体入驻和各类内容生产主体加入,为媒体深度融合的供给侧结构性改革注入了活力。未来,短视频平台与主流媒体的融合互动将更加全面,特别是在短视频内容从"泛娱乐化"转向"泛内容化""泛知识化"的过程中,短视频行业应该采取"PGC+UGC"的内容生产模式,充分发挥主流媒体与短视频平台各自的优势,拓宽短视频内容生产的结构布局与辐射范围,打造全新的内容生态体系。

思考题

1.如何避免短视频用户的"信息茧房"效应?

2.谈谈MCN模式下,你对短视频拍摄与剪辑的认识。

第七章　新媒体视听品牌IP建构

第一节　新媒体视听品牌发展现状

近年来,媒体融合从行业探索上升为国家战略,从"相加"走向"互融",迈入全面发力、构建全媒体传播体系的新阶段。传统媒体尤其是广电媒体百舸争流、百花齐放,形成了各具特色、亮点纷呈的品牌优势,展现了当下媒体深度融合的新风貌。在此背景下,一批知名度高、美誉度强、影响力大的新媒体视听品牌脱颖而出,得到社会各界和广大受众的高度认可。

一、立足自身优势,塑造新媒体品牌

大力推进媒介融合战略背景下,建构新媒体视听品牌,是主流媒体融入互联网语境的绝好契机。毕竟传统媒体有自身的专业性、公信力等方面的优势,以此为基础完成转型升级,能够在此过程中凸显自身的"媒体+服务"职能。

当下新媒体视听品牌的IP建构,很大程度上是传统媒体打造属于自己的新媒体品牌,从而在转型发展过程中占据先机。这方面,有关部门实际上也在借助政策加以引导。例如,国家广播电视总局自2019年以来,已连续四年开展对于广电媒体融合先导单位、典型案例、成长项目三大类项目的评选活动。面对新机遇、新挑战,传统媒体应顺势而为,发挥自身优势,推进媒体深度融合;以优质内容推动以新媒体视听品牌为核心资源的产业链与价值链不断延伸,以品牌形象的影响力为传承中华优秀传统文化赋能。这也是今后新媒体视听品牌IP的核心竞争力所在。正如有论者指出的那样,媒体融合作为国家战略,其背后所背负的中国使命:一是做大做强主流舆论以推动国家治理现代化,二是讲好中国故事以在国际传播格局中提升国际话语权,三是为打造人类命运共同体推动人类网络新文明作贡献。这三重使命既是中国媒体融合的风向标,亦是衡量媒体融合实

践成果的标尺①。

以央视新闻、第1报道、极光新闻、看看新闻等一批综合类新闻品牌为代表，发挥主流媒体的专业性、权威性优势，坚持正确政治方向、舆论导向、价值取向，彰显主流媒体责任担当，以良好的传播力、引导力、影响力、公信力赢得人民群众的高度认可。

除了综合类新闻品牌，还有第一财经等垂直类新闻品牌以明确定位、显著特色打造出差异化发展优势，暖视频、海米提正能量等新闻品牌以身边的暖心故事传递真善美，搭建情感链接，这些特色鲜明的新闻品牌丰富了时政新闻语态表达，壮大了主流舆论阵地。央视频、云听、北京时间、北斗融媒、百视TV、芒果TV、我的长沙等一大批平台品牌致力打造自主可控、传播力强的新型传播平台，集中体现出广电媒体融合发展的阶段性成果，不仅满足社会公众的视听消费需求，还面向用户提供高品质的视听内容与便捷的场景化服务。

此外，新媒体矩阵的布局和运营也成为广电融合新品牌尝试下进军互联网平台的有效途径，所有获选品牌都在主要新媒体平台搭建起了账号矩阵，并通过资源共享与组织结构优化，进一步增强品牌号召力。此外，包括玉渊谭天、冀有好物、新闻坊、Live南京、长忆是江南、"中国节日"系列节目等产品类品牌，聚焦用户需求创新产品形态和服务，加强多样化、多层次经营运作。这些品牌的类型模式创新性、多样化十分突出，涉及短视频、图文、音频、直播活动、慢直播、电商、游戏、5G智慧产品等多种形态，深耕时政、民生、科技、文化、教育、财经、旅游、汽车等多样化垂直领域，彰显各地广电媒体在构建种类丰富、形态多样的媒体融合创新产品体系方面的探索实践。

二、切入传统文化，助力"国潮"传播

传统媒体优势在于内容生产，但成功的新媒体品牌建构却不仅仅止于内容。当前，媒体深度融合尚处于爬坡过坎、攻坚克难的关键阶段。推动媒体融合进入更深层次、更高境界，与传统文化结合，是一个比较好的切入点。

以《人民日报》新媒体探索以新媒体传播方式推广国潮文化为例。2023年5月10日，为庆祝新中国成立70周年和第三个"中国品牌日"，由《人民日报》新媒体中

① 方兴东，顾烨烨.中国媒体融合30年：基于政策的视角[J].传媒观察，2023（6）：13-24.

心联合多家企业发起的"有间国潮馆"线下主题快闪店在三里屯正式开馆(图7-1)。北京三里屯,一抹亮眼的中国红建筑矗立在广场中央。高大的LED显示屏轮次播放着经典国产动漫片段,显示屏下方,"中国造·正当潮"六个醒目的大字正吸引一波波路人留影合照。这是"有间国潮馆"快闪店活动的现场。"有间国潮馆"以弘扬中国文化为主题,通过展陈、互动与演出等丰富多样的形式,阐述"中国造·正当潮"的理念,以更适合年轻群体的传播语态,讲述中国的品牌故事。

以中华优秀传统文化为创意着力点,"有间国潮馆"围绕着国货、国学、国艺、国漫等为核心,设计了流光溢彩、人间乐事、国色天香、诗情画意、古今奇观、天工开物等六个创意展区,力图让观众通过沉浸式观感和深度互动感受国潮的力量。为此,展区设置了各种传统文化与现代科技融合的活动,比如,踏入以滚动的《千里江山图》画卷为墙壁的走廊,好似"人在画中游";置身光影变幻的"镜屋",熟悉的卡通形象与难忘的童年记忆扑面而来,进入经典国漫的精彩世界。

从穿梭在"流光溢彩"的国漫异次元空间,到在敦煌"乐舞飞天"的伴奏下与机器人共舞;从在"国色天香"里穿上各个朝代的"潮服"领略服饰变迁,到在"古今奇观"的皮影剧场中观摩传世技艺……凡此种种,不仅折射着中国品牌在价值重塑上的努力,也呈现了中国文化不断走向自信的过程。这里,仅以入驻"国潮馆"的腾讯视频为例,在该平台播出的《斗罗大陆》《狐妖小红娘》《全职高手》《武动乾坤》《星辰变》《择天记》《天行九歌》《斗破苍穹》等作品于"流光溢彩"创意区集中展示,体现了国产动漫产业的发展与成果。

从这个例子能够看出,"国潮"的本质是建立在文化自信基础上的中国品质与中国智造,是传统与现代融合后的中国范儿,更体现着中国各行各业的"精气神"。作为这场融媒体快闪活动的参与者,腾讯视频一直致力于打造原创内容,坚持以创新精神助推国产动漫行业的发展。自2015年起,腾讯视频便着力发展国漫与少儿动画产业,并制作播出了一系列高人气国漫作品。在"有间国潮馆"中,观众可以从多个维度窥见中国文化对中国品牌的助推与"国潮文化"的发展,例如在手办墙上,从千锤百炼、矢志不渝的齐天大圣到敢爱敢恨、为正义而战的冯宝宝,再到励志成长的唐三。当观众一步步走过手办墙前,经典国漫的发展历程变得具体起来。

传统与现代碰撞,当技术与艺术融合,对优秀文化的传承与创新成为"国潮文化"的关键内涵所在。进入新时代,民族自主品牌的建设和培育一直以来受到国家的高度重视,国务院自2017年起,将每年5月10日设立为"中国品牌日"。在第三个"中国品牌日",《人民日报》新媒体中心设计打造"有间国潮馆"邀请潮流国产品牌入驻,让大家更真实地感受"国潮"世界。

当下,"国潮"正成为各行业转型发展的重要方向。随着中国的国际影响力日渐增强,越来越多的中国品牌从传统文化中寻找价值赋能,试图打造独具特色的"国潮"产品,腾讯视频亦是如此。传统文化是品牌价值的源头,品牌产品、文艺作品归根结底都是对文化的传递,而"国潮文化"的表达正是基于文化自信的基础上,对传统文化的创新表达。与此同时,在腾讯视频助推"国潮文化"的过程中,其品牌价值在不断提升,发展思路也在不断拓宽,这也是中国视听新媒体平台搭建"中国品牌"的必由之路。

显然,《人民日报》新媒体与腾讯视频合作推出的"有间国潮馆",对双方来说都是一次极好的线下推广活动,或曰衍生活动。毕竟,传统媒体传播往往呈现为一种"一次过"的形式(虽然理论上可以通过网络实现无限次的重复观看)。那么,有了衍生活动的助力,新媒体视听作品的传播效果得以实现最大化(图7-1)。

图7-1 《人民日报》新媒体"有间国潮馆"

第二节　新媒体视听IP建构策略

媒体融合进程中,新媒体的经营创收正成为媒体融合亟待解决的问题,媒体经营创收能力一定程度上考验着主流媒体的持久发展能力,主流媒体亟待建成"聚用户,做服务"的新型媒体经营模式。此外,文化建设已经被摆在治国理政的突出位置,新媒体视听IP作为文化建设的传播手段与重要载体,理应发挥出更加举足轻重的作用。

近年来,数据安全对于社会的重要性日益提高,这也为媒体深度融合提供了现实可能。构建现代信息传播网络是媒体融合政策的落脚点。在传统媒体时代,来自政治力量的规制通常是限制信息流通的主要原因,因为社会管理者总是期望将媒体作为传播正面信息以抵御负面信息带来的社会问题的渠道,同时这也极大限制了主流媒体的自主性。

依托网络而生的自媒体则不然,它所具有的始料未及的信息发布和知识生产的自主权利,重构了国家、社会和个体之间的传统关系①。也有学者认为,信息传播格局的变化与政治沟通的演化有一定关系,站在政府的立场,希望主流媒体发挥在国家治理中"沟通政府与治理主体的新价值,并拓展公众政治参与机会"②。因此,在媒体融合进程中,传统主流媒体必将借鉴吸收新媒体传播特点与经验,积极适应新技术变革,构建更加开放、互动的现代传播体系。2022年底,ChatGPT的横空出世,短短数月即火爆全球。以其为代表的生成式人工智能技术,未来将在多大程度上撼动人类作为信息传播内容生产者的先天地位,成为人类传播史上最大的变数。显然,这必将极大影响人类社会发展的进程,也将影响媒体融合的路径。

一、沉浸感、可视化、年轻态

以数字技术拥抱新业态,技术是媒体融合的催化剂,《关于推进实施国家文化数字化战略的意见》对"十四五"期间实施国家文化数字化战略作出全面部署为广电媒体融合带来新机遇。在数字经济背景下,虚拟人、数字人加速在广电领域铺开。在融媒体时代,主流媒体唯有不断拥抱技术,实现内容与用户之间的新连接,利用新技术不断拓宽新闻报道场景,才能完善内容生产全链路的打通与互融。

---

① 刘春华,岳游松.新媒体时代个人媒体与主流媒体的博弈模型［J］.新闻界,2012(22):50-54.
② 朱春阳.政治沟通视野下的媒体融合:核心议题、价值取向与传播特征［J］.新闻记者,2014(11):9-16.

2021年10月13日举行的第二届中国广电媒体融合发展大会省级广电创新运营峰会上,北京广播电视台成功推出了全国首个广播级智能交互真人数字人"时间小妮"(图7-2)。不到两年的时间,时间小妮已经成长为全国首个主打智能服务的多语种广电数字人。它以"新闻+"的形式,融入由北京广播电视台打造的全国首个广电AI数字人公共文化服务智能管理平台中,服务首都建设全国文化中心。

图7-2　北京广播电视台"时间小妮"

截至目前,时间小妮获得了包括"总局第二届广播电视和新媒体视听人工智能应用创新大赛"数字虚拟人技术应用类一等奖在内的7项技术应用类、媒体融合类、创新运营类大奖。随着区块链、云计算、人工智能、扩展现实等技术发展,以数字藏品为代表的数字文创新业态在年轻人群体中火了起来。论坛现场,时间小妮为参与论坛的朋友们送上了一份具有唯一数字凭证的礼物——"暖城记"数字藏品。作为京津冀大型融媒体活动"暖城记"推出的数字文化产品,这套数字藏品展示的是主流媒体和相关企业为快递员、外卖员、网约车司机等新业态从业人员提供便捷服务的暖心瞬间。

随着技术不断进步与迭代,更具实时性、沉浸感、可视化和互动性的内容体验成为文娱传媒行业未来发展的着力点,诸如北京广播电视台真人数字人"时间小妮"以及"暖城记"数字文化产品的出现,都间接地体现出广电通过不断融入年轻人关注的前沿科技和理念拥抱新业态,这些契合年轻人在数字空间的消费习惯、社交需求与价值审美,在不断增强内容的互动性、体验性和分享性的同时,也推动新闻产品更加轻量化、视频化和社交化。

主流媒体深入学习贯彻习近平总书记关于推动媒体融合发展的重要论述,主动作为,勇于创新,顺应新的媒介环境和传播形式,运用新技术、新模式孵化新场景、新产品,实现了良好效果。各省级平台之间也通过客户端联动、网络直播、融媒产品等形式,积极开展技术合作,拓展业务渠道,形成传播矩阵,增强融媒宣传声势,省级平台的主流舆论传播深度和广度得到显著拓展。媒体正处于媒体融合和经营转型关键期,各级广播电视媒体沿着深度融合路径推进经营创新,探索可持续发展的数字化商业模式。媒体重构和升级融媒商业模式,部分广电媒体在新媒体端口的收入实现快速增长,不仅展现出媒体融合的韧性与活力,也形成了全新的产业链条。以北京时间为例,通过与北京广播电视台各频道频率有效合作,借助外部社会力量,积极探索多种商业经营及变现路径,为可持续发展提供有力支持。党的二十大报告提出,加强全媒体传播体系建设,塑造主流舆论新格局,进一步体现了中央对媒体融合发展的高度重视,为媒体融合发展指明了方向。新型主流媒体的"新"在于网络进军的实现程度,自主平台的建设发力,一定程度上更能决定着媒体融合的程度。在中国人民大学新闻学院教授、博士生导师宋建武看来,主流媒体应该坚持移动优先,集中力量建设自主可控平台,核心在于建设和运营一个功能全面、本地用户多而活跃的超级移动客户端。此外,还可以通过产品创新为体制改革创造条件、推动存量资源优化配置、实现组织协同和价值创造。

传统广电媒体在这种媒体深度融合过程中形成独特能力,一是互联网运营和平台能力,提供了媒体主业之外的拓展能力,也就是"新闻+"的服务能力;二是广电媒体对党忠诚、群众信赖的特质,在政府和群众两端均形成强信任,其间蕴含的巨大连接能力和链路可以广泛而有效地整合资源,在主战场全面发力,打造具有广泛影响力和市场竞争力的新型主流媒体。综合来看,打造多样化融合产品、探索新商业模式、衍生互动社交新业态,广电媒体始终坚持守正创新,加强全媒体传播体系建设,这都是广电媒体加快构建全媒体传播体系,增强主流媒体的传播力、影响力与公信力的重要探索路径。

二、相关新媒体品牌案例分析

客观地讲,随着推进媒体融合战略进入"深水区",以广电媒体为代表的传统媒体加速转型探索,通过技术赋能、服务职能的建设等相关措施,实现了自身的新媒体品牌建构,走出了个性化的发展道路。

（一）成都电视台新媒体"看度"App

近年来，成都电视台（下文简称"成都台"）官方新媒体"看度"App全新改版，将成都市广播电视台公共频道（CDTV-5）新闻采编力量和专业视频团队全部投入到看度新闻的内容生产，全面强化原创内容生产能力，并有效结合"看度"App的技术优势、用户优势和互联网产品运营经验，为用户重点推出直播、视频、报料、活动等特色功能和服务，以及各频道、频率的直播、回放、在线点播等网络广播电视功能，实现了新型时政视听主流媒体的又一次华丽升级。成都台官方新媒体"看度"，迎来了一次全新的改版升级。"看度"为自己定的"小目标"——专注新闻直播，打造具有全国影响力的新型时政视听主流媒体。新的界面、新的功能、新的体验，一个充满活力与希望的看度App，将走向新的征程。

2014年8月，习近平总书记发表"推动传统媒体新兴媒体融合"重要讲话。2014年10月31日，"看度"正式上线，开启了成都台媒体融合、转型"新型城市公共服务传播体"的全新探索。2017年10月9日，成都台融媒体大数据演播中心正式启用，以"中央厨房"和大数据技术为支撑，全台内容实现全媒体多端发布、双向互动。2019新年伊始，习近平总书记再次就推动媒体融合向纵深发展作出重要指示，首次提出"全程媒体、全息媒体、全员媒体、全效媒体"，要求打造具有强大影响力、竞争力的新型主流媒体。无论是地震灾区、山火一线，或是打假现场、卧底暗访，揭露事实真相；久别重逢、重大活动，"看度"始终坚守媒体工作者的责任与担当，始终坚持为观众、为用户提供最及时、最权威、最有价值的新闻资讯和视听节目。

1.内容层面的深度融合

新版本的看度App通过CDTV-5融媒体采编团队与成都台新媒体橙视传媒内容团队的深度融合，以"合而为一、融为一体"为原则，打造一支由280余人组成的专业团队，全面投入看度App新闻内容生产，全方位强化以直播、视频、报料、活动等为特色的内容原创能力。融媒体大数据生产调度中心，统筹调度、融合生产，每日发稿500条，每日原创报道100条，每年直播1500场，每年组织线上线下活动400场，短视频、动画、图解、H5、AR游戏、AI新闻等，更加丰富地呈现，更加及时地表达，为的便是向观众和用户提供更加优质、更有价值的内容。新版App充分运用新技术，将大数据、云计算、5G、AR/VR广泛应用于新闻生产的每一个环节，打造一支全国一流的智能化新闻生产队伍。新闻大数据,自动抓取全网热点信息及数据,全面支撑一体化调度管理,多维度分析内容传播效果;度客,为融媒体记者配备移动发稿和直播工具;融媒E管家,集中管理新媒体矩阵,实现传播效果最大化;5G、AR/VR/MR新技术,为看度App提供智能化新闻生产和全息媒体展示;智能选题、移动采稿、全息全景、AI机器人等各类装备,全面武装每一位融媒体记者和编辑。

2.技术驱动下的智慧生产

新的"看度"App,组建融媒编委会,推行"编采合一"部门管理,实施24小时移动指挥,实现一体化运行和管理的编采工作流程;全面实施以多渠道搜集、策划性调度、智慧型生产、全网络分发、全系统评估和大数据反馈的融媒生产全链条;组建专业内容运营团队,强化品牌运营推广,科学布局看度新媒体矩阵,扩大用户规模,提升影响力。未来,看度将全面强化直播、报料和活动等特色功能和服务能力打造。

专注新闻直播,则是"看度"App升级改版的最大特色。重大新闻现场直播、24小时直播、优秀栏目移动直播、文体旅活动直播,还有各种主持人和文化大咖IP直播,24小时滚动式播出,直击现场,为用户提供最及时、最权威、最具感染力的新闻资讯。

全年1500场直播,上线"报料"版块,打造最权威的舆论监督平台和最贴心的民生服务窗口,时刻关注用户的需求。例如,联合12345市长热线,整合成都文明热线96110和成都台民生新闻热线84321999,每一位用户的投诉、建议和新闻报料,都能通过热线接入或直接在App"报料"区留言。看度App认真对待每一条线索,通过移动客户端为用户群体提供更直观、快捷的诉求处理渠道,每一个环节都能查询到,随时掌握、跟踪诉求处理的全过程。

集纳海量互动活动,打造成都最具活力的开放式线上活动平台。体育、娱乐、旅游、文化、亲子等多样化活动汇聚于此,用户可以参与抢票、投票、抽奖,边看直播边与主播留言互动,还有"橙子"、话费、超市购物券和各种福利以及各种新奇的互动体验,好礼纷"橙"。一切为了用户体验! 全新改版后的移动客户端,以更加清爽、简洁的界面,为用户呈现24小时不间断的新闻资讯,用户操作起来更便捷。

（二）北京电视台"北京大视听"品牌建设

近年来,北京市全力推动广播电视和新媒体视听高质量发展,创新举措、聚焦发力,纵深推进"北京大视听"品牌建设,取得显著成效,2022年北京广电实际收入同比增长8.09%,达到4578.88亿元,其中广播电视节目制作经营持证企业数增长19.7%,产业发展呈现出蓬勃发展新气象,形成可复制、可推广的重要经验。北京市广电局坚持以人民为中心的创作导向,以"着眼大格局、统筹大体系、抓好大剧本、打造大服务、深化大传播、聚力大联动、把握大荣誉、发展大人才"为总牵引,建立健全精品创作工作机制,着力打造"北京大视听"金字招牌并形成体系,推动北京广播电视和新媒体视听作品创作快速发展。

电视剧《觉醒年代》《山海情》获"五个一工程"奖,《香山叶正红》《理想之城》获"飞天奖"优秀电视剧奖,获奖数量全国第一;出品36部电视剧均在央视、各大卫视和重点平台播出,出品及播出数量居全国第一;78部新媒体视听作品入选国家广电总局各类评优推选,创作产量、评优数量均居全国第一;11部动画片、14部纪录片、9个节目获国家广电总局2022年度季度推优,28部公益广告作品获国家部委奖励扶持,总数均居全国省级第一。

1.着眼"大格局",确立精品化创作目标

坚持以人民为中心的创作导向,推出更多增强人民精神力量的优秀作品,培育造就大批德艺双馨的文学艺术家和规模宏大的文化文艺人才队伍,大力提升广播电视新媒体视听精品创作生产效能,是北京市广电局打造"北京大视听"品牌工程主要目标。以"北京大视听"为抓手,推动首都视听文艺持续繁荣。按照"找准选题,讲好故事,拍出精品"的要求,围绕重要节点,聚焦"三个重大"题材,策划创作优秀广播电视新媒体视听作品,展现中国式现代化进程,弘扬首都"四个文化"。全市每年至少推出5部有潜力冲击国家级奖项(包括但不限于中宣部"五个一工程"奖、飞天奖、星光奖、金鹰奖、中国广播电视大奖广播电视节目奖、中国新闻奖)的精品作品。在"十四五"期间,每年推出百部以上重点电视剧、电视动画片、电视纪录片、广播电视节目(含广播剧)、新媒体视听内容作品、公益广告、8K内容。

2023年初,北京市广电局召开"北京大视听"文艺精品创作推进会,召集市属相关单位、各区委宣传部、行业协会、高校代表、播出平台、制作机构和重点项目代表等业界人士参加。发布北京市广电局2023年"北京大视听"重点文艺精品项目110部,包含电视剧、电视动画片、电视纪录片、广播电视节目(含广播剧)、网络剧、网络电影、网络微短剧、网络动画片、网络纪录片、网络综艺节目、新媒体视听专题节目、网络短视频系列节目、网络音频节目、公益广告、8K超高清原创作品等。

2.统筹"大体系",强化品牌建设

北京市广电局组建"北京大视听"专项工作推进组,策划创作展现中国式现代化进程、弘扬首都"四个文化",有潜力冲击国家级奖项的优秀广播电视新媒体视听作品,不断推动首都广播电视新媒体视听作品精品创作。为了快速推进"北京大视听"发展建设,由局精品创作领导小组办公室牵头,制定发布、督促落实年度重点任务清单,定期召开工作推进会,形成阶段性工作报告。

进一步健全选题策划、创作生产、宣传推介全链条扶持政策,优化资源配置,引导政策资金、宣传渠道、行业平台等资源向"北京大视听"倾斜。组织专家学者梳理全国性选题,围绕未来三年重要时间和事件节点进行选题规划,每年一季度发布"北京大视听"规划选题和重点项目。每年按照作品类别,组织本市制作机构申报重点精品项目,经专家论证评选后,发布"北京大视听"重点项目。针对2023年"北京大视听"文艺精品重点项目,陆续组织召开纪录片《一路百年》、电视剧《我们的日子》《情满九道弯》专家研讨会,邀请行业知名专家学者、项目主创团队共同研究探讨精品文艺作品创作。

3.抓好"大剧本",发掘创作素材

推进"北京大视听"精品文艺创作,挖掘剧本创作的源头活水,不断丰富人民精神世界,重点做到"四个聚焦":一是聚焦中国式现代化新长征。深情聚焦中国式现代化新长征,艺术化书写推进中国式现代化的光辉历程和经验成果,热情勾画时代奋进、民族复兴的伟大图景,热情抒发自信自强、朝气蓬勃的精神气质,热情讴歌物质富足、精神富有的幸福生活,热情描绘踔厉奋发、勇毅前行的奋斗场景,推出更多展现新时代新长征精神气象的精品力作。

二是聚焦伟大革命精神。大力推进革命题材创作,反映中国共产党人和全国各族人民在各个革命历史阶段的奋斗历程,表现中华儿女和革命先烈冲破封建束缚、勇敢投身革命、为国血洒沙场、保卫民族家园、献身民族解放事业的英雄形象,呈现中国共产党领导中国人民进行革命、建设和改革的辉煌成就,讴歌井冈山精神、长征精神、遵义会议精神、延安精神、西柏坡精神、红岩精神、抗美援朝精神等。

三是聚焦重要时间、事件节点。坚持"以人民为中心"的创作导向,与党的二十大报告和中央精神相呼应,梳理全国性选题的脉络、边界与条理、框架,做强做深文化、民生、生态、科技、数字经济、法治、安全、强军、教育、医疗、乡村振兴、区域协同发展、"一带一路"、构建人类命运共同体等领域的资源,围绕未来三年重要时间和

事件节点进行选题规划,真正形成选题多元、题材多样、故事多彩、叙事多姿的生动创作局面。

四是聚焦新时代北京。围绕首都深刻转型实践、城市副中心建设、京津冀协同发展,着力强化"首都风范、古都风韵、时代风貌"的城市文化特色,生动阐释古都文化、红色文化、京味文化、创新文化,围绕北京历史文脉传承和时代变迁,聚焦老城整体保护复兴、中轴线申遗、两区建设、三个文化带建设等内容,全面呈现时尚的北京、活力的北京、创新的北京、国际的北京,以更多精品力作装点北京文艺的春天。

与此同时,"北京大视听"工作组利用首都专家资源,组建多行业、多层次、专业化的专家库,根据项目题材特点,匹配多位专家对重点剧本进行"多对一"审看指导,建立重点选题、重点剧本指导服务、跟踪问效机制,提升剧本创作指导的针对性和专业性。贯通"五个一工程"奖、茅盾文学奖、鲁迅文学奖等相关奖项渠道,盘活相关文学、小说、报告文学、剧本等作品,鼓励和扶持广播电视节目制作机构开展相应的影视化内容开发。与内容创作上下游如传统出版、数字出版、各大文学网站、IP全链条开发机构、各大播出平台建立信息沟通机制,推动更多文学作品转化为优秀广播电视新媒体视听作品剧本。与各区及相关单位建立联动机制,组织重点制作机构、优秀编剧、行业专家开展深入生活、采风调研,召开选题策划会、论证会,挖掘优秀选题,推动打造剧本孵化基地。

4.打造"大服务",做好项目保障

首先,多措并举,做好行业产业服务保障。2022年年底,北京市广电局召开视听产业领军企业负责人座谈会(线上),围绕新视听行业平台发展、技术创新、精品创作、场景应用、国际传播、装备制造、园区发展等领域进行交流研讨。联合北京师范大学于2021年启动新媒体视听企业社会责任监测,发布了首部新媒体视听行业社会责任报告,2022年7月举办了首届网络视听社会责任与发展研讨会,围绕"责任与发展"主题,探索新媒体视听行业社会责任履责新范式,评选了十家新媒体视听行业社会责任优秀企业,在行业内取得了积极反响。

其次,发布服务保障"两区"建设推动新视听改革创新15条举措。进一步优化广播电视行政许可事项审批流程,对5类政务服务事项压减时限和精简材料,对17类政务服务事项实施告知承诺审批,探索不需申请、不需材料、不需跑动的"三不"智慧政务新模式。加强影视作品审查工作规范化标准化建设,支持符合条件的市场主体申报《信息网络传播视听节目许可证》,对重点新媒体视听平台优化备案制

服务,支持中国(怀柔)影视产业示范区建设国际影视摄制服务中心,加大中外视听合拍项目支持力度。以行业展会为平台,持续扩大北京新视听国际交流与合作。加大对重点视听园区支持力度,推进京津冀视听走廊建设和产业集群发展。以数字化为引领,积极培育发展视听服务新消费新业态新模式。加强国家服务业扩大开放综合示范区建设政策宣传解读,全面提升首都营商营文环境。不断精简政务服务申办流程,深化"一网通办",推进政务服务事项办理告知承诺制,试点开展政务服务"进园区"服务试点。强化服务企业工作机制,量身定制"服务包",建立服务管家机制、联络员机制,加强政策解读和宣讲,抓好政策落地"最后一公里"。

5.深化"大传播",推广创作成果

2023年全国两会期间,北京市广电局联动北京广播电视台,组织协调《勇士连》《狙击英雄》《浴血无名川》《特级英雄黄继光》《排爆手》《幸存者1937》共6部网络电影,以"永不磨灭的信仰"为主题在北京卫视黄金时段进行展播。这是网络电影首次登陆卫视黄金档,网台聚力联动,让好作品进入好平台好时段,让优秀的作品都能在电视荧屏展现,得到更好的传播,产生更大的影响。加大推广力度,依托北京广播电视台、爱奇艺、优酷等平台资源,集中组织"北京大视听"优秀作品展播展映活动,并给予平台政策、资金支持,进一步加大优秀作品宣推力度。邀请中央重要媒体、市属媒体以及商业媒体等参与报道,利用新媒体技术展示视听精品片单等形式,对京产影视精品和重要节展进行重点宣传,按时间排期、重点项目、全年度重要时间节点三个方向进行宣传推广。进一步打造并夯实"北京大视听"引领创作、推出精品、凝聚人才的生动格局。发挥文艺评论主阵地作用,建设文艺评论专栏。打造北京市广播电视局文艺评论专家库,组织开展重点项目艺术评鉴和深度文艺评论,推动专业评论与大众评论形成一种良性互动,建立文艺评论家与项目主创常态化对话机制,推动评论与创作联动。

6.着力"大联动",整合创作资源

2023年春节,北京市广电局以"北京大视听过大年"为主题,统筹全市新媒体视听优质资源,在春节和元宵节双节期间,组织爱奇艺、优酷、北京时间、北京IPTV、歌华有线、搜狐视频、西瓜视频、小米视频、凤凰网、知乎、得到、凯叔讲故事等重点平台网站在首页首屏推出"春节档"专区,集中展播电影、电视剧、微短剧、纪录片、综艺节目、专题节目、动画片、晚会、境外引进剧、音频节目等十大品类优秀作品近700部,20000集。为全国网民提供新年的视听文艺盛宴,展现出首都新媒体视听行业砥砺奋进的使命担当和昂扬向上的精神风貌。

全力推动内容供给侧结构性改革,加强先进技术落地转化与应用,创新全媒体人才培养模式,夯实媒体融合发展的重要基础。2022年,开展"新时代·新视听"融媒之旅短视频征集评选活动,推选出200余部优秀作品在"北京时间"平台集中展播,定期开展头部制作机构调研座谈工作,组织头部制作机构围绕重点选题开展项目创作孵化,形成"头雁效应",带动行业发展。链接各大部委及央企资源,发挥北京高校、研究机构智库作用,统筹调动首都人才资源,定期组织专家与重点制作机构、重点项目主创召开选题规划会、剧本论证会、项目研讨会等。横向联系16+1区和相关单位,纵向联系中央电视台、中国作协、中国影协、中国视协、中广联合会等行业协会团体,围绕选题策划、内容创作、项目开发等多方面开展合作。

(三)另一种转型方式——地方广电MCN

传统媒体全面深化融合转型发展的进程中,广电媒体MCN正以规模化、体系化、产业化运营机制,推动着媒体人加速向主战场转型。在广电MCN这个巨大的转型试验场里,不断涌现出传统广电内容和短视频、直播相互赋能的融合转型成功案例。早在2020年6月,内蒙古广播电视台就推出了腾格里超媒MCN,通过与快手、抖音建立战略合作,开始在小屏端大幅发力,成功进入大众视线。经历两年多的转型发展历程,作为地方广电转型的代表,腾格里超媒MCN已颇具影响力。在大屏端市场,内蒙古广播电视台显然不是一线媒体,与湖南卫视等一线卫视的差距较大。但在广电MCN这一全新赛道上的亮眼表现,也让不少人开始关注这个"后起之秀"。2019年10月,内蒙古广播电视台农牧频道开始做媒体号,经过3个月运营,媒体号迅速涨粉,"百万+""千万+"的作品频出。在这个过程中,频道开始尝试基于媒体号做直播带货,效果却非常一般。2020年1月4日,腾格里超媒MCN邀请到一位淘宝头部主播来带货,这场直播带货销售额虽高达1100万元,但结算后较多的利润属于主播团队,最终核算下来利润只有几万元。

显然,正是这场叫好不叫座的带货,体现了一个深刻的教训:受制于没有头部主播没有红人,销售额不低但实际并不赚钱。基于此,地方广电推出自己的网红主播势在必行。这也为相当多的年轻主持人提供了新的职业规划路径。其实入局广电MCN是几方面的诉求和契机叠加在一起的顺势而为:一是传统媒体没有头部主播,在商业变现时受制于人;二是地面频道生存压力大,急需突破;三是媒体号的成功,证明传统媒体在内容生产方面有优势;四是广电体系内沉淀了大量的主持人和记者资源。

2020年4月末,在内蒙古自治区党委宣传部要求下,内蒙古广播电视台开展网络直播带货。当时具体由内蒙古农牧频道牵头做内蒙古广播电视台首届电商节,同时在抖音、快手、淘宝上直播带货。之后内蒙古广播电视台策划了"周末内蒙古有好货"网络直播带货活动,在与直播和短视频平台合作的情况下,单场销售额最高纪录达500万元。这样的成绩证明内蒙古广播电视台既能够做好内容,又能够拓展经营,就这样内蒙古台开始了广电MCN的全面布局。

传统广电的内容制作往往是一种长线思维,深耕一个领域就会持续下去。进入新媒体、布局MCN后,其实会发现内容的迭代特别快。内蒙古广播电视台最初并没有完整的内容规划,只是希望让主播迅速成长,最初主播账号是一种近乎野蛮生长的状态,是发散性发展,什么流量高做什么。在探索的过程中,各个垂类的内容开始出现。其实还是回归到了传统广电比较擅长也是社会网络红人很难触及的民生领域。在民生领域又有细分,比如帮忙、教育、公益、情感、剧情、母婴、美食等。内蒙古广播电视台还拓展了一个短视频平台新的垂类——寻人。经过一年多的发展,内蒙古广播电视台专注于单一垂类,不再执着于流量和涨粉。

1.发力垂直类账号,突出个性化特色

首先,在账号管理上进行升级。为此,内蒙古广播电视台出台政策,要求全台职工将短视频账号统一签约到台里自办的腾格里超媒。很快,腾格里超媒MCN就在全台范围内签约达人账号344个。其中,百万粉丝以上的就有9个,10万粉丝以上的账号超过50个。2023年起,内蒙古广播电视台开始集中力量推广位于头部的50多个账号。

其次,在内容发力上实现迭代。目前腾格里超媒MCN人气比较高的有7位主播,分别是——海燕,抖音快手双平台记者第一名,重点做"寻人"类的内容;名妍,全网粉丝近600万,重点发力政务服务;雷蒙和晓庆,在内蒙古本地重点做帮忙类的内容;崔健,重点做情感调解类的内容;岩清,主做电商业务;左芳,主做教育类。显然,以上这些主播,都是在各自擅长的领域为主做垂类。

以"左芳说教育"为例,其专注于教育这一细分赛道,粉丝增长速度并不快,目前在抖音、快手两大平台粉丝只有30多万,但在教育这一细分领域,她已经成为整个内蒙古教育类官方信息发布的一个重要渠道。尤其是"双减"背景下,教育政策相关信息都会在她的账号首发快发。下一步,内蒙古广播电视台重点发力的就是"新闻+政务服务商务"这一方向,以正能量的内容输出正向的价值观,实现舆论导向的正面引导,更多向公益方向发展,以服务拓展商务空间。

不难发现,地方广电MCN的快速发展可以说是时势造英雄,在媒体深度融合发展的大背景下,国家要求传统媒体"主力军挺进主战场",其中最关键的是传统广电体制机制的改革。腾格里超媒MCN的成功原因,最重要的是两点:一是台里的大力支持,有明确的政策和文件,要求大小屏联动发力,所有主播必须统一起来行动,而不是散兵游勇。二是与主播的分账体系的搭建。在营收上,台里的政务合作项目,主播是无偿参与服务的,而日常达人号收益,内蒙古广播电视台只收30%,剩下的70%都给主播——相当于以内蒙古广播电视台主持人或者记者身份在新媒体平台做达人号的营收,台里只抽取小部分,大头是主播的。对于一家省级电视台来说,几万元的收益对于整体的营收大盘而言,所起的作用微乎其微,但这部分收入对于主持人或主播来说,尤其是对于内蒙古广播电视台这样并非一线的省台主持人和记者来说,是很大的一个提升,这样非常有效地激发了主播的生产力。台里有政策和资源各方面的支持,就会形成一个正向的自我管理机制,达人号也实现了爆发式增长,广电MCN也就很快成长起来。

2.改革体制机制,打造人气主播

作为广电媒体MCN,主流媒体在受众群体(尤其是本地区的受众)心中,已经树立起足够的公信力和影响力,此外还有专业的人才队伍、技术力量,以及社会化网红无法触及的新闻资源,所以要充分整合利用资源打造主播。在人气主播的打造上,要想有爆发式的发展,有这样几个必要条件:第一是基础量要大,在初期参加这场"转型"比赛的人要多,因为同时跑的人多,那么大概率"网红主播"就会跑出来;第二是找准方向,助力主持人和记者打造个人IP;第三是通过体制机制各方面的保障,激励引导主持人和记者的主动性。

分析那些成功转型的媒体主播,不难发现,其实他们都有着非常丰富的工作和生活经验,尤其是在传统广电系统的垂直领域内容里有非常深的积淀。比如海燕,她做了15年的民生新闻记者,一直在做帮忙类新闻;左芳也是做了15年的记者,跑教育口就跑了将近10年。能够很快成功的媒体主播,其实都是厚积薄发,只不过是在新媒体时代,同样的垂类内容用一种全新的模式展现出来了。互联网时代,人是最大的增量,也是最大的变量。传统广电媒体有相当数量的"跑口"记者(即专门跟踪一个或几个领域）。那么每个"口"，借用互联网思维来说就是一条细分赛道。由此，细分化的内容在短视频平台有很大的市场潜力。传统广电媒体具有较强的人才优势、资源优势。

多年以来，我们的传统广电媒体已经积累了大量这样的人才，各广电MCN如果要打造红人模式，核心就是要向内挖掘自己、审视自己，找准方向，找到擅长和适合的领域，定好"人设"，用好的适合的机制去引导，让主持人和记者自发地自愿地去转型，那么成功是必然的。

目前发展较好的广电MCN的运营模式大同小异，关键还是要结合本地区的实际情况，找到适合自己发展的路径。在传统广电发展历程中，也有过很多个快速发展的窗口期和机遇期，比如汽车时代下广播迎来新的发展机会。当下移动互联网的发展为融合转型发展提供了良好的机遇，最关键的其实还是坚定想做这件事的决心。

在内容输出上，日常的短视频更新，内容制作和发布大多是由主播个人来完成的。但有些内容是有升级的，比如寻人项目《爱·归来》，不仅在小屏更新短视频和直播，还要上线大屏，需要配置专业的节目团队，台里也有相应的资源投入。在商务合作上，MCN给主播配商务团队，有专人管理主播后台，也有一些商务机会是直接找到主播，那MCN自然有相应的人来负责对接。

作为地方电视媒体，腾格里超媒MCN采用轻资产运营，与农牧频道一体化运营，"一套人马，两块牌子"。截至目前，已建成以腾格里客户端为核心IP、腾格里超媒MCN为支撑的新媒体矩阵，其中腾格里IP的抖音号和快手号由MCN一体化运营。媒体号的运营模式是完全区别于达人号的，现在内蒙古广播电视台完全实现了大小屏融合，所有内容一体生产、多元生成、多平台分发。

3. 全媒体直播，差异化竞争

为庆祝中国共产党成立100周年，内蒙古广播电视台先后推出了两场全媒体直播——《再唱赞歌给党听》《康庄大道》。这两场直播可谓各具特色，充分体现了差异化竞争的思路。例如，《再唱赞歌给党听》是12天12个盟市24场全媒体直播，全媒体累计播放量突破4亿，其中穿插的短视频作品《跨越时空的青春对话》，其全网点击量超过1亿次，成为刷爆全网的传播高峰，受到来自中宣部、国家广电总局、自治区党委宣传部的肯定。《康庄大道》是12盟市100个典型小康村36场直播，全景呈现在中国共产党领导下内蒙古农村牧区新风新貌、百姓生活蒸蒸日上的小康画卷,全媒体累计播放量突破2.5亿。

当然,对于类似腾格里超媒这样的地方广电MCN机构,目前商业变现的途径主要有这样几种:第一是直播打赏;第二是举办线下活动,这其实也是媒体融合战略推进过程中服务职能的体现;第三是借助短视频平台自身的广告平台,如抖音的巨量引擎、巨量千川,快手的磁力聚星等等;第四是开展政务合作,这也是传统电视媒体的独特优势。当然,对有关部门来说,与电视媒体转型的融媒机构进行合作,也能够推进地方数字治理水平的不断提升,可谓是双赢之举。

未来,地方广电要进一步推动大小屏的深度融合,需要在"新闻+政务服务商务"的方向,充分融入地方社会经济发展大局。当下内容传播越来越碎片化,在大小屏融合上,传统媒体可以借力自建MCN机构,推出更多融合类的节目,争取更多地"破圈",持续提升在本地区的传播力、影响力。

本章小结

品牌的塑造与服务是一种共存共生的互动关系。对亟待转型的传统媒体而言,建设自身的新媒体视听品牌,有助于提升其服务价值,同时,品牌塑造又需要在服务中实现。新媒体视听品牌属于无形资产的一种,能为传统媒体带来增值能力。持续构建品牌型新媒体将深度融合媒体的内容、技术、渠道,形成独有的互联网标识,从而聚合用户,形成完整的品牌记忆和品牌成长路径。

思考题

1.如何理解新媒体视听品牌建设的总体思路?

2.中西部地区的传统媒体尤其是广电媒体,如何有效建构自身的品牌IP?

参考文献

[1] 保罗·莱文森.新新媒介[M].2版.何道宽,译.上海:复旦大学出版社,2014.

[2] 鲁健.电视访谈节目主持艺术[M].北京:中国传媒大学出版社,2014.

[3] 比尔·尼科尔斯.纪录片导论[M].陈犀禾,刘宇清,译.北京:中国电影出版社,2016.

[4] 刘俊.融合时代的传媒艺术[M].北京:中国传媒大学出版社,2017.

[5] 王建华.政务新媒体与政府形象:政务新媒体话语应用与传播研究(第二集)[M].上海:上海交通大学出版社,2018.

[6] 范周.网络剧与网络综艺批评[M].北京:知识产权出版社,2019.

[7] 张竣程,杨宇洋.大健康IP:爆款思维与传播手册[M].北京:中国中医药出版社,2019.

[8] 汪民安.文化研究关键词[M].南京:江苏人民出版社,2019.

[9] 刘庆振,张晨霞.首席视频官:5G时代的短视频布局与营销革命[M].北京:电子工业出版社,2020.

[10] 陈昌凤.智能传播:理论、应用与治理[M].北京:中国社会科学出版社,2022.

[11] 王春美.移动互联网时代中国广播经营创新研究[M].北京:中国社会科学出版社,2022.

[12] 周艺文,方明.短视频:新时代红利重构[M].北京:电子工业出版社,2022.

[13] 宋建武,黄淼,陈璐颖.中国媒体融合转型[M].北京:中国人民大学出版社,2022.

[14] 刘一彬.里斯与特劳特定位理论对我国高校定位的启示[J].现代大学教育,2009(5):71-76.

[15] 王长潇,刘瑞一.网络视频分享中的"自我呈现":基于戈夫曼拟剧理论与行为分析的观察与思考[J].当代传播,2013(3):10-12,16.

223

［16］南隽.把握传媒变革趋势 积极占领新兴舆论阵地：学习贯彻习近平总书记关于新兴媒体发展战略重要论述[J].中国记者，2016(6)：39-41.

［17］安晓燕.类型融合背景下谈话节目的叙事革新[J].中国电视，2017(5)：56-59.

［18］齐伟.网络自制剧：跨媒体叙事与青年亚文化的双重视阈[J].现代传播（中国传媒大学学报），2017，39(8)：94-98.

［19］安晓燕.对国内"慢综艺"节目的思考[J].中国电视，2018(8)：43-46.

［20］马涛，刘蕊绮.短视频内容产业发展省思：重构、风险与逻辑悖论[J].现代传播（中国传媒大学学报），2019，41(11)：17-22.

［21］冯子亚.抖音APP的"信息茧房"效应研究[J].视听，2019(12)：173-174.

［22］夏烈，段廷军.网络文学"无边的现实主义"论：场域视野下的网络文学现实题材创作20年[J].中国文学批评，2020(3)：130-137.

［23］郑焕钊.从媒介融合到文化融合：网络文艺的发展路径[J].中国文艺评论，2020(4)：82-91.

［24］刘晓萍.符号认知传播的研究路径考察：以广播电视作品中"中国形象"传播为例[J].中国广播电视学刊，2020(5)：17-21.

［25］李卫东.云传播的发展趋势和时代机遇[J].新闻与写作，2020(6)：5-13.

［26］胡智锋，陈寅.融合背景下传媒艺术生态格局之变[J].社会科学战线，2021(4)：173-179.

［27］黄海.谈话节目主持人话语的构建研究：以《鲁豫有约大咖一日行》为例[J].传媒论坛，2021，4(5)：63-64.

［28］尹鸿，司若，宋欣欣.新主流 新形态 新走向：中国电视剧、网络剧产业观察[J].传媒，2021(11)：9-13.

［29］伊丽媛.垂直类音乐综艺节目的融媒叙事与传播策略[J].现代传播（中国传媒大学学报），2021，43(9)：104-108.

［30］杨哲.锁定内容的稀缺性，《酌见》完成了访谈类节目的创新性探索[J].中国广播影视，2021(10)：76-78.

［31］郭小雪，黄梓淇.互联网时代脱口秀节目如何创新：以《拜托了冰箱》为例[J].新媒体研究，2021，7(12)：98-100.

［32］祝明，胡智锋.碎片化时代影视剧传播的短视频化转向与困局[J].北京文化

创意，2022（1）：27-33.

[33] 张陆园，欧阳馥绚.高质量发展语境下中国网络视听的变局与新局[J].艺术广角，2022（3）：60-68.

[34] 张烨.媒介融合视域下对新媒体纪录片技术美学的考察[J].当代电影，2022（3）：73-78.

[35] 尤达.媒体微化与边界交融：基于短视频的网络视听节目新样态研究[J].视听界，2022（5）：10-14，20.

[36] 王楠.诵读类电视文化节目情感说服的创新嬗变[J].中国电视，2022（6）：40-44.

[37] 蒋宁平，易莎."谈话"的退隐与形态的多元：类型学视域中电视谈话节目的嬗变[J].中国电视，2022（2）：27-31.

[38] 孙杨.我国女性网络综艺节目现状与创新路径[J].当代电视，2022（6）：87-90.

[39] 董璐.浅谈许知远《十三邀》的访谈艺术[J].西部广播电视，2022，43（5）：158-160.

[40] 朱丽丽，蔡竺言."弹性"的毛细管作用：中国粉丝权力网络的博弈与变迁[J].新闻与传播研究，2022，29（8）：20-37.

[41] 尤达.精神坚守与审美接近：论现实题材网络剧的精品化创作[J].中国电视，2022（8）：47-54.

[42] 魏渲.论电视节目模式的文本建构与解构机制[J].新闻爱好者，2022（9）：57-59.

[43] 黄顺铭，李宏江."媒介"视角下的地图知识生产：以开放街道地图为例[J].国际新闻界，2022，44（9）：42-64.

[44] 曲国军.《2022中国诗词大会》沉浸式设计研究[J].现代电视技术，2022（9）：98-102.

[45] 胡鑫.传统文化类电视节目的"奇观"构建[J].中国广播电视学刊，2022（10）：109-112.

[46] 杨扬，张文忠.短视频环境下的国家形象建构与传播策略研究[J].传媒，2022（20）：63-65.

[47] 朱天，齐向楠.媒介化视野下短视频的概念想象、逻辑延伸与价值审视[J].新

闻与传播评论，2022，75（6）：37-45.

[48] 尹大勇. 自媒体生态环境治理与技术性监管[J]. 记者摇篮，2022（12）：162-164.

[49] 韩飞，成亚生. 2022年中国新媒体纪录片发展透视[J]. 现代视听，2023（1）：15-21.

[50] 马梦媛，陈功. 主流媒体入局中视频的优势与发展路径[J]. 视听界，2023（2）：39-43.

[51] 路振华，邓倩. 新媒体访谈类节目运营技巧探析[J]. 青年记者，2023（5）：80-81.

[52] 杨慧，凌燕. 网络微短剧：融合文化语境下的"后"剧集特征探索[J]. 中国电视，2023（3）：48-55.

[53] 董丽慧. 有无：当代艺术的跨媒介方式与本质[J]. 中国文艺评论，2023（5）：30-49.

[54] 赵双阁，魏媛媛. 作为"人"的算法：智能时代人机关系的技术哲学省思[J]. 传媒观察，2023（5）：48-56.

[55] 王怡飞，杨振华. 乡村振兴视域下"三农"短视频的"困"与"进"[J]. 新闻前哨，2023（10）：32-34.

[56] 张守信，高坤. 县级融媒体中心助力乡村文化振兴的实践路径[J]. 中国编辑，2023（6）：85-90.

[57] 穆佳滢. 数字资本主义时代的审美异化及批判[J]. 理论导刊，2023（6）：60-67.

[58] 时苓. 乡村振兴战略背景下"三农"短视频的发展与突破[J]. 新闻传播，2023（17）：76-78.

[59] 仝彦丽，辛景波. 特色农产品"短视频+直播"运营策略研究[J]. 理论界，2023（9）：97-101.